Communication
Management

管理沟通
影响力成长视角

王 青◎主编

上海交通大学出版社
SHANGHAI JIAO TONG UNIVERSITY PRESS

内容提要

本书将从沟通的影响力原理、管理活动中个人工作实务的沟通影响力、工作群体间的协同沟通影响力、引领员工行为的愿景沟通影响力共四篇展开。在管理沟通中，首先需要掌握沟通本身的影响力，然后提高管理活动中与实务工作相关的沟通质量水平，进而提升员工之间协同工作的沟通能力，最后驾驭从行动到理念的沟通意境，以达到沟通影响力在内容和层次上的潜能开发。

基于启发式学习逻辑，每章通过"开篇故事＋经典理论＋实践案例＋拓展游戏"等不同的学习方式，实现"主动学习"（Active Learning）的教学模式，让学生们在体验中感悟，在感悟中启动学习兴趣，促进学生在理论知识提升中实现沟通影响力的自我发展。

本书可作为经济与管理类本、硕、博专业基础课程或选修、通识课程教材，也非常适用于 MBA、EMBA 等在职教育和组织培训的沟通技能提升课程。

图书在版编目（CIP）数据

管理沟通：影响力成长视角/王青主编. —上海：

上海交通大学出版社，2025.3. —ISBN 978 - 7 - 313 - 31123
- 8

Ⅰ. C93

中国国家版本馆 CIP 数据核字第 2024Y4V690 号

管理沟通：影响力成长视角
GUANLI GOUTONG：YINGXIANGLI CHENGZHANG SHIJIAO

主　　编：王　青
出版发行：上海交通大学出版社　　　　　　　　地　　址：上海市番禺路 951 号
邮政编码：200030　　　　　　　　　　　　　　电　　话：021 - 64071208
印　　制：常熟市文化印刷有限公司　　　　　　经　　销：全国新华书店
开　　本：787mm×1092mm　1/16　　　　　　印　　张：18.5
字　　数：412 千字
版　　次：2025 年 3 月第 1 版　　　　　　　　　印　　次：2025 年 3 月第 1 次印刷
书　　号：ISBN 978 - 7 - 313 - 31123 - 8
定　　价：68.00 元

前　言

《管理沟通：影响力成长视角》一书从组织管理活动的效率出发，以沟通活动在组织执行力中发挥的影响力为视角，探讨了实施有效沟通的基本原理、实施有效沟通的基础技能、具备高度执行力的管理沟通、有效激发追随意愿的领导沟通等四个主题，从概念到应用，从策略到思想，解释了沟通影响力在不同管理层次上的打造路径，解析了管理活动中个人工作实务的沟通影响力、工作群体间的协同沟通影响力、员工引领的愿景沟通影响力的多维来源，解读了管理沟通本身在个人成长和组织创新变革过程中被赋予的潜在价值。

完整意义的沟通在于信息的"传递＋理解"，人们日常都能够做到信息的传递，但是信息只有被沟通对象正确地理解了，信息传递者的沟通意图才能真正地被接收，沟通的作用才能实现，信息也才能真正发挥影响力。沟通的影响力追随有效的沟通而存在，一方面，信息被"理解"的程度越高，就越接近其真实意图，沟通的既定影响力也能发挥得越完全；另一方面，能够被正确"理解"的信息所涉及的管理层级越高、跨度越宽、内涵越深，沟通的影响力就越大。

人们通过语言和非语言两种信号传递信息，每一种信号搭载信息的形式和特点各有不同，对信息接收人的影响却往往交织在一起。"听""说""读""写"，是语言信号接收与传递信息的主要方式，其中伴随着非语言的辅助或干扰，如何"说"与"写"以保证发出的信息被"传递"并且被"理解"是实现沟通影响力的基本方面，如何"听"与"读"以准确地"理解"接收到的信息，同样是沟通双方实现彼此心意相通的必备技能。更值得关注的是，一些沟通技巧还可以让我们创造信息传递以外的沟通影响力，比如"积极倾听"的同时我们还能够激励对方提高倾吐意愿，提升彼此的友情热度。

管理就是沟通，管理者们传达组织目标、规划决策、安排任务、反馈绩效，这些管理过程中不可或缺的重要活动就是沟通。有效地开展管理活动的管理者们需要把握沟通本身的影响力，还要胜任与岗位实务相关的工作沟通，深谙员工和部门之间冲突与合作的沟通，驾驭从行动到理念的沟通，也就是说，管理者的管理活动就是实现自己的沟通影响力从个人业务向群体和组织的绩效范畴进行升级和拓展的过程。

领导就是沟通,管理的四大管理职能之一就是领导职能,优秀的管理者同时也是具备领导力的领导者,他们协同员工、激励士气、引领愿景,通过沟通中的一言一行鼓舞人们向前。领导者却不都是管理者,没有管理职务的员工,也能够通过他们自己拥有的领导沟通技术进行向上领导,获得上级部门和管理者的支持,通过向下领导得到同事们的积极配合与响应,获得客户的认可与支持,得到社会公众的认同……组织中的任何一个人都可以通过自己的领导沟通技术拥有引领他人的力量。这种领导沟通影响力更多地来自价值观的认同、愿景的共鸣、文化的融合,是一种思想和意识的沟通,也是一种可以通过学习获得并驾驭的影响力。

本书的知识体系和章节框架设计尤为关注沟通的有效性,强调沟通过程衍生的影响力,希望通过一个崭新的视角,帮助读者在日常生活中树立沟通意识,提高人际交往质量;在工作中通过管理沟通有效地实现向上支持保障,向下引领促进,同级横向协同;在沟通理念上,开启自我沟通,激发出高能量的沟通活动,营造一个属于自己的愿景沟通氛围。

《管理沟通:影响力成长视角》融合了沟通学、管理学、组织行为学、领导学、心理学、社会学等多个学科领域有关管理沟通及其影响力的理论和方法,从人际沟通的内在心理机理和外在行动两个维度出发,涵盖了实现有效沟通的策略与技巧,强调沟通影响力的提升秘诀在于人们由内而外地自我修炼,本书适合大学生及社会人士作为自我沟通影响力升级的阅读参考书。

目 录 >>>

第 1 篇 沟通影响力原理

第 2 篇　沟通影响力基础

第 3 篇　沟通影响力提升

第 4 篇 领导沟通影响力

绪论 管理沟通的影响力

编辑部里的故事

2019—2021年小瞿在报社编辑部工作,由于表现比较出色,2021年被提升为部门的责任编辑,当时报社来了两个刚毕业的大学生,主要由小瞿来负责管理和培训。如何与他们进行有效的沟通并使他们早日掌握必要的新闻从业知识,成为合格的新闻从业人员,就成为小瞿的主要任务之一。

"COPY"事件

一天晚上小瞿和小C在一起值班,小C在网上,主要是英文网站上寻找有价值的信息以便写稿。在工作了两个小时后,他交来了两篇稿件,其中一篇是写韩国足球明星在意大利的最新情况,这位明星很少被韩国之外的国际网站报道,而从这篇稿件来看,也没有什么新鲜东西。小瞿顿时产生了怀疑,"莫非这篇文章是他COPY的?"但小瞿手中没有证据又不能直接提出。

小瞿沉思了一下,抬起头后问小C:"你懂得韩文吗?"小C愣了一下,回答说:"不懂,这是我从英文网站上下载的。""你能不能将这篇文章的原稿帮我找到呢?"小瞿又说。小C说:"好!"然后就去上网了。小瞿看他信心十足的样子,竟有些担心错怪他了。过了一会儿,小C面红耳赤地过来了,说"网断了,刚才上的网站连不上去了",小瞿看了看他,"是吗?"小瞿反问道,感觉到自己的态度有些不太好,连忙又对他说:"这两篇稿子你就先放这里吧,我再看一下,你可以回家了。"哪知小C听了小瞿这两句话后,一下子就急了,"你不相信我,你不相信我?!"小瞿看他情绪有些激动,知道他误会了,他可能把"回家"理解为以后不要再来了,看得出来,他非常珍惜这个工作机会,不愿因此而失去它。小瞿看他很急,连忙对他说:"我相信你,我的意思是,马上快到10点了,你回去的班车快要没有了,去和主任打个招呼,就可以提前回去了,明天还要上班呢!"听了小瞿这番话,他才慢慢平静下来,和主任打了个招呼就走了。

第二天恰逢办公室例会,在会议上,作为责任编辑,小瞿还是对小A、小C的工作进行了总结,对他们进行了肯定,并没有讲前一天的事。在例会开完后,小瞿把小C叫了出来,他们坐在外面拉起了家常,谈了一会儿,在小C情绪放松的时候,小瞿说:"你说一句老实话,昨天那篇稿子是你自己翻译的吗?"小C沉默了一下,然后红着脸说:"瞿老师,昨天真不好意思,那稿子是我从中文网站上下载的。我想跟你说的,但又不太敢。""其实昨天我一看你的稿子我就知道了,你应该知道我当了这么多年的记者,是不是你自己写的,我一眼就能看得出来,你很难瞒得过我的,再说,据我所知,英文网站上不太可能登这样的文章,你这个马脚露得大了些。"

小瞿看小 C 在不断地点头,知道这些话他已经记住了,便话锋一转:"小 C,这段时间你干得还是相当不错的,领导对你也很认可。我不想因这个问题而使你失去在这里继续工作的机会。我答应你,这件事我不会告诉领导,你放心。我希望你以后能以此为鉴,踏踏实实地去工作,我相信你能做得很好的。"小 C 听了很激动,紧紧握住小瞿的手说:"瞿老师,谢谢你!"小瞿笑着对他说:"别把这件事放在心上了,好好干吧!"此事过后,小 C 全力以赴投入工作,取得了不错的成绩,而那件事也成了他们共同的秘密。

吐槽事件

一天晚上,小瞿和小 A 在一起值班。小 A 下楼去拿稿件了,而小瞿正需要使用电脑上网,小瞿看到小 A 那台电脑开着,小瞿便过去上网。在上网的过程中,小瞿不小心打开了一个窗口,无意中看到了一篇文章的评论:"他懂不懂新闻啊,这样的文章也毙掉!"小瞿再一看,下面的文章正是被自己"枪毙"的那篇,这是小 A 在网上发的一个帖子。小瞿心里有些不悦,心想,"你不过是来实习的,凭什么说我,就算我说得不对,有问题当面提出来一起商量不也很好吗?"

但小瞿转念一想,是否自己也有问题,之前确实没有和他好好沟通过,也许和他好好商量一下选题怎么做就不会出现这样的问题了,他也是有自己想法的嘛。小瞿当时也没有多说什么,把这篇文章保存了一下,目的并不是为了去教训他,而是作为一次失败的沟通,提醒自己还是要多注意。此后小瞿并没有把这件事告诉小 A 本人,更没有告知编辑部主任,因为小瞿知道一旦上报,小 A 在编辑部肯定待不下去。

小瞿的部门举办了一次庆功宴,路上小瞿和小 A 两人单独坐在一辆车上,小瞿把网上的那篇帖子递给他看,他看了默默无语,小瞿问他:"你现在是什么想法?"小 A 想了想说,"我没有想到你知道了,我也没有想到你会保存这篇帖子。"小瞿说:"这件事情只有你我知道,我不会让别人知道,我觉得我在你写文章之前没和你沟通好,这里面有我的责任,我想如果有什么想法的话,可以当面和我谈,我并不是那种不好讲话的人,我想我们之间需要坦诚,如果我以前有什么地方做得不够好,请你谅解。"小 A 听了小瞿这番话后,也很感动。他连忙说:"这件事还是我不好,我有些怕你,所以不敢说。"见此,小瞿也说:"这件事就这样过去吧,我不希望它成为我们之间的心结。你是个聪明人,我相信你能做得好,也许平时我会多讲你们几句,但我这也是为你们好,当然,以后我也会加强和你们之间的沟通。"

在此之后,小 A 有所改变,比以前更合群了,不再像以前那么傲气,多了几分合作精神。经过努力,他也成为报社的正式员工。

0.1 ▶ 管理沟通的存在

组织是由社会中的一些人员所组成的群体,比如家庭成员组成的家庭、你和同事组成的工作团队。组织包含成员之间的相互依赖关系。如果你领导一个企划小组,小组中每个成员都需要有明确的分工:有人做调查,有人处理文案,有人负责一个专题……成员之间相互影响,相互依赖。相互依赖要求活动保持协调一致性,相互配合,以保证每个成员的任务都能顺利完成,从而实现组织的目标。当然,协调一致和相互配合都离不开沟通。

当前,各个组织内部正在发生多种多样的变化,主要表现为:
- 组织结构和信息技术正变得越来越错综复杂。
- 经济和市场情势正在迫使生产和服务业提高效率和质量,以应对激烈的竞争。
- 法治化进程要求管理者向员工解释政策和法规,以避免对规范的误解。
- 组织赖以生存的环境变化日趋频繁,要求组织内部管理模式能够迅速做出响应。
- 组织成员对组织寄予更多期望,如更高的报酬、更宽松的工作环境等心理和工作方面的需求。
- 组织更加依赖信息渠道,需要完善信息技术,以避免信息时滞和失真。
显而易见,现代组织内部所发生的种种变化更加凸显卓有成效沟通的重要性。

一个组织、一个部门或一个小组的负责人就是不同层面的管理者。管理大师哈罗德·孔茨将管理职能定义为计划、组织、领导与控制。这些管理职能概述了管理工作的职责,但还不足以全面反映管理工作的具体内容和工作特点。当代管理学界著名大师亨利·明茨伯格从管理者扮演的角色入手,考察了各项管理工作。他认为管理者扮演了三大类十种类型的管理角色,管理者在承担不同管理角色的时候应该意识到,每种角色对如何进行管理沟通都提出了不同的要求。

人际关系角色

人际关系角色是指所有管理者都要履行礼仪性和象征性的工作职责。

挂名领袖

管理者通过对上级代表所属部门以及在组织内部给予绩效奖励而发挥着领袖的作用。作为挂名领袖,管理者必须出席许多法律性和社交性的活动仪式,可能是公司资助的活动、剪彩、致辞或代表公司签署法律合同文件。在承担挂名领袖的职责时,管理者成为公众瞩目的焦点,其举手投足、一言一行都代表着企业的形象,这无疑对管理者的语言沟通能力和非语言沟通能力提出了很高的要求。一般情况下,挂名领袖要通过微笑、挥手致意等形体语言,以及铿锵有力的声音、言简意赅的表达来显示企业的信心和实力。

领导者

管理者拥有建立行动路径或给予指导的职权。作为领导者,他们主要负责激励和动员下属,包括人员配备、培训和沟通交流,事实上是统筹所有下属参与的活动。这个角色同样要求管理者擅长语言和非语言沟通形式。当然，领导者可以通过发布倡导书、书面指令等来影响和改变员工的行为，但仅有书面沟通的形式是不够的，优秀的领导者还需要通过口头和形体语言来激励和鼓舞员工。因为，面对面的口头沟通加上相应的肢体语言能够更快、更有效地传达管理者的意图，而且管理者有条件做到这一点，因为管理者与员工在同一个办公场所工作。

联络员

管理者在组织中要与其他部门协调，还要与外部组织（包括供应商和顾客）协调。部门的设立将企业分割成若干个小组，管理者必然要承担起联络员的角色，及时向相关的部门提供各种信息，使之相互协调。同时，管理者也要维护企业与外部的联络与关系网络，担当起企业公共关系负责人的重任。通常，管理者通过召开跨部门的会议来分配和协调各部门的工作，通过与外部关系人单独会面等方式来协调企业与外部环境的沟通活动。这就要求管理者必须具备优良的会议和面谈能力，以及语言和非语言沟通能力。

信息角色

信息角色是指所有管理者都在某种程度上与组织内部和外部组织或机构之间进行着信息交流，他们不断地收集或传递某些信息。

监听者

作为监听者，管理者需洞察环境，对组织在特定市场中的现状和地位给予密切关注，寻求和获取各种特定的、即时的信息，以便比较透彻地了解外部环境和组织内部的经营管理现状，如经常阅读各种报纸杂志、政府工作报告、财务报表等，并与有关人员如政府官员、大客户、员工等保持私人接触。换言之，管理者宛如组织的内部、外部信息的神经中枢。这就要求管理者具备基本书面沟通和口头沟通的技巧，其中主要是理解和倾听的能力。

传播者

作为传播者，管理者掌握来自组织内部和外部的关键信息，并把它们传递给组织中需要知悉的人。管理者将与员工工作相关或有助于员工更好工作的必要且重要信息传递给有关人员，就是管理者作为传播者的职责。有些是有关事实的信息，有些则涉及对组织有影响的各种人的不同观点的解释和整合。管理者几乎可以采用所有的信息沟通形式传播信息，如面谈、电话交谈、作报告、书面报告、备忘录、书面通知等方式，将相关的信息传播给有关人员。正因为这一点，管理者必须懂得如何运用多种途径传播信息，并依据信息内容选择恰当的沟通形式。

发言人

作为发言人，管理者代表组织面向组织外部任何人或机构，如顾客、供应商或媒体等，发布组织信息。作为发言人，管理者通过董事会、新闻发布会等形式向外界发布有关组织的计划、政策、行动等信息。这要求管理者掌握和运用正式沟通的形式，包括报告等书面沟通和演讲等口头沟通。

决策角色

管理者需要开展各种各样的决策活动，其中包括市场机遇的把握、资源的合理应用、冲突与危机的控制,并通过谈判者身份出面解决这些问题。

企业家

作为企业家,管理者需要把握住经营机会,识别和利用市场机遇,领导变革与创新。为此,管理者必须积极探寻组织和竞争环境中的机会,制定战略与持续改善的方案,督导决策的执行进程,不断开发新的项目,换句话说,管理者要充当企业变革的发起者和设计者。这在一定程度上要求管理者具有良好的人际沟通能力,善于通过与他人沟通来获取信息,辅助自身做出科学决策,同时能与他人就新思想、新发展等观点进行交流。

危机控制者

这一角色聚焦于冲突管理,着重处理组织内外矛盾和冲突。当组织面临或陷入重大或意外危机时,管理者需开展危机公关,采取补救措施,并相应建立"预警系统",防患于未然,消除混乱出现的可能性。这包括召开处理故障和危机的战略会议,以及定期的检查会议。因此,管理者要具备娴熟的会议沟通技巧。

资源配置者

这一角色聚焦于分配组织的各种资源,如时间、财力、人力、信息和物质资源等,决定组织如何发挥作用。其实就是负责所有的组织决策,包括预算编制、安排员工工作等事务。在执行资源分配时,管理者在很大程度上需要使用书面沟通形式,如批示、指令、授权书、委任状等。

谈判者

在主要的谈判中,管理者作为组织的代表,调停各个下属与组织内其他管理者之间的关系、组织外部的竞争者之间的关系。这项角色的职责包括代表资方与劳方进行合同谈判,或为采购设备、购买专利、引进生产线等与供应商洽谈。这要求管理者掌握谈判的沟通技巧。

这些管理角色各有特色,但又高度关联。管理者无论履行哪一项管理职能,或在扮演哪一种管理者角色,都离不开管理沟通。为了提升管理效率,管理者必须不断与公司内外的人员,如上司、同事、下属、政府官员、供应商、经销商和顾客等进行持续而有效的沟通。

与此同时,有证据证明,管理者的最主要角色是信息的处理者。管理者要花费80%的工作日时间用来和其他人进行沟通,换句话说,每个小时有48分钟用在会议、电话或者非正式谈话上。管理者审视周围的环境,寻找重要的书面和私人信息,收集实情、数据和创意,将这些信息传递给追随者或者需要的人。然后,管理者会收到来自追随者的信息和反馈,检查信息在传递过程中是否存在误解,并且决定是否需要将这些信息表达得更准确一些。

管理者肩负巨大的沟通责任来指引和控制整个机构。有效的沟通建立在准确无误的表述基础上,同时还需要减少误解和干扰。管理者传递事实、统计数据和做出决策。有效率的管理者将自己置于信息网络的中心,从而完成各项工作和任务。

0.2 ▶ 管理沟通的影响

管理沟通的作用已经逐渐被管理者们认识,随着管理学的发展和组织环境对管理者的要求日益提高,沟通在管理中的作用也不断迭代更新。

员工激励

良好的组织沟通,尤其是畅通无阻的上行、下行沟通,可以起到提振员工士气、提高工作效率的作用。随着社会的发展,人们开始了由"经济人"的角色向"社会人""文化人"的角色转换。员工也不再一味追求高薪、高福利等物质待遇,而是要求能积极参与企业的创造性实践,满足自我实现的需求。激励性沟通使员工能自由地和其他人,尤其是管理人员,谈论自己的看法、主张,使员工的参与感得到满足,从而激发了他们的工作积极性和创造性。

技术创新

在有效的人际沟通中,沟通者互相讨论、彼此启发、共同思考和协作探索,往往能迸发出创意的火花。专家座谈法就是最明显的例子。惠普公司要求工程师将手中的工作展示在台式计算机屏幕上,供其他员工品评,以便大家一起出谋划策,共同解决难题。员工对本企业的认识较为深刻,他们往往能最先发现问题和症结所在。有利于创新的沟通机制使企业各部门都能发表想法,并探讨付诸实施的可能性。这是企业创新的重要来源之一。

管理效率

从组织内部看,沟通工作把人与设备在特定时间内进行整合,以达到生产要求。沟通的一个重要职能就是交流组织活动的各种信息,确保组织正常运行。顾客需求信息、制造工艺信息、财务信息……都需要准确而有效地传达给相关部门和人员。各部门和人员之间必须进行有效的沟通,以获得各自所需要的信息。难以想象,如果制造部门不能及时获得研发部门和市场部门的信息,会造成什么样的后果。企业任何出台的决策,都需要凭借书面或口头、正式或非正式的沟通方式和渠道传达给适宜的对象。

公共关系

从组织外部看,沟通因涉及资源投入而把组织与供应商联系在一起,因介入产品或服务的产出而把组织与客户联系在一起。企业主管可通过信息沟通了解客户的需要、供应商的供应能力、股东的要求及其他外部环境信息。当滞后的、误导的或错误的信息在组织间传递时,会导致不信任和无效率。无论是公共组织还是私营组织,抱怨、诉讼和联合抵制都会花费他们更多的时间和金钱。管理学教材中通常把这种组织间的沟通活动定义为公共关系或公共形象管理。任何一个组织只有通过信息沟通,才能成为一个与其外部环境发生相互作用的开放系统。尤其是在环境日趋复杂、瞬息万变的情况下,与外界保持着良好的沟通状态,及时捕捉商机、避免危机,是企业管理人员的一项关键职能,也是关系企业兴衰的重要工作。

组织协调

人们大多认为企业整合的中心过程是沟通。因为,离开沟通,商品生产或服务提供就不可能实现。然而,这样的理解有些低估管理沟通的作用了。沟通的意义不仅仅在于整合生产和服务过程,其更为重要的作用表现在它是组织活动的核心功能,借助沟通才能向组织内部的员工和组织外部的社会传递组织的发展方向、期望、过程、产物和态度。

沟通是组织活动的纽带,管理者必须积极鼓励自下而上的组织信息交流。然而,在社会环境复杂多变的背景下,一方面,管理者面临的工作挑战不断增多,另一方面,组织层次和管理跨度不断扩张,管理问题的洞察与识别也变得更加困难。组织中的沟通为管理者提供了探索组织问题的洞察力。沟通的主要活动包括管理者的讲解、通知和指导运作。同时沟通可以帮助管理者判断员工获得的信息与其发出的信息是否相符,帮助管理者倾听下属真正的呼声,帮助管理者鼓励下属汇报反面信息,避免对坏消息提供者产生歧视,鼓励"挑刺者"指出管理者思维、计划或分析中的错误。

0.3 ▶ 管理沟通的效力

管理沟通把沟通视作组织的核心功能,沟通就像组织生存和发展的营养源。一个恰当的比喻就是:人体内的血液流失超过 1 000cc,会有生命危险;同样地,即使没有血液流失,可要是血液在组织内不能流动,组织也会坏死。血液的这种特征,酷似组织中的沟通,沟通不畅会使组织无效率、不盈利,甚至发生组织紊乱。更值得注意的是,如果连最起码的沟通都没有,组织就会瘫痪。现代组织内部的管理者,只有成为有效的沟通者才能真正实现管理效果。

管理沟通的目的

沟通是组织得以生存和提高效率的关键要素。每一次的沟通都是为组织的某一活动服务。管理沟通的目的就是更好地达成和改善管理效率,实现管理目标。所以,管理沟通的目的常常与组织管理的目标紧密相关。

具体来说,管理者沟通的主要目的如下:
- 建立信息传递网络,以获得那些明显或隐藏的真实信息。
- 运用正式沟通方式,如会议、报告、提案、通报;
- 运用非正式沟通方式,如咨询、建议与雇员谈话。
- 充当多种角色,如董事长、项目经理、分析员、下属和同事。
- 与系统内各级人士会谈,如个人、群体和各部门的人员;
- 与系统外部人员会谈,如客户、供应商、银行家和其他专业人员。
- 尽力去影响那些你无权支配的人物。
- 搜集或接收信息,分担责任,鼓舞士气,控制管理,实施计划和正视现实。
- 对沟通进行评价。信息符合事实吗? 属于建议还是闲聊?

总之,沟通的首要步骤是建立沟通网络,与组织内外取得联系。其次是提高组织活动的影响力和执行力，确保组织的目标、政策、计划顺利地实施。沟通的另一个重要目的是不断地评价和改进沟通效率，使组织问题得到更好的传递和解决。

组织沟通检查

鉴于良好正常的沟通可以发挥积极的作用，组织需要定期关注自身的沟通活动是否正常、有效。组织沟通检查是指检查沟通政策、沟通网络以及沟通活动的一种方法。这一方法把组织沟通看成实现组织目标的一种手段，而不是为沟通而沟通。

企业组织须对以下四大沟通网络加以检查，以确保各网络的畅通无阻：
- 政策、程序、规则和上下级关系的管理网络或与特定任务有关的网络；
- 解决问题、提出建议等方面的创新活动网络；
- 表扬、赞赏、提升等激励措施以及与企业目标、员工个人需求紧密相联的整合性网络；
- 公司出版物、布告栏和小道消息的新闻性和指导性网络。

历史事实不断证明，企业经营失败往往是由于领导者被唯命是从的员工蒙蔽，从而偏离现实。这些人让领导者只能听到他们喜欢听的东西。组织沟通调查可以帮助管理者找到组织沟通中不循环的部分，打通组织沟通的脉络，提高组织沟通的效率。

发挥管理沟通的效力

良好的组织内部沟通，可以帮助企业顺利度过一些特殊阶段，如企业转型期、裁员时期及制度发生重大变革的时期等等。往往在这些时候，沟通技能的效果在短时间内得以凸显，控制得好，不会造成不良影响反而会增进企业的凝聚力；做得不好，则可能给企业带来沉重的打击（见表0-1）。

表0-1　沟通障碍

沟通障碍	克服方法
个体	
人际变动	积极倾听
渠道和媒介	选择恰当的渠道
语言	对发言人的了解
间断暗示	巡回管理
组织	
地位和权力差异	信任的气氛
部门需求和目标	开发和运用正式渠道
沟通渠道不适用于任务	改变组织和群体结构以适应沟通需求
缺乏正式渠道	鼓励多元沟通，允许正式和非正式同时存在

拓展游戏：毛毛虫

★ 形式：集体参与。

★ 时间：10分钟。

★ 材料：无。

★ 场地：室内。

程序

培训师宣布给大家讲一个故事，让他们仔细听，然后说出感想。故事内容如下：

（1）有一种毛毛虫叫作列队行进的毛毛虫，他们只会盲目跟风，一旦有一只毛毛虫选定了方向，其他的毛毛虫就会紧跟其后，沿着同一条路爬行。

（2）实际上，跟随者的行为已经成了一种非常机械的运动，它们的眼睛半闭着，将周围的世界都挡在了视野之外。所有的思考都是让领头的毛毛虫去做，朝哪个方向走也是让它来决定。其他毛毛虫的行为只是例行公事。

（3）曾经有个科学家做了这样一个实验，诱使领头的毛毛虫围着一个大花盆转圈。其他的毛毛虫紧随其后，形成了一个头尾相连的圆圈，谁是领头者，谁是追随者已经分辨不出来了，道路也变得无始无终。

（4）毛毛虫并没有对这种徒劳无功的行为感到厌烦，相反他们没头没脑地走了几天几夜，最终因为没有进食而变得饥肠辘辘，疲惫不堪地死掉了。

（5）这群完全靠直觉、经验、习俗和传统的毛毛虫，最终劳而无功，因为他们选错了行为方式。

提示

- 让学员们模仿毛毛虫行进的方式，让他们深刻地感受盲目跟随他人的风险。

组织讨论

（1）当你听到这个故事，有什么感想？

（2）在实际工作中，你遇见过这种情况吗？

（3）沟通中人们在哪些方面表现得像毛毛虫？是否有人成为毛毛虫现象的牺牲品？

（4）你怎样防止自己或他人的行为产生毛毛虫那样的行为？

（5）作为员工，你应该如何在沟通中发挥主观能动性？

第**1**篇

沟通影响力原理

1 沟通的有效性

>>>

开篇故事

扁鹊见蔡桓公

文言文：

扁鹊见蔡桓公，立有间，扁鹊曰："君有疾在腠理，不治将恐深。"桓侯曰："寡人无疾。"扁鹊出，桓侯曰："医之好治不病以为功！"

居十日，扁鹊复见，曰："君之病在肌肤，不治将益深。"桓侯不应。扁鹊出，桓侯又不悦。

居十日，扁鹊复见，曰："君之病在肠胃，不治将益深。"桓侯又不应。扁鹊出，桓侯又不悦。

居十日，扁鹊望桓侯而还走。桓侯故使人问之，扁鹊曰："疾在腠理，汤熨之所及也；在肌肤，针石之所及也；在肠胃，火齐之所及也；在骨髓，司命之所属，无奈何也。今在骨髓，臣是以无请也。"

居五日，桓侯体痛，使人索扁鹊，已逃秦矣。桓侯遂死。

现代文：

扁鹊进见蔡桓公，在蔡桓公面前站了一会儿，扁鹊说："您的肌肤纹理之间有些小病，不医治恐怕会加重。"蔡桓公说："我没有病。"扁鹊离开后，蔡桓公说："医生喜欢给没有病的人治病，把治好病当作自己的功劳！"

过了十天，扁鹊再次进见蔡桓公，说："您的病在肌肉里，不及时医治恐将会更加严重。"蔡桓公不理睬他。扁鹊离开后，蔡桓公又不高兴。

又过了十天，扁鹊再一次进见蔡桓公，说："您的病在肠胃里了，不及时治疗将要更加严重。"蔡桓公又没有理睬。扁鹊离开后，蔡桓公又不高兴。

再过了十天，扁鹊远远地看见桓侯，掉头就跑。蔡桓公特意派人问他。扁鹊说："小病在皮肤纹理之间，通过热敷可以治好；病在肌肉和皮肤里面，用针灸可以治好；病在肠胃里，用火剂汤可以治好；病在骨髓里，那是司命神管辖的事情了，大夫是没有办法医治的。现在病在骨髓里面，因此我不再请求为他治病了。"

五天后，蔡桓公身体疼痛，派人寻找扁鹊，这时扁鹊已经逃到秦国了。蔡桓公于是病死了。

1.1 ▶ 沟通本质

1.1.1 沟通影响力

对于"沟通"的定义，可以说是众说纷纭，莫衷一是。人们关于沟通的定义，已达 126 种之多，表 1-1 列出了其中著名的几种。

表 1-1 关于沟通的四种定义

定义来源	定义内容
《大英百科全书》	沟通就是用任何方式彼此交换信息，即一个人与另一个人之间，借助视觉、符号、电话、电报、收音机、电视或其他工具作为媒介，从事交换信息的方法。
《韦氏大辞典》	沟通就是文字、文句或消息之交通，思想或意见之交换。
哈罗德·拉斯韦尔（Harold Lasswell）	沟通就是什么人说了什么，经由什么线路传至什么人，达到什么结果。
赫伯特·西蒙（Herbert Simon）	沟通可被视为任何一种程序，借此程序，组织中的成员将其所决定的意见或前提传送给其他有关成员。

由这些定义可知，沟通的基本含义就是信息交流。沟通包括以通信工具为载体的信息交流，这属于通信技术的研究范畴，如电视、传真、电话、电子邮件；沟通也包括人与机器设备之间的信号交流，这属于工程心理学的范畴；沟通更多地涉及人与人、组织与个人、组织与组织之间的信息交流，这属于社会学、心理学、管理学和组织行为学的范畴，也是这些学科领域研究的重要内容之一。

沟通的含义是广泛而复杂的，本书从组织成员在管理沟通中的影响力水平出发，把沟通综合定义为：沟通是凭借一定符号载体，为了设定的沟通目标，把组织方针、管理信息、意识情感在个人或群体间有效传递并发挥影响力的过程。

1.1.2 研究领域

目前沟通的课程在国内外各大商学院中都有设置，在学科专业分布上也各有侧重。管理沟通、商务谈判和跨文化沟通是其中的主流课程。总结该类课程的教学和研究，主要归结为两大主要流派。

沟通理论与思想

这一流派从行为科学理论出发来研究管理沟通问题，强调沟通的思想和理论基础，认为管理沟通来自行为科学理论，管理沟通所研究的对象是一个组织或有机体如何根据听众的特点，在复杂的沟通方式和类型中选择相应的沟通策略，并实现有效沟通。

沟通的技能与技巧

另一流派则强调沟通的技能和技巧、有效的沟通技能和行为,认为有效的管理沟通需要掌握笔头沟通和口头沟通技巧,要求沟通者把清晰的思考和清晰的沟通有机结合起来,在沟通语言中要强调逻辑性、依据性、说服力和内在想象力。

随着个体在组织中的能动性日益凸显,组织中有效的人际沟通变得越来越重要和关键。先进的信息传输设备、庞杂的工作联系对沟通提出了更高的要求。人们依赖沟通去有效地解决人与人之间的问题、人与组织之间的问题、组织与组织之间的问题。不同问题的解决同时依赖于沟通理论和技能的发掘。

沟通作为一种人与人交往的方式,随着人与人角色的不同、人与人关系的不同、人与人作用目的的不同而产生变化。实践中的沟通不只是一种技能或是一个理论,而是理论与技能的综合应用。沟通的策略与原理虽然比较简单——任何层次的沟通都由发送者、信息、渠道、编码、解码、接收者和噪声构成——但在应用中,这些因素的表现却错综复杂。本书在各种沟通的讨论过程中,都围绕沟通的基本原理层层展开,并结合具体工作和管理过程中构成因素的变化和表现,讨论如何进行有效沟通。

沟通技能与沟通策略同样对现实组织沟通具有指导意义。不论是哪个层次的沟通,其成效都在于能否有效地传达交流双方的意图,从沟通原理来观察,需要交流双方在传递信息之前,根据彼此的具体行为规律构建沟通的策略,推测可能发生的情形以及应对方法。同时在交流过程中,需要运用具体的语言与非语言技巧来推动沟通策略的成功。我们要讨论的沟通融合了沟通领域的两大学派的观点和方法,将沟通的外在技能训练与内在的顿悟和境界修炼有机结合,将沟通从物质行为层面延伸到意识文化层面,为组织中的所有成员提供沟通的参考框架,使他们结合自己的具体工作,总能找到属于自己的提高沟通能力和完善沟通技巧的方法。

1.1.3 时代特征

沟通发生的原动力已经由劝导和促变转化为理解和协商。过去人们进行沟通,往往是出于想说服他人,把他人的观点扭转到自己这一方观点和立场上来。现在沟通双方更倾向于站在对方的立场思考问题,找出对方真正的需求,把自己的需求与对方的需求对比起来分析,挖掘有利于沟通的关键点。

卓有成效的沟通已由原来的主要依靠属于同一价值观体系的特征符号,转变为依赖在不同甚至是对立的价值观体系中保持中立的象征符号。人际沟通主要涉及的是个人,但这将触及人际沟通关系背后蕴含的组织、文化和跨文化沟通系统中的许多问题。随着社会的发展,这些问题成为人际沟通中的主要矛盾点。因此,只有当个人、组织与跨文化沟通系统之间的需求相互协调一致时,沟通需求才会得到满足。

沟通关系进展和瓦解的条件已经从是否承认共同价值转变为是否相互依赖。在过去,沟通关系往往以双方共同知晓的价值为起点,双方在共同价值观的引导下承认某些问题,并达成一致意见,从而使沟通关系向纵深发展。然而在今天,这种惯常的做法由于多种差异和相互依赖现象的增强已不复存在。承认差异的存在和深刻理解相互依赖关系，成为发展沟通关系的基石。

1.2 ▶ 沟通过程

1.2.1 沟通模型

从沟通的含义我们了解到，沟通过程中涉及沟通主体（发送者和接收者）和沟通客体的关系。沟通的起始点是信息的发送者，终结点是信息的接收者。当终结点上的接收者反馈其想法、意见时，他又转变为信息的发送者，最初起始点上的发送者就成为信息的接收者。沟通就是这样一个循环反复的过程，而且任何复杂的沟通均遵循一个基本的沟通过程模型。如图1-1所示，一个完整的沟通过程包括以下六个环节：发送者、编码、渠道、解码、接收者、反馈和干扰源（即噪声）

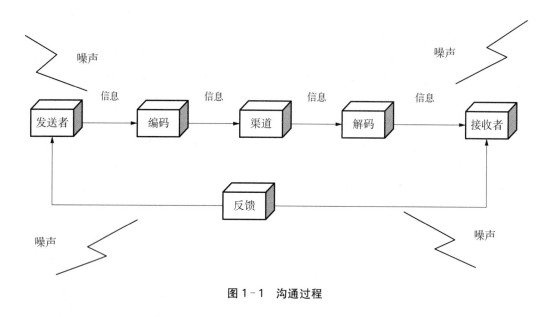

图 1-1　沟通过程

发送者

信息产生于信息的发送者，它是由信息发送者经过思考或事先酝酿策划后才进入沟通过程的，是沟通的起始点。

编码

将信息以相应的语言、文字、符号、图形或其他形式表达出来就是编码过程。虽然我们很少能意识到编码过程的存在，但是编码过程的确十分重要。事实上，当幼儿还在咿呀学语时，你就会发现幼儿在表达意识的过程中极力思索的模样，其实那正是他在努力选择合适词语的过程,即编码。通常,信息发送者会根据沟通的实际需要,选择合适的编码形式向接收者发出信息,以便其接收和理解。

渠道

随着通信工具的进步,信息发送的方式越来越多样化。人们除了通过语言面对面地直接交流外,还可以借助电话、传真、电子邮件来发送信息。信息发送时,发送者不仅要考虑选择合适的方式传递信息,而且要注重选择恰当的时间与合适的环境。

解码

接收者对所获信息的理解过程被称为解码。接收者的文化背景及主观意识对解码过程有显著的影响,这意味着信息发送者所表达的意思并不一定能使接收者完全理解。沟通的目的就是要使信息接收者尽可能理解发送者真正的意图。信息发送者和接收者采取一种共同语言进行沟通,是正确解码的重要基础。当然这是一种理想状态,因为每个人都具有自己独特的个性视角,这些个体的差异必然会反映在编码和解码过程中。但是,只要沟通双方以诚相待、精诚合作,沟通就会接近理想状态。

接收者

接收者是信息发送的对象,接收者不同的接收方式和态度会直接影响到其对信息的接收效果。常见的接收方式有:听觉、视觉、触觉以及其他感官方式。如果是面对面的口头交流,那么信息接收者就应该做一个好的倾听者。掌握良好的倾听技能是有效倾听的基础,积极地倾听有助于有效地接收信息。

反馈

信息接收者对所获信息做出的反应就是反馈。当接收者确认信息已收到,并对信息发送者做出反馈,表达自己对所获信息的理解时,沟通过程便形成了一个完整的闭合回路。反馈可以折射出沟通的效果,它可以使发送者了解信息是否被接收和理解。反馈使人与人之间的沟通成为双向互动过程。在沟通过程中,信息接收者应该积极做出反馈;此外,信息发送者也可以主动寻求反馈。例如,直接向接收者发问,或通过察言观色来捕捉接收者对所获信息的反应。

噪声

在信息传递过程中,任何可能产生干扰的因素都被称为噪声。噪声对信息传递的干扰会导致信息失真。在沟通过程中,噪声可能有意或无意地交织,会影响编码或解码的正确性,并会导致信息在传送与接收过程中变得模糊和失真,从而影响正常交流与沟通。噪声是妨碍信息沟通的所有因素,它贯穿于整个沟通过程。因此,为了确保有效沟通,通常要有意识地避开或弱化噪声源,或者重复传递信息以增加信息强度。

沟通过程模型具体地反映了一个完整的信息交流过程,它是对实际情况的一种抽象,是对人际沟通中最简单、最具代表性的“一对一”沟通过程的描述。由于在管理过程中,沟通常常发生在组织部门或团队中,借助开会、研讨、报告、微信、邮件等多种载体和渠道在成员之间展开,致使沟通模式变得更为凡庸复杂。一般情况下,沟通模式可以区分为"一对多"或"多对多"两大类,其中,多人参与的沟通还会涉及组织网络设计和管理信息系统。而对于所有组织沟通来说,"一对一"的沟通过程则是所有沟通的分析基础,以两人之间的信息传递为例,如图1-2所示,表示了两人信息互相传递的完整过程。深入探讨"一对一"沟通过程模型对于研究管理沟通的影响力是非常重要的。

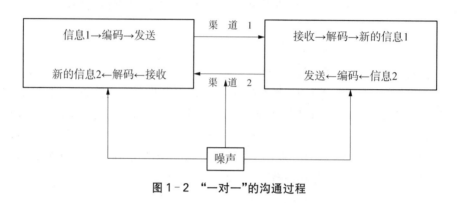

图1-2 "一对一"的沟通过程

1.2.2 干扰因素

我们与他人的沟通存在着一个重要问题,即各种因素会影响沟通过程,进而影响信息传递的真实性和易于理解的程度。人们交谈时所处的环境千差万别,各种环境因素时常会分散人们的注意力,不仅在客观上干扰信息的传递过程,削减或歪曲信号,同时,也会影响沟通者的心境,从而改变倾听者的主观意识,影响倾听的效果。

常见的噪声源(见图1-3)来自很多方面。价值观、伦理道德观、认知水平的差异会阻碍相互理解。健康状态、情绪波动以及交流环境会对沟通产生显著影响。身份地位差异会导致心理落差和沟通距离。编码与解码所采用的信息代码差异会直接影响理解与交流。信息传递媒介的物理性障碍、模棱两可的语言、难以辨认的字迹、不同的文化背景等,都会在很大程度上造成信息失真,影响沟通的效果。具体地分析和解决沟通中的噪

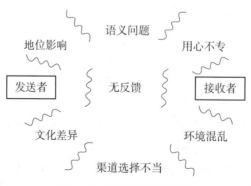

图1-3 影响沟通的因素

声源,可以改善沟通效果,提高沟通的有效性。

场所和地位差异

在会议室里向下属征询建议,大家会十分认真地发言,但若是换作在餐桌上,下级可能会随心所欲地谈谈想法,有些自认为不成熟的念头也在此得以表达。同样,在咖啡厅里上司随口询问你身上穿着的西装样式,你会轻松地聊上几句,但若老板特地走到你的办公室来发问,你多半会惊恐地想这套衣服是否有违公司的着装规范。这种不同的反应是由不同场合人们的心理压力、氛围和情绪大有不同导致的。

表1-2简要展示了不同沟通环境带来的倾听障碍。分析了沟通的主体和客体通常所处的几种倾听环境,主要从环境的封闭程度、环境的氛围,以及谈话双方对应关系三个因素来分类,并指出该环境中影响倾听效果的主要障碍来自何处。

表1-2 环境类型特征与障碍源

环境类型	封闭性	氛围	对应关系	主要障碍源
办公室	封闭	严肃、认真	一对一 一对多	不平等造成的心理负担,紧张,他人或电话打扰
会议室	一般	严肃、认真	一对多	对在场他人的顾忌,时间限制
现场	开放	可松可紧、较认真	一对多	外界干扰,事前准备不足
谈判	封闭	紧张、投入	多对多	对抗心理,说服对方的愿望太强烈
讨论会	封闭	轻松、友好、积极投入	多对多 一对多	缺乏从大量散乱信息中发现闪光点的洞察力
非正式场合	开放	轻松、舒适散漫	一对一 一对多	外界干扰,易走题

环境因素

在沟通过程中,若多人同时谈话,同时进行的交流会相互影响彼此的沟通效率。有人做过一个实验,如果让一个人同时听到两个信息,他会选择复述一个,而放弃另一个。荀子说:"耳不能两听而聪。"这说明抵抗环境干扰是很费力的事,需要倾听者用心克服。

另外,干扰因素并非只是他人同时进行的谈话,还包括令人分神的举止、与场合不匹配的装饰、缭乱的字迹等。比如,穿透房间的汽车噪声、旁边办公室传出噼噼啪啪的键盘敲击声、人员在办公室内频繁走动、漫无目的地用手拨弄铅笔、在交流的关键阶段送来的咖啡、响起的电话铃声等等。

语言因素

当人们在不同的情形中使用同一个单词或在相同的情形中使用不同的单词时,就会出现语义问题。过分精确的语言、术语的运用、太多的信息等,往往会导致听者在短时间内无法有效接收信息。比如某管理学教授在课堂上用了许多字母的缩略语:"总之,许多MBA学员认为,在实施建设—经营—转让(Build, Operation and Transfer, BOT)项目时，应该谨慎之。"当人们使用以为他人能够理解的行话或术语时，或是使用超出他人词汇量范围的语言时，会产生语义问题。

信息渠道

信息传递者应该根据传达信息的要求和信息接收者的特点选择合适的信息渠道，以提高沟通效果。如果你想让接收者迅速采取行动，就不要传送冗长的文字报告，而应打电话或直接到他办公室说明来意。一张图片可以起到用语言无法表达的效果，用计算机制作图片信息或其他形式的信息是快速传递信息的有效方法。不适宜的信息渠道可能降低信息传递的准确性，甚至扭曲信息内容。

接收者的因素

倾听者本人在整个交流过程中具有举足轻重的作用。倾听者理解信息的能力和态度都直接影响倾听的效果。所以，在尽量创造适宜沟通的环境条件之后，管理者要以最好的态度和精神状态面对发言者。来自倾听者本身的障碍主要可归纳为以下几类：

用心不专

用心不专是影响倾听效果的重要因素之一。如果倾听者老是心不在焉，不能集中注意力在别人的讲话内容上，他必定会错过许多重要信息，导致不能很好地与说话者交流、沟通。

急于发言

人们都有喜欢自己发言的倾向。发言在商场上被视为主动的行为，而倾听则是被动的。著名语言学家塞缪尔·早川一会（Samuel Hayakawa）曾说："我们都倾向于把他人的讲话视为打乱我们思维的事情。"在这种思维习惯下，我们容易在他人还未说完的时候就迫不及待地打断对方，急于表达自己的想法，这样往往不能把对方的意思听懂、听全。于是我们经常会听到别人这样说："你听我把话讲完，好不好?"这正说明急于发言并不利于双方的沟通。其实许多时候只要认真听完别人的讲话，心中的疑问就已经消除了。

选择倾向

有选择倾向的感情、看法等因素的介入，会使倾听受到很大干扰。以事实为中心的倾听只注重接收事实、数据、资料信息，而忽视人的存在，会造成双方的相互关系紧张，影响信息的交流；在对方谈话过程中，为了准备回答的倾听只思考如何回应对方，而停止倾听对方所说的；过滤性倾听则受倾听者的倾向性、偏见的影响，从而对自己所倾听到的信息无意中做了选择，丢弃了很多有用的信息，这是最常见的倾向之一。有些人喜欢听和自己意见一致的人讲话，偏心于和自己观点相同的人，这种拒绝倾听不同意见的人，注意力不可能集中在与自己意见相左的人身上，也不可能和任何人都交谈得很愉快。

文化差异

文化差异不仅存在于国与国之间、不同地区与民族之间，也存在于组织与组织之间，甚至组织内部各个部门之间。文化差异勾勒出不同的意识形态和行为准则，在不同的文化背景下，同样的信息和行为会得到不同的理解。例如，在组织内部，研发部门和生产部门之间常常存在文化差异。研发部门的人员具有长期意识,注重未来,而生产部门的管理者则只关心装配流水线的运行和完成每日的生产指标。再如在英国,邀请客人晚上8点赴宴,但大多数客人8点15分左右到才是赴宴之礼;在德国,准时赴约是极其重要的。

无反馈

虽然单向信息交流快捷,但双向信息交流更加准确。在复杂的交流环境中,双向交流既有助于信息发送者和接收者判断对方的理解是否有误,也可促使沟通双方全身心地投入到沟通内容中去,察觉并消除可能存在的误解。

1.3 ▶ 有效沟通

1.3.1 有效特征

有效沟通是沟通的最高境界,有效表现为彼此理解对方的真实意图,但并不一定完全认同对方的意图的正确性与合理性。一旦你审视了自己作为沟通发起者的角色后,你就会希望确保每次谈话、每个备忘、电话或报告都能包含尽可能多的信息。在此,我们将讨论每一个有效沟通发起者都会认同的有效沟通的基本特征。

准确

当发言者接近听众时,隐含之意是为了寻求信任。即使听众中只有一个发现了一个实际错误,也会使发言者陷入困境。数据不足、资料解释错误、对关键因素的无知、没有意识到的偏见以及夸张都是不够准确的标识。对它们保持警觉将提高你的沟通可信度。

清晰

清晰是很难达到的。为有效地运作,一个组织需要准确和全面的信息、清晰的指令以及指导决策者的政策。模棱两可和混淆会浪费时间、精力并产生挫折感。有一些培训师和管理者坚持"KISS"(Keep It Simple, Stupid)原则让传达的信息简单易懂,但是大多数商务信息并非简单就能理解的,这种清晰来自精心的准备。为达到清晰,必须对信息进行总结、理解和组织。清晰包括两方面:逻辑清晰、表达清晰。

逻辑清晰

如果不能有逻辑地思考你的建议、实现该计划的行动以及可能的结果,那么就不能期望听众会遵循你的思路。大多数糟糕的文章和讲话是由糟糕的推理和草率的准备造成的。

表达清晰

许多公司都通过庞大而昂贵的培训项目来改进管理人员的写作和发言技能。错字和句子结构错误会使人对你的管理信息能力提出质疑。但对大多数沟通来讲,正确并不足以满足要求。为了确保日常指令、政策、报告声明以及演讲的清晰性,在传递语言含义前,必须再检查一下结论的逻辑性。

简洁

良好的管理沟通追求简洁,追求以极少的字传递大量的信息。无论是同董事长、高级总裁还是小时工进行沟通,简洁都是一个基本点。每个人的时间都是很宝贵的,没有人喜欢不必要的烦琐沟通。如宝洁(P&G)等公司对简洁做了规定,高级经理审阅的文件不得超过两页。这样的限制降低了文件的流通量,虽然不能保证文档把该说的都说了,但简洁并不意味着绝对地采用短句子或省略重要的信息,它是指字字有力,句句达意。

活力

活力意味着生动和易记。人们在组织中承担着许多责任,并且每天都要进行许多沟通。管理者工作时通常对某个灵机一动的思考只能持续很短的一段时间,因为他们随时会受到打扰,分神和承担责任都是管理工作的常态,生动的风格有助于你处于鹤立鸡群的地位。活力一部分来自准确、清晰、简洁,另一部分来自对词语的选择和构思。生动的语言有助于理解,并且使你的消息更容易被记住。它还传递出信任和决心。

1.3.2 有效原则

现代管理之父彼得·德鲁克(Peter Drucker)是一位敏锐的管理观察家,他认为企业有效沟通的挑战性至少和私人之间有效沟通的挑战性同样大,他认为要实现有效沟通,必须首先考察沟通的 4 个原则是否满足:

理解

在沟通时,无论采用何种媒介,第一个必须回答的问题是:这个沟通在接收者的理解范围之内吗? 他能接收到它吗? 只有那些被理解的东西才能被沟通。想想员工得到较差效绩评估时的情景。他们能理性地对待批评吗? 他们有能力改变吗?

期望

德鲁克认为:人们喜欢听他们想听的话。他们排斥不熟悉和威胁性的语言。只有通过理解听众的兴趣和期望,你才能使他们从新的角度来看待问题。

效用

沟通总是要求接收者成为某种人、做某些事、相信某些话,换句话说,沟通需要接收者给予注意、理解、洞察和支持。最重要的是,沟通需要时间,这是管理者最有价值的商品。在进行任何管理沟通前,你必须问自己:我为什么要在这上面花费时间? 是什么鼓励其他人把他们最宝贵的时间送给我? 他们在结束时相信物有所值吗?

选择

在人类的历史中,有过大量的沟通,但留下的记载却微乎其微。在近一个世纪的信息爆炸中，大量的数据使我们不知所措。高中生可以通过 E-mail 和商业领袖联系，并可以接触大量的数据库。我们能得到大量的零散信息，但我们怎样对其做出界定并做出主次之分呢？这种情势也产生了新问题：你想何时沟通？想披露何种信息？在何种环境之下这两者是一致的？听众为什么必须选择并注意你？从考虑作为发起者的角色起，你将开始你的沟通计划之旅。

拓展游戏：撕"长城"

★ 形式：集体参与。
★ 时间：15 分钟。
★ 材料：每人两张 A4 纸。
★ 场地：室内。

程序

（1）给每位学员发一张 A4 纸。

（2）培训师发出单项指令：

- 请大家闭上眼。

- 你们不可以提任何问题。

- 请把你们手中的纸拿起来对折。

- 把你们手中的纸顺时针旋转 180 度，然后再对折。

- 请再次把你们手中的纸顺时针旋转 90 度。

- 然后再将纸的右上角撕一个大约 1.5 cm 的正方形。

- 再将纸旋转 90 度后，在纸的左上角撕一个大约 1.5 cm 的扇形。

- 睁开眼睛，把纸打开。

（3）培训师会发现学员手中各种各样的折叠结果。

（4）重复一次上述游戏过程，不同的是大家可以睁开眼睛，培训师一边示范，一边带领大家做这个游戏。学员也可以进行提问。

（5）这次大部分的同学会和培训师撕出类似长城的图形。

小提示

- 如有时间可以多做几次，你可以看到越来越多的学员可以撕出培训师那样的长城图形，但总会还有个别学员撕出其他图案。这是因为每位学员的理解程度以及参与反馈的水平不同。

组织讨论

（1）第一次就撕出"长城"了吗？如果是，为什么一次成功？如果没有，问题出在哪里？

（2）游戏的第二轮，培训师亲自作示范，还允许学员进行提问，有很多学员撕出了"长城"，你认为原因是什么？另外有少部分学员仍然撕出了不同的图案，又是为什么呢？

（4）请比较单向沟通与双向沟通，并说出它们的优缺点。

（5）你认为顺利完成这个游戏需要哪些沟通能力呢？你具备这些沟通能力吗？应该如何培养自己优秀的沟通能力？

2 沟通的类型与效力

开篇故事

换部门的经历

事情发生在2023年刚过完春节上班的第一周,在长期等待无果的情况下,小周终于鼓足勇气,直接找公司总经理谈要求从行政管理部门换到业务运营部门的事。虽然只是15分钟的谈话,且很不成功,但现在看来,它可能对小周以后的工作、人生产生重大的影响。

在行政管理部门工作没出息,这点小周早就认识到。小周只是想把它作为跳板,跳到业务运营部门。进公司后小周与业务四部汪经理(后来小周直称老汪)关系很好,他部门的许多合同、信用证、与外商谈判都由小周参与完成。老汪也时常在总经理张总面前表示想挖小周过去,但张总老是不置可否。2022年末老汪部门负责接订单的人跳槽了,小周认为机会来了,这次一定要把握住。

张总的推诿

有关换部门的事没有动静,张总和老汪分别给了小周10 000元的红包,小周也多次鼓动老汪去找张总要人。现在看来,老汪给的红包意思很明确,要小周过去;而张总的红包是维持原状,损失年底会补偿给小周的。基于长远考虑,小周当然要争取调到业务部门,因为那里的发展空间更广阔。

长期的等待后小周终于决定找张总当面谈,有一天吃午饭前小周走进张总办公室,因为这时来访和电话的概率是最小的。在对红包的事再次表示感谢后,小周直截了当地提出换部门的要求。小周的理由很简单:其一,怎么说小周也是大学毕业生,有理想追求,不可能长久做些日常的事务性工作;其二,无论在单证部还是业务四部,小周都在为公司做贡献,去年老汪这的业务量比前年增加了50%,今年会更好,如果小周过去应该比在原岗位对公司贡献更大。

第一点小周估计张总根本没听进去,但第二点可能有些作用,有两个理由可以显得更充分一些。当时张总的答复是:"公司正处在上升时期,各岗位要求人员稳定,你的岗位也很重要。此外,你自己所在的单证部邵经理是否同意?如果邵经理不同意,此事免谈。"

老邵的顾虑

面对张总的推诿,小周想还是以一步步的切实行动予以化解。首先要征得本部门邵经理同意。老邵2022年初进的公司,现年55岁,已从原公司内退,是有丰富外贸从业经验的知识分子,刚进公司时人生地不熟,小周曾经跟他关系不错,告诉了他很多公司内部不成文的规矩和帮派关系，给他避免了不少麻烦。本以为过他这一关没问题，但事实上还是有难度。

虽然事先小周与老邵有很多次沟通，表明了自己的处境，也获得了他的理解和同情，老邵也许诺一旦有机会，会助小周一臂之力。但当小周提及张总建议请示他是否同意换部门时，他犹豫了。因为不确定张总到底是真叫他拿主意，还是转移矛盾"踢皮球"，让他来拒绝小周的要求。小周只好又等了1个月，依旧没有结果。在非常失望的情况下，小周又仔细分析了形势，思考着问题到底出在何处。

进一步努力

小周在考虑是继续公关，还是辞职走人？从理性上说，张总并没有明确回绝小周，所以小周决定暂时留下，并寻找不支持自己换部门的原因。

通过与张总的秘书聊天了解到，岗位的稳定性是关键因素！小周如果调走，公司还得重新招聘、培训新人代替他，他自己也需要适应新岗位。而且小周在公司的2年里，业绩和评价都很好。难道是工作太好了反而拖了小周的后腿？另据张总秘书说："工作一般的员工换部门，只要接收部门有意向，张总还是会同意的。你的岗位在你之前连续换了3个人，业绩都不好，现在因为你的加入，好不容易稳定了，老板才不会想再重新找人。"通过第三方探听到的消息虽说对小周很不利，但至少让小周了解到问题的关键所在：必须保证单证审核员岗位的平稳过渡。

第一关

首先必须搞定邵经理。小周知道他的儿子与自己同年，也在为工作的事烦恼，情况跟自己差不多，所以可以争取邵经理的同情。小周时不时地约邵经理一起吃饭、聊天，请教工作中的问题，示以尊重。在生活上，时常提及父亲对自己的期望，母亲对自己的原地踏步抱有失望。关键的一次谈话中小周说："邵老师，长久以来我都把您当成父亲一样地看待，非常开心得到您对我的学识和工作能力的肯定；现在我的处境跟您儿子也是一样的，您是能帮助我改变这种情况的力量……"此时，小周成功地赢得了既是父亲又是知识分子的邵经理的同情和支持。

第二关

在取得老邵的支持后，小周决定再找机会跟张总谈一次。此前，小周一方面请业务四部的汪经理到张总处要人，同时帮老汪出色地做成了几笔共300多万美元的大单子。五一联欢晚会上张总心情不错，小周趁着大家都在尽情跳舞，借着出来吹风的间隙与张总又谈起换部门的想法。张总还是说要先问邵经理的意见，小周胸有成竹地回答已经沟通过且邵经理对此事并不会反对，小周知道这时候决不能说邵经理已同意换部门，这样既让张总下不来台，又可能给邵经理惹上麻烦，所以，具体请张总与邵经理了解情况。

看到张总没有一下子否决，小周再与他谈起业务四部的发展和存在的问题，因为今年公司的大头就落在四部上，张总肯定想听。小周在讨论问题的过程中解释自己如果进入这个部门可能发挥的作用。张总也自然而然地谈及最近老汪可能遇到的新麻烦，小周正好对此有所准备，随即说明了自己的想法，张总听后连连点头。

谈话终于被小周导入正轨,张总问小周如果他离开原岗位,工作将如何处理? 小周把这句话准确地理解为老板已经松口了,马上表态可以等到公司找到合适员工,由他亲自培训,直到能胜任工作后自己再调到业务四部去。

张总此时的确被小周的话打动了,答应明天考虑一下再给小周一个明确的答复。

学习沟通应首先要了解沟通的分类,从沟通的分类来建构学习沟通理论和技能的基本框架。从目前的沟通理论发展情况来观察,依据不同的标准,沟通可分为不同的类型。根据信息载体的不同,沟通可分为语言沟通和非语言沟通。语言沟通通过语言、文字、图画、表格等形式进行,可细分为书面沟通和口头沟通。非语言沟通则是指通过某些媒介而不是语言或文字来表达和传递信息,它的内涵十分丰富,包括身体语言、服饰仪表、物理位置等多种形式。

2.1 ▸ 语言与非语言沟通

根据信息载体的不同,将沟通分为语言沟通和非语言沟通。语言沟通又包括口头语言、语音语调、书面语言等沟通细节,非语言沟通又包括身体语言、服饰仪表、物理位置等几方面。在学习具体沟通方法与技能之前,首先需要了解沟通载体的构成及其相互之间的关系,以便于我们更好地理解和应用它们。图2-1勾勒了语言沟通与非语言沟通之间的联系和区别。

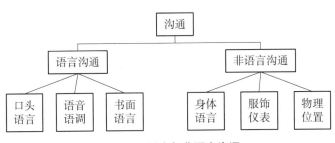

图2-1 语言与非语言沟通

在学习语言与非语言沟通的内容之前,我们首先了解语义的构成,这样能够帮助我们更好地理解语言与非语言沟通是如何传达我们的语义的。

2.1.1 语言沟通

沟通发生在有助于对信息进行理解的环境里。环境包括物理环境、社会情景、语调、手势以及沟通的非语言方面,这些因素有助于我们理解语言信息。为了促进有效沟通,我们专门研究习惯用语和格式语言。例如,如果说话者是一位同事或一位医生,对他们所说的"你好吗?"我们会有不同的理解,因为相同的话在不同的场合意思会不一样。在不同的场合，"你好吗？"可以代表一种礼貌的问候、一份诊断的开始，或一种询问症状的方式。对于较长的谈话而言，其结构就更加格式化了。对于吃草的牛的描述，我们会因为描述的环境的不同而对它产生不同的理解，比如导游讲解、小说、电影、农业试验站的新闻纪录片，以及关于某地区最大奶制品生产商的商业文章中，往往会以不同方式描述牛的存在。环境对于理解对牛的描述起着重要的作用。

语义的构成

在日常生活中，我们认为语言本身都有固定的意义。对于有效的沟通而言，参与者会运用词典的定义或一个特定群体内多数人同意的解释。然而，这种观点未认识到，沟通的关键并不是信息的发送，而是对信息的理解。例如，员工会看错或听错一则信息，他们不会按管理者的意图，而只会按自己的理解来评价有关信息。如不采取防范措施，管理者就无法控制听众或读者，从而产生种种误解。而个体也会形成评价的习惯模式和语言表达方式，通过交流或对话，个体可以超越其习惯风格、调整其评价模式，以与他人或更广泛的群体保持一致。从这点来说，沟通就成为一种交流，而语言的意义是在相互交流、理解和认同中得到明晰的。

语言的意义是在语言沟通发生的环境中产生的，当沟通双方共同创造了语言的意义时，这一特定的意义就从沟通的自然交流过程中产生了。英国哲学家路德维格·维特根斯坦（Ludwig Wittgenstein）以简单且深奥的方式这样来解释这一过程："一个词语的意义在于它在语言中的作用。"当沟通双方达成一致时，这种作用就产生了。尽管我们可以借助词典来增进沟通双方的理解一致性，但信息接收者还是会根据自己的评价对语言的意义做出反应。此外还有地域和文化的差异会对词典解释辅以更加多样的解读。

在人们对语言意义进行评价的过程中，环境是相当重要的。在任何特定的事例中，评价因人而异；然而，当我们与更广泛群体在意义上达成一致时，沟通就发生了。这种一致包含了语义构成的五个方面：

- 原义——词语的客观意思或词典定义，是大多数人理解和领会的基本含义。
- 含义——使用者给词语带来的除原义以外的主观联系，可以是多数人对语言的一般理解，也可以是建立在个体和经历基础上的联想。
- 语调——表达语言时的语调，可以表明说话者的意图，也可以有其他的评价。
- 社会环境——围绕语言所处的人际情境，它构筑了读者或听众的期望。
- 媒介环境——无论是笔头还是口头表达，从词语、句子和段落到版式都具备风格特点，这些都是理解词语的媒介环境。

原义给出了词典的定义

原义是指多数人能够认识到的词语客观意思，词典会列出词语的各种原义，通常也被称作词汇的基本意思。诗人、小说家和喜剧表演者常常通过独特的语言运用，以达到音调、韵律、双关语或制造一种奇异感觉的效果。在多数组织环境里，管理者具有更实际的沟通意图，决策者运用语言作为表达工作目标的工具。然而，这些决策者必须认识到，对他们命名的业务、产品或服务，其他人会如何理解。

专业性组织会用自己的术语、特定领域的行话或在该组织内部惯用的缩略语。例如,计算机对打印页面模拟显示叫作"WYSIWYG"。而另有一个组织给员工的工作格言用这个缩略语表示"What you see is what you get"(你看到的就是你得到的),若不加解释我们会不知所云。尽管这一短语在一个部门里会变得很普遍,但对该部门的新成员、不同办公室的人员、顾客或客户来说,就会引发理解上的不确定性。

为简化内部沟通,并使外部沟通标准化,组织会准备一份参考目录,作为组织内部的使用标准。这些标准目录旨在促使所有使用者在理解某个词语的特定含义时取得一致。

含义包含了情感联络

原义表达了含义的客观性,而含义则传达了主观性。含义表示词汇可能传达的一系列相关感觉,或者一系列具体的关联意义。例如,词语"家"表示了居住的场所,但是它的含义传达了保护、安全和养育所具有的相关性。通过运用语言的含义,使人可以通过延伸语言的含义来描述个人经历,营销者可以利用这个含义进行广告设计,使企业增加产品销量。

含义不是静态的,是会随着时代潮流发生变化的。当马克斯·韦伯(Max Weber)首次从社会学角度研究大型组织时,官僚主义一词表达了与秩序、标准、效率和成本效果之间的积极联系。今天,官僚主义却表示迟缓、繁杂、低效或不负责任等以牺牲客观为代价的组织消极行为。不但各国政府会把官僚主义概括成贬义词,任何大型组织(汽车公司、电子工业集团公司)也会理解成相似的含义。

在特定的人群范围内,除了一般的评价外,含义也可能是个体化的。尽管简单的单词,如"碟子"与"食碟"可能有相同的表示,但对某个个体来说,"碟子"的含义是艺术品,比如银制的工艺银碟,而"食碟"的含义却是实用工具。对个体来说,"家"可能是孤儿院或一个遭遗弃的处所,表达了消极的含义。受雇于一家新的合资企业的年轻人会喜欢到政府机构工作,因为与他们刚离开的杂乱无章的环境相比,在政府机构中的官僚主义至少表明了一定的组织性、一系列清晰的期望和表面的稳定性。

政治家和销售员通过含义进行有效沟通。他们在沟通中会借助很多例子,并根据丰富的含义对例子做出选择。绝大多数听众在与他们进行沟通后会感到:"那人是在对我说话。"从客观的角度考虑,每个个体只会对少数被记住的例子做出评价,而对那些不相关的例子会渐渐地忘却。这些例子之所以会被记住,是因为用来描述例子的词语激起了情感反应。

变音包含着多种内容

声调可以表示幽默或讥讽。一个人会说:"对! 正确!"但其含义却是"绝对错了"。一名员工对其上司说"本周末我要用工位了"时采用的语音表达了"噢,不,不该又是我周末值班!"变音往往无法通过书面来完全表达讥讽。上扬的语音的最大风险是它很可能会在表达不同意思的同时引起误解。参考军队的军事化做法,下级不能对上级的语音变化做出不同的解释,必须按语言的原意行事。然而,在其他组织,下级一般会结合上级的词汇和语音来综合思考上级真正的意思,光从字面去做出理解的话,那意思就全错了。只是,这种理解的准确性完全依赖下级对上级的熟悉情况。

变音的第二大风险是,设问句的运用也会适得其反。管理者在部门大会上可能会问一个并不希望有回答的问题："对刚才提及的建议还有反对意见吗？"当有些与会者站出来并说："是的,我反对!"时,管理者会感到很困惑且不知所措。当这一设问句以书面形式出现时,持否定态度的读者可能会继续往下看,尽管他们的思想倾向与作者的观点并不一致。

变音的第三个风险是有时候人们会对没有任何意图的话做出评价。当讲话者非常认真的时候,听众可能会理解为"听起来他真没那意思"。变音会使听众在脑海里产生错误理解,而无法顾及讲话者的意图。听众也可能迷惑不解,"她来此究竟想干什么"。即使讲话者没有其他意思而只是有点紧张,听众也会根据讲话者的声调做出这种评价。

社会环境给出了其他评价的框架

原义、含义和变音都对词语的含义有着很大的影响,然而环境的作用也非同小可。环境为评价特定的沟通含义提供了更广泛的框架。在一个大型组织里,人们根据自己的职位、组织的目标或使命对管理者的话进行评价。一名推销员可能陈述的是真实的信息,但顾客在做出评价时会加入许多其他的内容。因为在顾客看来,推销员只对达成交易感兴趣。同样,如果对一份报告断章取义,就会导致错误的理解和行动意向。原义随着运用词汇的参考背景的不同而不同:热既可以指温度,也可以指人们的情绪高涨或时髦的东西。参考背景甚至可以有意识地改变某个词的正常意思,如将"坏"用作褒义,而"好"用作贬义。

媒介环境揭示了作者的意图

除社会环境外,媒介或沟通方式也同样重要。在以上的谈话中,我们不能孤立地看待某个词语,而应当根据它们所处的更广泛的环境来理解其特别的含义。在写作中,环境就是由词语组成的段落、章节或整部著作。政治代言人越来越喜欢通过断章取义来抨击政敌。断章取义会造成大众媒体时代的一个风险,即持不同观点的使用者很容易制造不同环境,于是听众或读者会对词语做出不同的评价,与讲话者或作者本来的意图相违背。从真实性或精确性的角度看,离开环境,人们很容易对引用的话或观点产生误解;从沟通理论的角度看,对语言的理解只能依赖于环境;同样的语言在不同的环境会有不同的理解。

语言沟通形式

语言给我们带来了沟通的可能,尤其强化了沟通的准确性。虽然,语言的应用受到非语言和情境的影响,但是在交流中,语言还是更多地为我们提供了沟通的便利。人类的语言有多种表达方式,其中包括文字形式的语言、有声音形式的语言。

书面沟通

书面沟通是指用采用书面形式所进行的信息结构和交流,如通知、文件、报刊、备忘录等。书面记录具有有形展示、长期保存、法律防护依据等优点。一般情况下,发送者与接收者双方都拥有沟通记录,沟通的信息可以长期保存下去。如果对信息的内容有疑问,过后的查询是完全可能的。对于复杂或长期的沟通来说,这一点尤为重要。一个新产品的市场推广计划可能需要历经好几个月的大量工作,将其以书面的方式记录下来,可以使计划的构思者在整个计划实施过程中有一个依据。

从本质上讲，书面沟通是间接的，它须通过文字的形式把信息传递给别人，这种信息传递的方式可以是正式的，也可以是非正式的，可长可短。对于一个有经验的作者而言，书面沟通能表达出个人风格，能自由表达自己的观点和情感，而不必受他人反应的影响。对创作者来说，他能反复修改书面材料，直到满意为止。书面沟通的内容易于复制、传播，这对于大规模传播来说，是一个十分重要的条件。

当然，书面沟通也有其缺陷。相对于口头沟通，书面沟通耗费时间较长。书面沟通的另一个主要缺点，是不能及时提供信息反馈，其结果是无法确保所发出的信息被接收到，即使被接收到，也无法确保接收者对信息的理解正好是发送者的本意。发送者往往要花费很长的时间来确认信息是否已被接收并被准确地理解。

口头沟通

口头沟通就是运用口头表达进行信息交流的活动。口头信息沟通是所有沟通形式中最直接的方式。在口头沟通的情况下，信息可以在最短时间内传送，并在最短时间内得到对方回复。如果接收者对信息有疑问，信息的迅速反馈可使发送者及时知晓不够明确的地方并进行相应的改正。因此，口头沟通具有快速传递和即时反馈的优点，有助于双方更好地理解问题。其缺点是信息在一段段接力式传送过程中，存在着巨大的失真风险。"道听途说"这一成语很贴切地描述了这一现象，即每个人都以自己的偏好对信息进行增减删除，最终造成严重的偏差。

口头沟通是一个组织日常管理职能中较重要的方面。我们平时最普遍的口头沟通方式有：交谈、小群体讨论、在大群体中发言、正式演讲等。口头沟通还包括发布通告、视频会议和组织内成员间的例行会议。我们可以用电话直接联系或到别人的办公室去参与交谈。我们先来看看各种不同类型讲话风格的构成要素，这些不同类型的讲话包括简短的交谈、小群体讨论以及在大群体中发言。

交谈　　交谈是口头沟通最基本的类型，反映了沟通中的互动本质。交谈可直接面对面完成，也可通过电话或在线网络等媒介进行。这三种交谈方式各有特点。聆听者从语言、非语言和语调中获取信息。当利用电话媒介时，我们仍能从语调中得到信息，尽管看不见对方的非语言信息。进行在线信息沟通时，人们通过屏幕看见对方的表情、肢体动作等反应，交流几乎是即时的，并可以迅速做出回答。

小群体讨论　　小群体讨论包括人员接触。然而，人数越多，每个人参与接触的时间就越少，同样，群体规模越大，有些人就越不愿意发言，而另一些人却因面对众多听众而意气风发。小群体讨论既可以是正式的也可以是非正式的。在正式的群体场合，比如全体员工会议或委员会会议，一名经理或主席通常会引导讨论过程，并按预先安排的会议议程来布置会议现场。非正式工作群体没有事先的会议安排，交谈随意进行。正式的和非正式的群体都会分成更小的亚群体，两三人一群进行讨论，在更广范围的讨论过程中，亚群体还会进行整合重组。非正式群体比正式群体更易分解成临时性的亚群体，而这种亚群体的出现可能会对整个群体的领导者构成威胁或挑战。

在大群体中发言　　在大群体中发言通常带有更大程度的正式性，可能需要麦克风或其他扩音设备。从概念上来讲，讲话行为本身并未发生改变，无论是对一个人、一个小群体,还是对一大群听众。从心理角度来看,这种类型的公开讲话方式给许多人带来紧张的感觉,站在台上拘谨得要命,让很多人不愿面对公众讲话。通过准备以及事先了解整个过程,我们可以减少紧张对我们的影响。

正式演讲　演讲本质上是一种单向过程,个体出于组织的利益向较大群体做演讲。然而,如今组织之间通过对话保持互动的必要性正日益增加。组织需要与计划和规划机构对话,以获得提案的批准,还要准备环境影响报告,因为组织必须满足利益相关者的要求。

口头沟通比书面沟通所传达的信息要多得多。事实上,花费一个小时写出的东西只需 15 分钟左右就能说完。口头沟通能使接收者对其所听到的东西及时提出自己的看法。我们将在以下的章节中深入讨论各种口头交流的技能与技巧。

语音语调

语言信息强调词语的声调和重音,时间控制着重于感情和含蓄的思想。语音语调的沟通是通过非语言的声音,如声调、重音的变化、狂笑、停顿来实现的。心理学家称非语言的声音信号为副语言。最新的心理学研究成果揭示,副语言在沟通过程中起着十分重要的作用。一句话的含义往往不仅决定于其字面的意义,而且决定于它的弦外之音。

语音表达方式的变化,尤其是语调的变化,可以使字面相同的一句话具有完全不同的含义。例如,它们能使一个有经验的面试官认识到应聘者是否紧张(语调升高和长时间的停频)、外向(语速快、声调高)、争强好胜、缺乏耐心(语调低沉、速度快、重点突出)。语音语调的准确使用、变化的音高、优美的嗓音、足够的音量,都能准确地反映一个人的交谈状态,也对交谈的积极进行产生影响。再如,一个人讲话时的声音尖细,且不够洪亮,那么他就会被认为太年轻或是有些造作;如果言语中缺乏高潮、音调平缓,则被看成冷漠、孤傲。一个演讲者成熟、现实和平衡的特征在演讲中表现出来就是运用喉音,如嘶哑、刺耳的声音。

语言实验对此提供了更为有力的证明,即使没有实在内容的声音形式也可以沟通感情。"气徐声柔"可以表达爱;"气促声硬"可以表达憎;"气沉声缓"可以表达悲;"气满声高"可以表达喜;"气提声凝"可以表达惧;"气短声促"可以表示急;"气粗声重"可以表达怒;"气细声黏"可以表达疑。除了语气以外,语调的运用也可以表达不同的感情。一般来说,平调表示严肃、平淡、压抑、悲痛;升调表示疑问、反问、愤慨、呼唤;曲调表示讽刺、暗示、欢欣、惊讶;降调表示感叹、请求、肯定、赞扬。

在斟酌辞藻的同时,语音语调的作用我们绝不能忽略。

2.1.2　非语言沟通

交流中,语言包含的内容只占面谈者之间所传递信息的一小部分。沟通中的大部分信息都包含在互动的非语言因素与动态因素中。人们的感官在谈话过程不断地收集各种信息,这些信息与语言一起构成并影响人们理解的进程。从生理上讲,人们在沟通时各种感官起到的作用大致如表 2-1 所示:

表 2-1 沟通中的感官作用比例

感官	比例
视觉	75%
听觉	13%
触觉	6%
味觉	3%
嗅觉	3%

非语言有意和无意地影响着所有的人。人们在对房屋进行内部装潢的过程中,在选择房间颜色时会带有心理效应意识,认识到非语言影响力的管理者会考虑顾客或客户在不同颜色房间里的可能反应。例如,一个提倡节约的公司在对办公室或客厅铺地板时会选择瓷砖而不是地毯:尽管维护瓷砖的实际成本比地毯可能要高,但人们一般认为,地毯比瓷砖要昂贵。

除此之外,非语言沟通还有很多其他的作用。例如,指导机场安全运作的管理者发现身体语言作为安全风险指标所具有的重要意义。自从恐怖袭击事件之后,美国联邦调查局就已经开始为所有新招募员工传授非语言行为分析方法。飞机乘客中可疑的非语言行为包括飞眼、手掌颤动,以及颈动脉突出等,有这些行为表现的人会被进一步询问。

人们都会有意或无意地对非语言刺激做出反应,从而对信息做出这样或那样的评价。

身体语言

面部表情

面部表情包含了大量人际关系中的沟通信息。无意识表情包括脸红、眼睛下垂,以及微笑。更多的有意识表情包括做鬼脸、皱眉头、咬牙和瞪眼等。

在交谈时,眼睛也会告诉我们很多东西,我们可以通过眼睛流露的隐秘去调整交谈的方向、节奏、基调;也可以通过眼睛表达出丰富的内涵,增强讲话的效果。在非语言信息的传递中,目光具有特殊的作用。人们往往通过目光去判断一个人的性情、志向、心地、态度。眼睛不会隐瞒,正直的人眼睛明亮,心术不正的人眼睛污浊。所以交谈者应该心怀坦诚,目光从容,否则"第一关"就难以通过。对谈话的人来说,应该把自己的真诚、热情、感染力通过炯炯目光传递出去,而听话者的目光就是无形的屏幕,能把自己的情绪告诉谈话者。目光的交流对谈话状态的维系是必不可少的。

从更系统的角度分析,神经语言程序把眼睛运动作为信息处理的内在表现,同样,面部语言也会成为错误信息的源泉。例如,眉间有个小伤疤的人看上去像是皱眉头,即使该表情可能与实际情绪无关,在别人看来却可能是生气或不高兴。

有时我们会尽量控制自己的表情以使非语言暗示与语言表达一致。无论我们控制的程度如何,其他人看到或理解的信息可能与语言所传达的信息不同。对于来自语言和表情的不同信息,听众、读者可能根本无法做出准确的评价。人们常说的"扑克脸"就是对面部表情进行评估的结果。老练的扑克牌游戏者不管牌好不好都会保持很普通的面部表情；初学者往往无法控制面部表情的细微变化，从而无意中暴露了手中的牌。不管采用哪一种途径，对信息的沟通不是信息的发出，而是他人对信息的理解。

肢体语言

面谈者往往通过某些身体动作来表达自己的意见、心理甚至性格。点头、微笑、手势等都可以辅助解释语言的含义。据说为了在激烈的经济竞争中获胜，有的情报人员会录下谈判者的足部动作，以此来研究对方的心理特征，以便"对症下药"，采取相应措施来征服对方。

手势作为一种原始的沟通方式，通过指向物体或示意动作（来、去）来辅助语言。我们的指示代词（这儿、那儿、这些、那些）是通过手势来辅助表达的。没有手势，对这些词汇的表达就会模糊不清或毫无意义。比如在说"这些工具"时，我们可以使用指示代词，因为这个词语有明确的"工具"配合指示代词做参考。然而，一个单独的"这"就缺少语言参考，如果没有手势来帮助，就无法明确表达它的含义。

尤其是在指示方向时，手势可以表示具体的含义，它也能作为强调的一种方式。手势不仅可以代表讲话者的个性或道德品行，而且能传达情感。例如，愤怒地敲门或气愤地把文件扔到办公桌上。用拳头敲打可能是为了强调某一点，就像用某个手指指向某人那样。

有时手势看起来是正常和自然的，但有时看起来却是有图谋的。信息接收者会把这些手势理解成不恰当的；可有时手势看起来是那样的恰如其分，以致信息接收者无法注意到。手势也会带来烦恼：为什么他不直截了当？不恰当的手势会被理解为装腔作势。电视情景喜剧经常把对非语言信息的理解偏差和非意图性沟通问题当作幽默的素材。

外表与环境

服饰和外表

身体的附加物，即服饰、发型等，通常是判断一个人的类型、所处的文化团体、社会阶层、精神面貌的一个重要依据。人们因不同的场合变换其着装，如穿着非正式的 T 恤、休闲的运动衫、半正式外套和领带，或是正式的燕尾服。有些职位需要穿制服，这会减少人们对身份和角色的疑虑，减少沟通中的不确定性。在运动品商店，目标市场面向与不同运动项目相应的各种服装，如漫步、徒步旅行、跑步和骑自行车时穿的服装。当这种统一制服被广泛接受后，选手们就得遵守某一特定运动项目的规则。

尽管服饰和外表有助于决定沟通的环境，但它们如同沟通过程中的其他方面一样，也会导致误解。比如，一位经理在公司接到电话后离开了公司，因为他女儿受伤了，他冲到医院并帮女儿拍 X 光。当他等待 X 光检验结果时，这位经理在看写字板上的招工信息。过了一会儿，X 光技师来到经理面前并向他解释 X 光片，因为技师确信他就是那位护理医生。对 X 光技师来说，拿着写字板的人就是医生。服饰和外表会帮助人们评价某一沟通事件；相反，他们也会为评价设定一个错误的环境，这就阻碍了信息的交流。但是，无论怎样，个体还是会把服饰和外表作为评价某沟通事件的环境。

环境和背景

就如沟通的语言方面一样,环境对非语言也有影响,人们也能通过物体的运用、环境布置等手段进行非言语的沟通。值得注意的是,负面影响可能大于正面影响。例如,没有根据场合着装的人看起来很不得体。这个人没有迎合环境,所以在有些沟通中就被理解成不和谐或无法信任。同样,喜欢穿休闲装的人不会理解时髦着装的重要性。

沟通环境有时也会扰乱沟通。人们往往认为,展示大厅里精湛的 PPT 内容让人们感到非常专业,而来自地下室或修车厂颇有创意的见解却令人犹豫不决,这正是由于重要的非语言环境补充了语言环境的结果。恰当的非语言环境就会强化适于该场合的沟通。这种非语言的效果甚至可以通过对信息接收者预先设定期望,来诱导接收者接受"正确信息"并产生某种有利的印象。这使非语言沟通成为老练的宣讲者控制信息接收者的武器。

2.1.3 空间与位置

空间与位置是人们在交谈中相互之间的空间关系和变化。在许多有关沟通的探讨中,空间未受到足够重视,但对于组织来说,各种距离可以表示相互了解的程度。它的重要性包括三个方面。对人际关系而言,空间是人们交流的区域;在打印的文件里,空间既影响视觉,又影响文件的可读性;在办公室里,有关物件的大小、位置和装饰传达了管理者和其他人之间交流的象征性价值和心理距离。

交流区域

交流区域是人们在沟通或谈话时彼此保持的距离。多数欧美人认为对话交流的距离为一臂之远。通常我们将一臂不到的距离视作"亲密"距离。这种对交流区域的共识可以解释为什么许多人在拥挤的空间中会感到难受,比如在电梯里或在公交车上,人们不得不与陌生人一起待在亲密交流区域里。

在不同国家的文化里,交流区域的大小各有不同,比如有些国家正常交谈的距离为30 厘米左右。如果来自这种文化的人与美国人交谈,他们会向美国人凑得更近一些,这样便于有目的地交谈。同时,美国人会后退,将亲密距离调整为社会距离。来自其他文化的人会认为美国人"冷淡"、不愿交谈。因此,交流区域不是绝对的,而是由文化决定的。同时,交流区域包含在人们理解某一特定信息的非语言暗示之中。

书写空间

书面文件主要有两种使用空间的方法,文字的表现形式和页面上的文字或视觉排版效果。从文字的表现形式看,最明显的特征包括页面结构和颜色。印刷体封面并饰以跳跃的色彩表示专业的或一流的,但同样的特征也会表示虚伪、浪费或不相关。因为会担心金玉其外,败絮其中。

撇开这种外部表现不谈,页面的排版会给人一种印象。例如,文章太密(字小、难读、边距小)会给人压抑感。这种高度密集的排版只在一种场合起作用:当手稿的纸张成本很高或者纸张数量极其有限,又需要熟练地誊写大量的文字时,比如只允许一张 A4 纸的半开卷考试形式下,学生们会用几乎刚好能看清的字号写满一张纸。今天,纸的相对成本低得用不着这样节约,读者不需要读密密麻麻的文章,而是想更容易地从文章中获得信息。

在信息爆炸的时代,人们既没有时间也没有必要去阅读组织内的每个文字,但他们需要获得有关信息。那些只负责某项目一部分工作的人不必阅读报告的背景材料,但他们要知道整个项目的状况、预算或成本以及对原计划的改变。一个带有索引或内容提要的报告,以及文章里的序言都会帮助读者尽快找到他们需要的信息。

计算机屏幕使人们在文章的页面设置上需要考虑新的变量,但过程基本没变。显示屏尺寸可能比纸张小,但人们要能够从屏幕中得到信息。技术进步只是改变了媒体,但基本的东西没变。

办公室布局

工作空间的物理布局导致了多层面的评价。

对办公室来说,最明显的意识是办公室的大小及装潢风格。一些组织对办公设备做了明文规定,办公桌的尺寸大小取决于权力的大小。而办公室的大小取决于职位的高低。在工作中,明文规定易于执行,也易于理解。在实际情形中,执行该规定有时会带来额外的困难。在安排办公室时,可能只剩下一个别人都不要的房间给新员工,但该房间超过了该员工应享有的面积。这种情况下,不了解的人就会错误评价这位新员工的地位。

除了尺寸大小外,人们也会对办公室家具的风格加以评价,包括窗户和视野、材料的质地(木头的还是铁的)、布局(杂乱的还是有序的)及配备情况(计算机、秘书)。观察者认为用红木或橡木桌子的人比用铁桌子的人重要,除了日常办公家具以外,他们还会根据画品、墙饰和花木等做出判断。大多数公司办公室的规章制度禁止员工把他们自己养的花草带到办公室,除非享有自主布置的特权。

除了尺寸大小和风格,家具的布局也影响沟通,并成为非语言含义的一部分,不管这是有意还是无意的。一些积极沟通的管理者会离开办公桌和舒服的大班椅,去沙发上与来访者促膝沟通,这会消除物理或心理屏障;那些仍待在桌子后的管理者则保留了屏障,来访者的话语自然会因此更少、更肤浅。若因纪律原因把员工叫进办公室,管理者有理由保持桌子的屏障及其象征的影响力。然而,在其他情况下,管理者就需要意识到办公桌对开放式沟通是一种屏障。

除此之外,办公室附属物品也会影响沟通。比如专业技术人员和管理人员的办公室一般是严肃的,而秘书们的办公桌被鲜艳的颜色、带有个性的陈列品、挂在墙上的明信片等纸张所包围。通过这些装饰,我们就可以对秘书的性格特征产生初步的认识。

对空间而言,最重要的方面是可接近性。企业首席执行官(CEO)常因一大堆秘书和行政助手的存在而与其他人隔开,从物理和心理角度讲,这种屏障限制了与CEO直接沟通的人数。即使是受到高度信任的"心腹",或执行非常重要及高度机密项目的员工也会在准备向CEO汇报时遇到麻烦,这都是因为物理布局造成的。这种实用主义布局很明显地说明,CEO不可能去处理影响组织的每个细节。当然,这种布局也将那些真正需要接近CEO的人拒之门外。

在企业内缺少必要的可接近性会对企业自身产生消极影响。如果客户或顾客不能与他们想对话的人接触,他们就会认为不仅与某个个体无法接触,而且与整个组织也无法接触。未回复的信件,未回复的电话,以及反复向组织打电话时总是占线都会导致这种印象产生。无论管理者的意图是什么,客户和其他员工都会从许多方面来评价不可接近性,从无能力、无所谓、不感兴趣,到冷淡、漠不关心或不关注。

语言与非语言对沟通过程的影响可归纳为表2-2。

表2-2 语言与非语言的构成与理解

构成	信息
语言	
原义	字典定义
含义	使用者带有的主观联系
变音	说出该词语时的声调
社会环境	词语在人际沟通中的应用场景
媒介环境	页面模式和布局
非语言	
面部表情	表情导致评价
肢体语言	参考和强调
服饰和外表	传达状况
环境和背景	带来其他的评价
空间与位置	
交流区域	舒适程度
书写空间	可接受性,舒适或压抑
办公室布局	决定状况和可接近性

2.2 ▶ 正式与非正式沟通

信息沟通是在项目组织内部的公众之间进行的信息交流和传递活动。当组织成员为解决某个问题和协调某个方面而在明确规定的组织系统内进行沟通协调工作时,就会选择和组建组织内部不同的信息沟通渠道,即信息网络。在信息传递中,发信者并非直接把信息传给接收者,中间要经过组织中其他员工的转承,这就出现了一个沟通渠道和沟通网络问题。这些沟通网络一般分为两大类:正式的沟通渠道和非正式的沟通渠道。值得一提的是,随着社会的发展,组织领导者越来越重视与部下的沟通,听取他们的意见、建议,不断采用非正式的沟通渠道,为双方沟通创造良好的气氛。

根据在组织中运动的途径不同,沟通可以分为正式组织沟通与非正式组织沟通。

正式沟通是通过组织明文规定的渠道进行信息传递和交流的方式，如组织规定的汇报制度、例会制度、报告制度及与其他组织的公函来往。它的优点是沟通效果好、有较强的约束力，缺点是沟通速度慢。

非正式沟通是指在正式沟通渠道之外进行的信息传递和交流。如员工之间的私下交谈、小道消息等。这种沟通的优点是沟通方便、沟通速度快，且能提供一些正式沟通中难以获得的信息，缺点是容易失真。其沟通途径是通过组织内各种社会关系，这类社会关系超越了部门、单位以及层次。

在一个正式组织中，任何成员间所进行的沟通，可表现为通过正式组织的沟通渠道进行的正式沟通，也可以表现为通过非正式的组织传达途径进行的非正式沟通。

2.2.1　正式沟通

正式沟通渠道是指在命令链或任务责任中，由组织定义并规范的信息流动方式。遍及组织内的沟通有三个方向：向下方向、向上方向、水平方向。经理负责建立和维护这三个方向的正式沟通渠道。经理也会使用非正式渠道，这就意味着他们必须走出办公室与其他人融为一体。

图2-2说明了三种正式渠道以及它们所传送的信息种类。在传统的垂直型组织结构中，向下和向上这两个方向的沟通是最主要的沟通方式。在学习型组织当中，更加重视水平沟通，人们不断地跨部门和跨层级地共享信息。信息会跨越时间、空间，也会跨越不同的职能部门。电子沟通，如使用E-mail，使得信息在各个方向的流动变得比以前更加容易。如果能在恰当的组织环境中予以恰当的应用，那么，它可以提高向上沟通的质量，因为员工可以在任何时候向经理提出问题或者建议，而不必等待某次特定的会议。例如，有公司高管利用面对面的方法与他的员工进行沟通，一旦他出差，他会鼓励员工利用E-mail的方式与他联系。

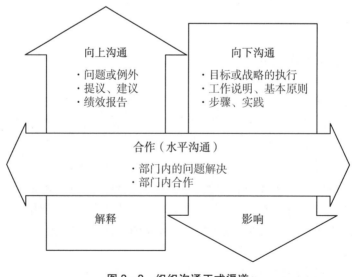

图2-2　组织沟通正式渠道

向下沟通

向下沟通是指管理者对员工进行的自上而下的信息沟通，是我们最熟悉并在正式沟通中最常用的一种，是指从高层管理者那里发送消息和信息给下属。如将项目目标、计划方案等传达给基层群众，发布组织新闻消息，对组织面临的一些具体问题提出处理意见等。这种沟通形式是领导者向被领导者发布命令和指示的过程。

向下沟通的内容

目标和战略的实施　将新的目标和战略传达给他人以引导出组织所期望的行为。由上而下，它们可以一直贯穿到组织的最底层。例如，通过向下沟通，工人可以得到这样的信息："新的质量行动已经启动了。我们要想生存就必须改进产品质量。"

工作命令和理性　它们主要告诉别人如何完成一件专门的工作，以及怎样与组织中的其他工作结合起来。例如："必须现在就订货以便我们的工人能在两个星期内完成建造工程。"

程序和实践　它们是为组织的政策、规定、规章、利益和结构设置定义的事项。例如："在上班的 90 天后，你可以加入公司的赞助者存储计划。"

业绩反馈　这些信息用于对组织中的个人和部门的工作效果进行评估。例如："小李，你在计算机网络方面的工作大大提高了公司订货过程的效率。"

教化　它是用来激励员工用的，鼓励员工融入公司的目标、文化中，包括公司庆典、晚宴等。例如："公司视自己的员工是一家人，将邀请每一个人参加在 3 月举行的年度野餐和集会。"

向下沟通中的困难

向下沟通的主要问题是信息离散。组织信息在向下传递的过程中会发生信息内容的缺失或扭曲。尽管正式沟通具备组织权威性，是一种能够传达到所有员工的强有力方式，可许多的信息还是丢失了，每一次信息从一个人传到另一个人的时候，一般要失去25%的内容。如果信息从其源头上级部门传达到最后的接收信息的下级部门要经过较长的一段时间，同时受到各级部门的地位分工影响，信息就有可能被扭曲。

有效进行向下沟通，落实沟通的内容关键要把握向下沟通的最终目标。在沟通中向员工明确目标，说明相关指示，突出工作任务之间的关系，并提供相关实务或程序的资料档案。一些公司会应用多种形式向下级部门和员工传递组织信息。例如，在节约成本方面，主管部门每个月召集员工参加公司财务数据和业绩分析会议；把价格标签挂在设备上以便让员工清楚替换的成本是多少，减少损坏昂贵设备的违规操作；鼓励并宣传员工提出操作改进方法，比如把生产模具挂起来以减少磨损。这样的沟通有助于员工了解自己的行为是如何影响整个公司的，同时建立了一种工作群体合作解决问题的气氛。

信息离散难以完全避免，但是组织管理者可以运用沟通技巧减少信息离散。使用正确的沟通渠道、保持口头与非口头信息之间的一致性以及掌握良好的倾听技巧，可以使信息在组织内部流通时保持准确性。

向上沟通

向上沟通是指下级的信息和建议向上级反映，即自下而上地沟通。管理者们应鼓励下级积极向上级反映情况，只有上行沟通渠道畅通，管理者们才能掌握基层全面情况，做出符合实际的决策。正式的向上沟通包括在组织层级中由下而上传递信息，员工们有机会表达他们的各种想法和态度。于是许多组织投入大量的精力建立向上的有效沟通渠道，将向上、向下沟通适当结合，确保员工与管理者们之间的沟通形成一个完美的循环。

向上沟通的内容

问题与例外　这类信息是为了使高级经理了解所面临的困难，描述一些严重问题以及日常行为中的例外事项。例如："打印机已经坏了两天了，至少还有一个星期新的才会来。"

改良建议　这类信息有助于改进工作程序和质量。例如："我想可以将审计过程中的步骤省掉，因为它要花费大量的时间而且毫无用处。"

业绩报告　个人和部门工作的周期性报告。例如："我们已经给 A 公司做好了审计报告，但将郝秩的报告拖延了一星期。"

争执与纠纷　雇员的抱怨与员工纠纷。例如："研发部门的经理在进行 A 厂的机器应用研究时遇到了障碍。"

财务信息　与成本、销售量、预期利润和投资收益等相关的信息。例如："成本超预算 2%，但是销售量比预期目标高了 10%，综上所述，第三季度的效益是很可观的。"

向上沟通的困难

许多组织做出了大量努力以改善向上的沟通，采用的机制包括建议箱、员工调查、管理信息系统报告、员工交流会等直接交流方式。共享权力的含义之一就是指引进向上的沟通。CEO 也可能一直以员工调查、一年两次的视频会议、每月都有的冷餐会等形式来倾听员工的建议和抱怨，为职员提供高效率的向上沟通渠道。

尽管做出这些努力，充分的向上沟通依然存在障碍。管理者们可能依然不愿意倾听员工的建言，或员工可能因为不信任管理者而不进行向上沟通。因此富有创新意识的公司努力寻求一种方式以确保信息能毫无歪曲地达到组织高层。一个连锁餐厅的高层经理们，每年至少花一个周末的时间来干一些类似切牛肉、翻转银器、摆置桌椅以及清理废物等活动。这给了这些经理一个真正理解自己雇员和顾客需求的机会。例如：当从餐厅中向外运送垃圾的时候，高管们发现垃圾存放区的空间的确太小了，以至于两个工人没有办法将大的盒子放在垃圾箱中。这些都是经理们在报告中看不到的东西，必须靠他们亲自去发掘。通过了解侍应生、厨师以及其他员工的日常工作情况，该公司的高管们更加了解到自己的管理行为的效率。

水平沟通

水平沟通是指组织中各同级部门之间的信息和意见交流。在管理活动的实施过程中，经常可以看到各部门之间发生的职能分工模糊、资源分配矛盾和利益冲突等问题，除其他因素外，部门之间沟而不通也是重要原因之一。水平沟通的目的不仅仅是通报信息,还有要求支持或协作的意图。

水平沟通的形式

部门内协调　这类信息沟通主要在同一部门内发生,它关注的是任务的完成。例如:"白樊宇,你能帮我们填好这份医疗费报表吗?"

部门间协作　有助于完成跨部门的合作项目或任务。例如:"刘莉,请联络营销和生产部,并安排一个会议来讨论这个新装配线的规划书。"

改变和改善　水平沟通有助于小组和部门间分享信息以帮助组织改变、成长和改善。例如:"我们浏览了一遍公司的财务程序,并想就这个问题和您的部门进行磋商。"

水平沟通在学习型组织中特别重要,许多组织是通过任务小组、委员会甚至是矩阵结构等方式建立水平沟通基础的。

正式沟通渠道的效率

上行沟通与下行沟通经常表现为有两种形式:一是层层依次传递,即依据一定的组织原则和组织程序逐级向上或向下反映;二是越级沟通,它指的是在中间层次的管理者不参与或不知情的情况下,组织较高层次的管理者与较低层次的管理者或员工直接交换意见与建议的沟通方式。对于组织层次较多的组织沟通活动,越级交流能够显著提升沟通的效率和解决问题的效果,但是,未提前声明或获得默许的越级沟通会引发中间层次的管理者的误会和意见,这可能会损害组织凝聚力和战斗力。

组织管理过程中经常通过报告、会议、电话、信件等正式沟通方式传达和交流组织活动的情况和问题。除了以上几种常见的沟通方式外,组织的正式沟通方式还有许多种,如内部刊物、公告栏、座谈会等。

2.2.2　非正式沟通

非正式沟通渠道存在于正式沟通渠道以外,与组织等级的权力没有任何关系。非正式沟通与正式沟通并存,但却往往跨越层级,几乎可以与组织中的任何一个人发生关联。例如,一家公司为提高沟通效率,促进办公透明化,使从前闲人免入的管理中心向所有员工开放,并开始安排早午餐会谈,让员工和经理们能在一种放松的、非正式的气氛中交流。这种鼓励非正式交流的管理方式使得这家困难重重的公司走出了困境。

图2-3显示了正式沟通和非正式沟通之间的关系。正式沟通既可以是垂直型的也可以是水平式的,这主要依赖于工作任务和协作责任。许多组织经常使用两种形式的非正式沟通,分别为走动式管理(management by wandering around, MBWA)和藤网式沟通(grape vine)。

走动式管理

走动式管理是指管理人员到工作现场与员工直接交流,以便了解现场所发生的事情。走动式管理对于所有层级的管理人员都有效。管理人员与员工一起工作,有效沟通并从他们那里直接了解各个部门或组织的状况。例如,某公司的高管养成了一种寻访地区分公司办公大楼的习惯,但他对与分公司总裁会面之类的事情却不屑一顾,他更愿意

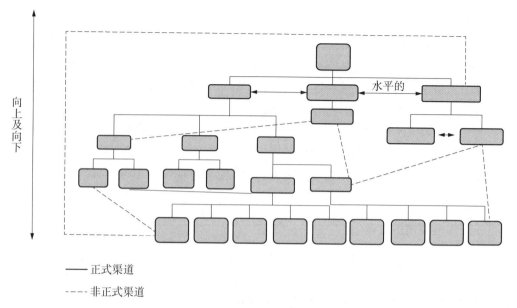

图2-3　正式沟通和非正式沟通

随机地与该地区总裁手下最基层的员工进行交谈。百事公司的安迪·皮尔逊（Andy Pearson）则总是从上层人员开始进行交流：他一般会直接与一位高级品牌副经理见面并询问："目前公司如何？"在任何组织当中，向上、向下的沟通都因为 MBWA 而得到了加强。经理有机会得以向员工描述公司的重要想法和价值观念，同时也从员工处了解他们所面临的问题。

当管理者未能利用走动式管理时，他们变得高高在上、傲慢无礼。这在我们的现实生活中比比皆是。例如，制造电视机开关系统的 Ztel 公司总裁彼得·安得森（Peter Anderson）不喜欢亲自与员工交流。他总是与员工们保持一定的距离。一位经理抱怨地说："我都已经不知道有多少次要求 Peter 到实验室中看看，但他坚持只坐在自己的办公室中处理问题或沟通进展，他不喜欢和大家在工作现场交流。"因为这种非常正式的沟通方式，让员工们不能及时反映问题，更感觉到不被领导重视，以至于使公司陷入困境并导致破产。

藤网式沟通

藤网式沟通又称小道消息，是一种非正式的、面对面的员工沟通网，可以使所有的员工联系起来。此种沟通方式总是存在于组织当中，当正式渠道不通畅时，它就有可能取得重要地位。在这种情况下，藤网式沟通成为一种有价值的服务，因为它所提供的信息能够帮助管理人员了解许多通过正式渠道无法了解到的事情，如利用小道消息填补信息空白、澄清管理决定等。

藤网式沟通在公司起伏不定或者是经济状况不佳时会变得更加活跃。某汽车供应公司受到来自福特和通用汽车的压力，他们必须提高质量才能应对竞争。然而公司底层遍传流言,说公司要关门了。于是管理层充分意识到了问题的重要性,下决心准备变革以提高质量,为此,他们引进了新的薪酬系统,还从德国买入一种新的豪华机器设备。所有的这一切都是由那些流言引起的,这些流言在事实宣布以前就充斥了公司,这迫使公司做出努力,尽管如此,公司并未改变破产的命运,这说明这些小道消息基本上是准确的。

藤网式沟通的渠道

基思·戴维斯(Keith Davis)曾在一家公司对 67 名管理人员,采取顺藤摸瓜的方法,对小道消息的传播进行了研究,发现有 4 种传播方式(见图 2-4)。

- 单线式 消息由 A 通过一连串单个的人把消息传给最终的接收者。
- 流言式 是由 A 同时把小道消息传播给多人,如在小组会上传播小道消息。
- 偶然式 由 A 按照随机方式传播给他人,他人再随机传播下去,无固定路线。
- 集束式 将信息由 A 有选择地告诉自己的朋友或有关的人,朋友或有关的人也有选择地继续传递的信息沟通方式。这种沟通方式最为普遍。

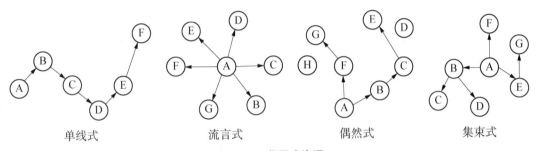

图 2-4　藤网式沟通

藤网式沟通令人惊异的是它的准确性及它与组织的相关性。大约有 80% 的藤网式沟通从属于与企业相关的话题而非私人的恶意的流言。更重要的是,通过藤网式沟通传递的信息当中约有 70%～90% 的细节是准确的。研究表明,有些人的确从藤网式沟通中获得很大的益处。

例如,在一个大公司里,总经理准备邀请数名地位较高的经理到郊外野餐。在国外企业中,部门经理受到总经理的邀请是一种荣誉。在发出请柬之前,小道消息已经传播出去。据调查,数名被邀请的经理在接到请柬之前几乎全部知道了这个消息,而在未被邀请的地位较低的经理中,只有两个知道这个消息,这两个之所以能够知道,还是因为传播消息者误认为这两个人也在被邀请之列。戴维斯还发现,只有 10% 的人是小道消息的传播者,而且,小道消息的传播者往往是固定的一些人,大多数人是姑妄听之,听而不传。

非正式沟通的作用

企业中传播的小道新闻过多时,常常会对组织目标的准确传递带来不良影响。改善的办法在于确保正式沟通渠道畅通,用官方消息取代小道传闻。特别是在危急时刻,管理者应该有效地控制沟通方式,以确保非正式沟通不会成为组织消息的唯一来源。然而,在正常的工作沟通中,适当地、合理地应用非正式沟通,也是能够有利于提高组织沟通效率的。

满足员工情感方面的需求　非正式沟通的产生源于人们天生的需求。例如,人们出于安全感的需求,乐于去刺探或传播有关人事调动或机构改革之类的消息,而朋友之间的交流和沟通则意味着相互的关心和友谊的增进,借此人们可以获得社会需求的满足。

了解员工真正的心理倾向与需要　通过非正式渠道,员工可以畅所欲言地吐露内心的看法和真实想法,而不会像在正式渠道交流时那样心存戒备,从而让管理者从不同侧面捕捉到员工的真实需求。

弥补正式通道的不足　有些消息往往不便于通过正式渠道传播,此时,组织的管理者就可以充分利用非正式渠道,发挥其作用。

减轻管理者的沟通压力　非正式沟通可以灵活地补充正式沟通的不足。

防止管理者滥用正式通道　可以有效防止正式沟通中的信息"过滤"现象。

许多管理者认为应该削弱非正式沟通,因为他们认为如果每个人都告诉另一个人,然后这个人再把消息转达给第三者,以此类推下去,信息的扭曲是巨大的。这些小道消息有时是不真实的、恶意的、对个人有害的。但是事实却并非如此,管理者应当明白,每6个重要信息中几乎有5个是通过非正式沟通渠道,而不是官方渠道传递的。

精明的管理者应该理解非正式沟通在组织中的作用。一项对多个行业的近22 000人的调查表明,有55%的人认为他们所得到的信息大部分是通过藤网式沟通传递的。有一些专家建议说,管理者应该接受并使用藤网式沟通,并且与那些会将这些信息传播给其他人的关键人物分享小道消息的好处。他们知道谁与谁相关,谁是非正式信息传播中的关键人物。一个有趣的发现是,现代组织中年轻员工比年长员工较少参与藤网式沟通。年轻员工通常不准备在一个公司中待很多年,所以他们较少参与小道消息的传播。

2.3 ▶ 人际与群体沟通

管理沟通是围绕企业经营目标而进行的信息、知识传递和理解的过程,是实现管理目标的媒介,也是企业有效运作的润滑剂。从本质上讲,管理沟通涵盖组织沟通的方方面面,其中包括组织内部沟通和组织外部沟通。由于组织目标最终是要靠人来实现,因此,组织中的人际沟通是管理沟通的基础。

盲目的沟通往往是无效的,我们期望的是信息和感情传递后对实现某种目的有促进作用,不过更关注的是设计一种有效传递的过程。这个过程的关键一步在于对沟通的主体和客体进行分析。沟通分析的学习和应用可以提升人际沟通技能、提高管理效率,同时对领导者建立和延伸领导力具有重要意义。我们将在接下来的章节内容中逐一讨论如何培养良好的沟通技能,如何通过人际沟通提高管理效率,如何通过良好的沟通能力提高领导力、开发领导力。在此之前,我们需要明晰几种沟通的范畴。

人际沟通

所谓人际沟通,就是指人和人之间的信息和感情相互传递的过程。人际沟通是群体沟通、组际沟通,以及其他管理沟通的基础。沟通是涉及信息传递的过程,与人际关系密切相关,或许很复杂,或许很简单,有时可能拘泥于形式,有时也可能十分随意。

组织成员的角色需要沟通。在每一个组织所面临的种种任务中,协调任务有这样的前提:一个人如果想采取任何一项行动,他必须确定自己是谁,怎样同周围的员工和其他事物相处,或准备如何相处,怎样维系与其他成员的关系,如何使沟通达到目的。这就是沟通学里所谓的角色认知以及主体和客体分析。这里所说的主体和客体不仅仅是指一般情况下的个人,还包括企业、组织、地区甚至国家等实体,然而,沟通的过程还是要通过一个个的"人"来完成。所以可以把个人视作主体和客体的直接体现,在对主体和客体进行分析时,注意到各种"非人"的影响因素。比如大到所处的社会经济环境,小到一个沟通工具的使用等等。

很多人都不承认自己是无关紧要的。问题是,他们不知道正是自己的行为使别人觉得他们不重要,这是他们失利的征兆。没有人在组织里是可有可无的,如果有这样的人,为加强组织的效率,我们可以让他离开。成功之士总能脱颖而出,他们的秘诀在于他们在每个以个人为单位的沟通角色上都是尽心尽力的"管理者",进行着积极而有成效的沟通。

群际沟通

成员之间信息的传递离不开沟通。沟通借由信息来向广大员工传递管理者的命令、目的和其他信号。信息在组织部门和每一个工作群体之间以多种方式传递、反馈。群体之间信息传递的形式是多种多样的,我们可以借助语言、文字、符号、图表等形式来使信息具体化。如同人际沟通一样,群际沟通信息不仅传递人们的目的、组织的意念,还能表达群体成员之间的情感。我们可以使用不同的语气向员工们表达意念,只有与群体的角色、环境、对象和目的相匹配的语气才能使我们的沟通有效。另外,信息必须清晰明确,必须让接收者明白、理解。

组织内部通过群体沟通实现组织内部的人员与人员之间、部门与部门之间的相互理解。在组织活动与管理工作中存在并依赖大量的沟通活动,这些沟通活动以人际沟通和群体沟通为载体贯穿于所有组织活动和工作中,影响管理者与领导者的工作效率和领导力。

组织目标的建立和实施有赖于群体沟通。群体沟通可以满足组织效能的各种需要:
- 提高管理效能;
- 了解人员情况;
- 使成员参与组织管理,激发大家的工作积极性和团队精神;
- 讨论解决对策,并实施对策,完成组织计划;
- 促进上级与下属之间、同事之间、组织内部人员之间、组织内部人员与外界的相互沟通和相互理解;

－有助于人员理解改变管理模式的必要性，适应环境的变化，增加对内部和外界环境变化的认知，减轻组织调整的阻力。

组际沟通

组际沟通是指组织与组织之间的沟通，包括组织与竞争者、供应商、消费者、投资者、政府媒体、社会公众之间的，以各种形式展开的沟通。

组织生存于环境，并依赖于环境。沟通环境分为两大类，可控的和不可控的。可控的环境有助于获得沟通的主动权，而在不可控的环境里必须调整沟通行为，以最佳的方式尽量使被控制的可能性降低。一个公司需要在面对各类外界组织时展现出积极、完美的形象，捍卫自己的市场份额，维持竞争力，展示社会正面意图，让社会各界支持它的存在，认同它的社会价值，这些都需要良好的组际沟通来实现。

然而，组织不仅需要和外界交换信息，还必须保证信息在内部流动畅通。因为组织对外沟通同样依赖组织内部的人际沟通，代表组织对外交流的领导者、管理者、责任人员的人际沟通决定了组际沟通的效率和效果。

拓展游戏：不要惹我

★ 形式：集体参与，3 人一组，分成偶数组。
★ 时间：30 分钟。
★ 材料：白纸。
★ 场地：室内。

程序

(1) 将学员分成 3 人一组，但要保证是偶数组，每两组合作进行一场游戏：告诉学员，他们正处于一个商务场景当中，比如商务谈判或老板对员工进行业绩评估。

(2) 给每个小组一张白纸，让他们在 3 分钟时间内用头脑风暴的办法列举出尽可能多的会激怒别人的话语，比如"不行""这是不可能的"等等，每个小组要注意不要让另外一组事先得知他们将使用的话语。

(3) 每个小组编写一个 1 分钟的剧本，尽可能多用让人气愤的词语，时间为 10 分钟。

(4) 告诉大家评分标准：

- 每个激怒性的词语给 1 分；
- 每个激怒性的词语的激怒程度再加 1～3 分不等；
- 如果表演者能在使用这些会激怒对方的词语时表现出真诚、合作的态度，另外加 5 分。

(5) 让一个小组先开始表演，另一个小组的学员在纸上写下他们所听到的激怒性词语。

(6) 表演结束后，让表演的小组确认他们所说的激怒性词语，并做出必要的解释。

(7) 第二个小组表演结束之后，全体学员一起分别给每一个小组打分，向分数最高的小组颁发"火上浇油奖"。

小提示

- 如果有时间，让两个小组相互调换，重复游戏。

组织讨论

(1) 你在平常的生活与工作中会用到这些激怒性的词语吗？会在什么情况下用到呢？

(2) 如果别人对你说一些带有激怒性词语的话，你会有什么反应呢？

(3) 如果你不小心说了一些别人以为是激怒性的话语，你该怎么办呢？

(4) 你会经常用一些友善或者劝说性的话语来代替激怒性的话语吗？

(5) 思考与总结一下有哪些激怒性的词语，尽量在平时注意避免用到它们。

3 沟通分析与策略设计

触龙说赵太后

文言文：

赵太后新用事，秦急攻之。赵氏求救于齐，齐曰："必以长安君为质，兵乃出。"太后不肯，大臣强谏。太后明谓左右："有复言令长安君为质者，老妇必唾其面！"

左师触龙言：愿见太后。太后盛气而揖之。入而徐趋，至而自谢，曰："老臣病足，曾不能疾走，不得见久矣。窃自恕，而恐太后玉体之有所郄也，故愿望见太后。"太后曰："老妇恃辇而行。"曰："日食饮得无衰乎？"曰："恃粥耳。"曰："老臣今者殊不欲食，乃自强步，日三四里，少益耆食，和于身也。"太后曰："老妇不能。"太后之色少解。

左师公曰："老臣贱息舒祺，最少，不肖；而臣衰，窃爱怜之。愿令得补黑衣之数，以卫王宫。没死以闻。"太后曰："敬诺。年几何矣？"对曰："十五岁矣。虽少，愿及未填沟壑而托之。"太后曰："丈夫亦爱怜其少子乎？"对曰："甚于妇人。"太后笑曰："妇人异甚。"对曰："老臣窃以为媪之爱燕后贤于长安君。"曰："君过矣！不若长安君之甚。"左师公曰："父母之爱子，则为之计深远。媪之送燕后也，持其踵，为之泣，念悲其远也，亦哀之矣。已行，非弗思也，祭祀必祝之，祝曰：'必勿使反。'岂非计久长，有子孙相继为王也哉？"太后曰："然。"

左师公曰："今三世以前，至于赵之为赵，赵主之子孙侯者，其继有在者乎？"曰："无有。"曰："微独赵，诸侯有在者乎？"曰："老妇不闻也。""此其近者祸及身，远者及其子孙。岂人主之子孙则必不善哉？位尊而无功，奉厚而无劳，而挟重器多也。今媪尊长安君之位，而封之以膏腴之地，多予之重器，而不及今令有功于国，一旦山陵崩，长安君何以自托于赵？老臣以媪为长安君计短也，故以为其爱不若燕后。"太后曰："诺，恣君之所使之。"

于是为长安君约车百乘，质于齐，齐兵乃出。子义闻之曰："人主之子也、骨肉之亲也，犹不能恃无功之尊、无劳之奉，已守金玉之重也，而况人臣乎？"

现代文：

公元前226年，赵惠文王死，太子丹年少，由他母亲赵太后掌管朝政。第二年，秦国攻打赵国，一连攻占赵国三座城池，情势十分危急。赵国无奈，只好向齐国求救。齐国表示，只要赵太后将自己的小儿子长安君送来齐国做人质，就可以出兵。

用自己的儿子做人质,赵太后坚决不同意:为了挽救亡国之难,左右大臣们都极力劝谏。太后不耐烦了,她非常气恼,咬牙切齿地对身边的臣子们说:"有人再提把我的小儿子长安君送去齐国做人质,老妇一定朝他脸上吐口水……别怪我不客气。"

在左右大臣坐立不安,像热锅上的蚂蚁之时,左师触龙说他愿见赵太后。太后听说左师触龙求见,仍然怒气冲冲,板着脸,等他进来时,头也不抬,理也不理。触龙进来以后先观察了一下太后的气色,然后问道:"太后呀,近来身体如何,臣老眼昏花,也不知太后近来气色好不好。"左师触龙可是忠君老臣,他和太后两个人的年纪都很大了,在这个问题上很说得来,于是就双方的身体状况寒暄了几句,太后的怒气慢慢地平息了下来。

见触龙寒暄了几句身体和冷暖之后欲言又止,太后问道:"怎么,支支吾吾的有什么为难的事,让我为你做主。"触龙小声说:"臣有一个儿子名叫舒祺,他年龄最小而又偏偏不成器,真叫臣担心。臣内心非常怜爱,但臣老而无用了,希望太后能安排他当一名侍卫,为保卫王宫出力,老臣希望自己还没死时把他托付给您,也了却一桩心事。"太后听了这话,心有所感地说:"男人们也疼爱儿子吗?"触龙回答说:"比女人还厉害呢。""当然女人们疼爱得更厉害。"太后说。触龙表示不同意,他说:"老臣觉得您爱女儿甚于长安君。""你错了,我爱女儿哪有爱长安君这么厉害。"赵太后答道。触龙说道:"父母爱自己的孩子,应该替他们做长远打算。您送燕后出嫁,想到她嫁得太远,拉着她的手哭泣,悲伤,难过。嫁过去后,你日日夜夜想她,想见到她,但在祭祀时却祷告说:'一定不要回国啊!'这难道不是从长远打算,希望燕后的子孙后代世世为王吗?""是啊!"太后说。

触龙接着说:"那么,太后,从现在往前三代,到赵氏开始建国的时候算起,赵王的子孙有相继为王侯,直到现在的吗?""……没有。""不光是赵国,别的诸侯国有子孙后代相继为王侯的吗?""……好像没有听说过。""这些事实说明,他们当中遭祸早的,祸患及于自身;遭祸晚的,祸患及于子孙,难道这些国君的子孙都不好吗? 无能吗? ……这是因为他们位尊而无力,俸厚而无劳,却仍在掌握国家的权力。今天,您使长安君地位尊贵,封给他肥沃的土地,赏赐他很多珍宝,而不让他趁现在为国立功,尔后,长安君怎么保持自己在赵国的地位呢? ……我以为您替长安君打算得不够深远,所以我觉得您疼爱他不如疼爱燕后。"太后被说服了,她对触龙说:"好吧!齐国的事听凭你去处理吧!"

于是,长安君到齐国去做人质,齐国出兵救赵,面对齐赵两国的大军,秦军不战而退。子义听到了这件事,说:"国君的儿子可算是国君的亲骨肉啊,尚且不能依赖没有功勋的高位、没有劳绩的俸禄来守住金玉之类的重器,何况做臣子的呢!"

3.1 ▶ 主体分析

在现实生活中,我们表现出来的行为往往告诉我们,我们并不怎么了解自己。比如一个人的初衷是要和上司说明工作量超负荷,结果和上司沟通完后又抱回更多的工作;妻子想告诉丈夫正是因为担心他的身体不想让他频频出差,可是对话的结果最终因为妻子控制不了自己的脾气而演变成争执……类似的情形我们在生活中经常会遇到,或者是亲身体验,或者是同事、朋友对你的倾诉。对于沟通的失败,我们首先应该进行自我分析,"为什么在上司面前我又一次畏缩了?""为什么我还是没能克制住自己的坏脾气?""我这么做的目的是什么,用这样的方法会有结果吗?这个结果是我想要的吗?"……在明确了需求、特征等因素后,才可以做到"避我之短,扬我所长",结合客体分析以在沟通中占据主动地位。主体分析是提高沟通效率的一个重要方面,理解主体分析的作用和做法是我们这一节的主要议题。

对沟通的内外情景的深入了解和认识,可以帮助信息传递主体更有效地发出信息,完善信息传递和理解的过程。一般沟通主体分析包括三个基本问题:主体内在情景的分析,解决"我是谁"的问题;主体外在情景的分析,解决"我在什么地方"的问题;主体定位,在内外和外在情景基础上的自我调节与平衡。

3.1.1 内在分析

主体内在情景分析

主体内在情景分析是信息发送者对自己理性、情感和可信度的体会和判断。

首先,理性本质上是对语言的要求。在沟通之前首先从自身的角度思考沟通的基本条件。比如问一问自己,你选对词了吗?你用这些词构建了一个清晰的句子了吗?是否具备了有效沟通的基本技能?

其次,是情感。在每一个沟通的相互作用过程中,感情扮演着重要角色。人们更倾向于支持那些能够理解他们的人,无论他们是否同意沟通的内容和观点。另外,那些能够唤起听众的公平感、正义感和自尊心的人,由于其言行压倒了狭隘的个人私利,传递的信息可以更有效地被接收。

最后,是可信。信息发送者在受众心目中的可信度涉及对你是谁,你的员工、同事、老板信任你的理由等一系列问题的自我评价。可信度分析的结果对顺利和有效的沟通过程至关重要,它是弄清楚"我是谁"的重要内容。

正确地判断和识别主体自身的这三方面因素,有利于主体在传递信息过程中,有效地选择沟通策略和渠道,获得有效的沟通结果。尤其是主体的可信度水平对沟通的影响力有着更加重要的影响。

可信度的影响因素

简单地说,就是你如何让对方感觉到自己是值得信任的,自己的讲话内容也是值得他们接受的。分析自己在受众心目中的可信度,就是沟通者在策略制定时分析受众对自己的看法,因为你的可信度将影响到你与他们的沟通方式。根据约翰·福兰契(John French)、伯特伦·莱文(Bertram Raven)和约翰·科特(John Kotter)的观点,沟通者的可信度受到沟通者的身份地位、良好意愿、专业知识、外表形象、共同价值等 5 个因素的影响。

沟通者的身份地位

分析时要明确自身的权力等级,有时为了增强沟通效果或达到沟通目的,可以强调你的头衔与地位,以增强自身的可信度。地位可信度的一种极端驱动方式就是恐吓与惩罚,如斥责、减薪、降职乃至解职,但这种方式只有在你能确保对方顺从且确信能消除不良行为的产生时,才能奏效。

沟通者的良好意愿

可根据个人关系的长期记录来获得沟通对象的信赖,亦可用"互惠"技巧激发受众。遵循"投桃报李、礼尚往来"原则,通过给予利益而得到自己的利益,通过己方让步换得对方的让步。

沟通者的专业知识

沟通者自身的专业技术水平和素质,特别是知识能力,是构成沟通者可信度的内在要素。它们使沟通者可以更好地解读信息,具备合理且有力的说服力,从而增强了沟通者的可信度。

沟通者的外表形象

沟通者的外表形象,是产生吸引力的外在因素,当沟通者有良好的外表形象时,能增强听众沟通的欲望。人们信任那些衣着得体、表情亲和、举止大方利落的沟通对象,也更愿意相信这样的人所说的话。

沟通者和沟通对象的共同价值观

价值观包括道德观、行为标准等,是构成沟通双方良好人际关系和持续沟通的本质要素。以共同价值观的共鸣来驱动沟通,就是构建与受众的共同出发点。尤其是沟通双方在沟通开始就建立共同点和相似点,将信息和共同价值联系起来,就可迅速提升沟通者的可信度,并且在以后的沟通中更容易改变他们的观点。从共同点出发,即使讨论的是完全不相关的话题,也能增强你在沟通主题上的说服力。比如先谈及与受众在最终目标上的一致性,然后表明在达到目标的方式上存在的不同意见,这样,不同的意见也容易为受众接受。

沟通者通过对自身这五个方面的分析,就能通过强调自己的初始可信度且增加后天可信度来增强沟通者在受众心目中的可信度。

初始可信度与后天可信度

初始可信度　初始可信度是指在沟通发生之前受众对你的看法。作为沟通策略的一部分,沟通者可能需要向听众强调或提及你的初始可信度。在那些你拥有很高初始可信度的场合下,你应该把它当作"可信度银行账户"。假如人们对你推崇备至,即使你的决策或建议不受欢迎或者不能完全与他们的预先期望相一致,他们仍可能对你充满信任。但是，应意识到的一点是，就像使用你的银行存款后会减少储蓄一样，使用你的初始可信度会降低你的可信度水平，因此，你必须不断通过良好意愿和专业知识来提高你在"可信度银行账户"上的储蓄水平。

后天可信度　后天可信度是指沟通者在与受众沟通之后，受众对沟通者形成的看法。即使受众事先对你毫无了解，但你的好主意或具有说服力的沟通技巧有助于你赢得可信度。因此，获得可信度的最根本办法是在整个沟通过程中表现出色。尽管有些经理人在特定的职业领域取得了辉煌业绩，但总体上来讲，成功的管理者都具备出色的沟通能力，这意味着他们下笔成文、出口成章、兴趣广泛。例如，优秀的作家也是优秀的读者，他们经常阅读优秀期刊、小说、诗集并追随个人专业领域的发展；优秀的演讲者会认真倾听精彩的演讲，并从中学习，无论这些演讲是出自电视里的政治家还是出自当地大学的专家。兴趣广泛，不仅使你在下次办公会议上有话可说，而且能帮助你成为一个完整的人。触及其他人兴趣点的谈话能力不仅有助于建立友好的关系，而且能增强他人对你的信任。

3.1.2　外在分析

主体外在情景分析是解决"我在什么地方"的问题，也就是自我定位。信息发送者通过对自己所处的情景内容的分析，对自身在现实中被受众定义的能力水平、个性特点、价值观和形象进行识别和定位，具体还包括组织中的个人地位、可控制的资源、组织传统价值观、个人关系网、上司的利益与偏见、常用的沟通渠道等，以此来确定更有效的信息内容、编码方式、传递媒介和渠道。

首先要评估自己的主张在听众心里的位置。我们可以问自己一些问题，比如："我的提议是否符合参加讨论的成员公认的伦理？""我的提议是否能够被人们认为是一个可信来源？""自己控制的资源是否能够完成该提议？""有多少人能够支持并配合我的提议？""我的提议是否会与其他提议相冲突？"

然后筹划自己外在的沟通形象。对交流结果影响最大的是我们自己。如果我们表现得沉默寡言，不善于同他人交流，他人就会不自觉地用这种方式对待我们。如果我们在交谈过程中把自己的形象和自我管理予以强化，就能很好地提前调整好自己的穿着、举止、看向别人的眼神、面对他人的姿势等，而且在沟通开始之前就呈现给他人，从而启动我们的沟通影响力。

3.1.3　主体定位

有效的沟通要求信息的发送者在发送信息前，界定自己的内在情景与自己的外在情景。前面两个主题分别讨论了内在情景的自我分析和外在情景的分析内容与方法。在这两个分析过程中，主体的自我沟通自发地进行着，并帮助沟通主体不断地对自我的内在与外在的分析内容进行印证和微调。不断地微调与校准，不断地改善沟通主体的沟通效率。

自我沟通

自我沟通是一种特殊的沟通，不同于一般沟通，它具有不同的主体和客体、沟通目的、沟通过程、沟通渠道和沟通策略。

自我沟通的主体和客体的同一性。"我"同时承担信息编码和解码功能，同时是沟通的主体和沟通的客体。

自我沟通的目的在于说服自己。自我沟通常发生在个人的原有认知和现实外部需求出现冲突时。

自我沟通的沟通过程反馈来自"我"本身。信息输出、接收、反应和反馈几乎同时进行。

自我沟通的沟通渠道也是"我"自身，可以是语言、文字的自我交谈，也可以是自我心理暗示。

自我沟通的渠道

在自我沟通中，自我交谈和自我暗示是自我调节的表现，是最常见的自我沟通路径。

自我交谈

你的身体语言来源于你的内心。要提高沟通技能，需在平时养成良好的自我交谈的习惯。自我交谈的形式可以是多种多样的，不同的个体有不同的自我交谈的方式和渠道：有的习惯于通过写日记的方式表达自己的感情，有的习惯于通过冥思苦想的方式进行自我说服，有的习惯于看书，借助书中的人物来发泄自己的矛盾情绪。

自我暗示

在上文分析自我沟通的过程中，已提出了自我暗示的渠道类型，自我暗示是一个重要而积极的自我沟通渠道。训练自我暗示技能，就是要求我们以积极的心态调整自我，通过自我沟通艺术的培养，达到自我沟通的目的。

主体定位的策略

分析其中的处理策略，可以得到以下几点归纳性总结。

受众策略：是借助自我认知，在自我沟通的基础上，针对自己如何有效发挥沟通影响力而建立的沟通逻辑。

信息策略：通过学习寻找依据和道理进行自我说服。信息来自自身思考、他人经验或书本知识，以及自我沟通的选择。

渠道策略：根据自身特点和习惯选择相应沟通渠道。可以是自言自语，也可以是日记或涂鸦等主体感到舒适和有效的自我交流方式。

反馈策略：思想上的自我本来定位与现实要求之间的冲突发生与解决过程。自我本来定位与现实要求之间的冲突产生、发展、缓解和最终解决过程称为"反馈"；把面对冲突时表现出来的外在形态，称为"反应"。成功的自我沟通就是要求有良性的反馈和积极的反应。

3.2 ▶ 客体分析

　　沟通的本质是沟通者能站在对方的立场思考问题，成功的沟通是客体导向的沟通。客体分析是受众分析，也就是对信息接收者的分析。分析客体的特征、需求；分析沟通对客体而言，希望达到什么样的目标；分析客体可能已经掌握的相关信息，以及他在沟通中最希望己方采取的态度等等。通过对客体的分析，能尽快找到沟通的切入点，使沟通在融洽的气氛中顺利地进行下去。客体导向的沟通最根本的前提是了解沟通对象是谁、特点是什么、动机如何。沟通客体分析策略的三个问题：客体角色分析，解决"我的受众是谁"的问题；客体知情程度分析，解决"受众了解多少"的问题；客体态度分析，解决"受众的态度如何"的问题。

3.2.1　角色分析

　　沟通客体分析必须对沟通对象的特点进行分析。首先要明确沟通对象的范围，识别沟通对象的构成与对象之间的地位差异，解决"以谁为中心进行沟通"的问题。在很多沟通场合中，沟通者可能会面对或考虑到不同的受众，当沟通对象超过一人，就应当根据其中对沟通目标影响最大的人或群体来调整沟通内容。

　　一般来说，沟通中的受众主要包括六大类，分别在沟通中承担着不同性质的沟通客体身份。

　　第一类是最初对象。他们最先收到信息，有时更具体的沟通内容和信息要求就是这些最初的对象要求你提供的。获得这些人的认同是开展进一步沟通的首要一环。

　　第二类是守门人，即沟通者和最终受众之间的"桥梁受众"，他们有权阻止你的信息传递给其他对象，因而他们也有权决定你的信息是否能够传递给主要对象。有时让你起草文件的就是守门人；有时守门人在公司的更高层；有时守门人来自企业外部。守门人分析在于判断是否必须通过此人来传达信息。如确实需要通过他们，则判断他们是否会因为某些理由而改变信息或封锁信息。

　　第三类是主要受众，又称直接受众，即那些直接从沟通者处获得口头或书面信息的人或群体。他们可以决定是否接受你的建议，是否按照你的提议行动，各种信息只有传递给这些主要对象才能达到预期的目的。

　　第四类是次要受众，又称间接受众，即那些间接获得信息，或通过道听途说，或受到信息波及的人或群体。他们可能会对你的提议发表意见，或在你的提议得到批准后负责具体实施。

　　第五类是意见领袖，即受众中有强大影响力的非正式的个人或群体。他们可能没有权力阻止信息传递，但他们可能因为拥有政治、社会地位和经济实力，而对你的信息实施产生巨大的影响。

　　第六类是关键决策者，即最后且可能是最重要的影响整个沟通结果的角色。如存在这样的沟通对象，就要依据他们的判断标准调整信息内容，使他们认同你的信息观点，并支持你的下一步行动。

现实沟通中,这六类受众中的某几类可能会由一个人充当,如部门负责人常常既是最初对象又是守门人;有时最初对象既是主要受众,还要负责对信息相关的提议付诸实施。一旦确定了沟通对象所属的客体性质与范畴,就应仔细地对他们进行分析。有时可以借助市场调研或其他已有的组织资料,但在大多数情况下,对受众的分析需要紧密结合实际情况,即要站在他们的立场上,想象自己是其中的一员,再向所信任的人征询意见。

3.2.2 知情度分析

确定了沟通客体的性质之后,还需要了解"在特定的沟通过程中,受众已经了解什么,还需要了解什么"。即你的沟通客体"他们了解什么"。

信息发送者对受众的分析有两个层次:受众的个体分析、受众的整体分析。

受众分析首先从受众群体中的每一位成员开始,考虑他们每一个人的教育层次、专业培训情况、年龄、性别以及兴趣爱好,他们的意见、喜好、期望和态度是什么。

然后,要对受众做整体分析,即通过分组的方式对受众进行框架式分析,如受众的群体特征是什么,整体立场如何,他们的共同规范、传统、标准准则与价值观怎样。从而决定,应概括哪些熟悉的信息作为自己论证的基础,以及受众要理解和判断我的建议,还需要哪些补充信息。最后用受众能理解并做出反应的语言来表达。

受众对背景资料的了解程度

这方面内容包括分析受众对沟通的主题已经了解多少,有多少专门术语是他们能够理解的。若受众对背景资料已经了解很多,就不需要在主要背景资料介绍上花费时间;若受众对背景资料不了解,则应该准确地定义陌生的术语和行话,将新的信息和他们已经掌握的信息结合起来,并给出非常清晰的结构。

受众对新信息的需求

这方面的内容包括分析对于沟通的主题,受众需要了解什么新的信息,以及他们还需要多少细节和例证。对于新信息需求高的受众,则应提供足够的例证、统计资料、数据及其他材料。对于新信息需求低的受众,如有的受众倾向于依赖专家意见,把做出判断的权利交给了沟通者,在这种情况下,只需要直接向这些受众提供决策的建议。概括而言,沟通者应考虑受众实际需要什么信息,而不要只考虑自己需提供什么信息。

受众的期望和偏好

分析受众更偏向于哪一种沟通的风格、渠道。具体来说,在风格偏好上,要分析受众在文化、组织和个人的风格上是否有偏好,如正式或非正式、直接或婉转、互动性或非互动性交流,哪一种形式更合适,还要分析受众在接收信息的渠道上是否有偏好,如书面还是口头,纸面报告还是电子邮件,小组讨论还是个人交谈等,哪一种渠道更有效。

例如，某公司董事长在沟通渠道上有一个习惯，就是轻易不接受下属的直接口头工作汇报，而要求用书面的方式提交报告，并且要求递交的报告遵守"丘吉尔法则"，即每个报告不超过一页纸。董事长审阅递交的报告后，认为有必要找报告人面谈，再约定一个具体的时间；不需要面谈的，就转交给相关部门的经办人去办理即可。该董事长的体会是，只有这样，工作时间才是自己的。如果你的上司也是这样的一种管理风格，显然，笔头沟通是有效的沟通渠道，而且，从这个领导的管理风格看，他的时间管理意识很强，因此，即使在提交笔头报告时，你也应该"长话短说"，简明扼要地表述你的想法，以尽可能少的笔墨，让上司对你的建议感兴趣。

3.2.3 态度分析

受众的态度与动机分析

分析受众的感觉，也就是要去掌握受众会对你的讲话持何种态度。当你已正确地界定了受众的类别与性质，但并不能确定他们会如何看待你的信息主张。如果能够知晓他们的态度倾向，把第一类受众界定为支持的，第二类受众界定为中立的，第三类受众界定为敌意的，我们才能确定接下来要做些什么。如果能够进一步分析你就会发现，即使是在同一个受众类别内，受众的态度也会各不相同。因此，要想实现沟通的目的并获得这些受众的支持，还需要更深入地对每一位受众的态度做分析，之后才能准确地确定应该跟谁沟通、用什么方式沟通，以及是交换信息、补充信息还是进行劝导说服。

积极的受众是那些已支持你的受众，他们需要被激发并被告知行动计划，让他们知道自身的重要性及他们能帮你什么，尽你所能地使他们的工作变得容易并有回报；中立的受众极易受理性说服方法的影响，理性的说服能够使他们参与到事件中来，并且认同你的观点；若估计受众会表现出积极或中立的倾向，沟通者只需强调信息中的利益点，以加强他们的信念。

敌意的受众可能永远不会积极地支持你，但通过清晰地表达你对他们观点的理解，并解释为什么你仍相信你的计划，有可能会使他们变为中立。若估计受众会出现反面意见，则要运用两项技巧：其一，将预期的反对意见在开始时就提出来，并对其进行解释或表明你的态度，比如列出反对意见加以驳斥，这要比受众自己提出反对意见更有说服力。其二，使他们认同问题确实存在，然后再着手解决该问题。列出受众可能同意的几个观点，若他们赞成其中的两三个关键点，那么他们接受沟通者整体思想的可能性就比较大。

我们在做受众的态度分析时，必须特别关注个人和群体的动机。

一些人之所以支持你，只因他们是你的朋友，并不与你想法的对错有关。不要让这种支持诱使你对其他受众的态度产生错误的安全感。其他人支持你的动机可能会与你自己的动机毫不相干，确信这些动机是什么，这样你才能在计划中考虑他们。

有时候受众中的关键成员会根据建议的优劣提出反对意见，他们有合理的理由相信这个建议不能奏效或不是最好的方式。不管在哪种情形下，你最好坦白地说出自己的想法,包括承认你的反对者的担忧及他们意见的优点。

有时,受众之所以反对仅仅是因为你的成功会使他们付出一定代价。上司也许不想让你更加光芒四射;同事也许害怕你的工作表现会树立起一个更高的工作标准,从而逼迫他们也得更加努力;下属和你也许存在意见上的分歧,或者仅仅是不喜欢你。这是最难克服的一种反对,因为这些受众不太可能承认他们反对的真正原因。这可能促使他们提出一些非常具有创造性的理由来反对计划。在此种情况下要考虑两种策略:其一,给反对者一条退路,也许通过体现他们的建议、分享荣誉,或在一个必须成功的事件中支持他们;其二,争取那些拥有更高权威的人的支持。

受众的兴趣程度分析

为使沟通者了解受众在沟通过程中可能产生的情感反应,需要分析受众对信息感兴趣的程度如何。这是一个非常关键的问题,沟通者要分析受众对沟通主题及结果的关注程度,或者他们认真阅读或聆听信息的可能性大小,从而为制定沟通策略提供依据。

对受众背景分析的最直接动机是明确受众的利益期望,创造出高效的受众受益点。受众如果觉得所沟通的信息对他们的财务状况、组织地位、价值体系、人生目标有较大影响,就会对信息产生较大的兴趣。简单地说,明确受众的利益以激发其兴趣,就是解决"什么能打动他们"的问题。

沟通在于寻找对象的价值需求

强调信息的价值或重要性是吸引受众注意力的有效手段。很多看起来似乎不可能的事情,之所以不可能,关键在于不能找到让对方接受的理由,因此,在信息沟通的过程中,应重点强调与受众最相关的内容。在沟通之前先找到对方的价值需求特征,这是成功沟通的前提。

分析受众的感受、恐惧和欲望可以从马斯洛的需求层次理论入手。假如想劝说销售商经销你的产品,商品广告如果从消费者角度说明购买的种种理由,诸如颜色漂亮、线条流畅、使用方便、经久耐用、价格合理等,并不一定能激发出经销商的兴趣。为了让你的信息更有说服力,试着从营业额、预期利润、未来市场空间等方面向经销商进行说服可能更有效果。

传递恰当的信息给受众以利益

寻找针对受众具体需求的沟通信息,关键在于明确自己陈述的客观性如何有助于实现这种需求。有的受众需求,其满足条件是显而易见的;有的要有很多条件才能满足。在实际情况中,沟通参与各方有时确实不知道自身的需求,或者对于自己的价值需求是模糊的。这时沟通者可以通过帮助对方识别自己的需求,从而达到沟通的目的。

强调完成任务过程中的利益,沟通者需要向受众展示所表达的信息对于受众目前的工作有何裨益。如果受众更喜欢接受任务的挑战或者共同处理艰巨的工作,那么任务本身可以产生驱动力。比如,在说明性公文中,强调读者可获得的益处可以用来解释为何要执行宣布的政策,以及为何该政策是有益的。

强调事业发展和个人发展的利益,沟通者需要向受众展示所表达的信息对于个人事业发展有何裨益，比如将有效地帮助他们得到组织或上级的重视，有利于他们获得声誉和建立交际网络。在劝说性沟通中，强调建议有助于他们实现自己的目标，从而舒缓对方的抵触情绪。

为了更好地明确并传递受众利益以激发他们的兴趣，以上两点显然是很重要的。对于不同的受众以及他们所期望的不同利益，如果这些利益是直接且明确的，沟通者比较容易识别，并在沟通时能够明白地告知。有的利益是只可意会而不可言传的，沟通者就需要深入去了解和发掘。

受众的响应程度分析

了解受众响应程度，要思考你所要求的行动对受众来说是否容易做到。即考虑你预期的行动对于受众来说，完成的难易程度如何。如果你估计到这些行动对受众来说难以实践，他们会感到过于耗时、过于复杂或过于艰难时，则一定要强化你所希望的行动与受众的利益和信念的相关性。如果要求受众采取的行为过于困难，可以采用下述对策：首先，将行动细化为更小的要求，"不积跬步，无以至千里"。其次，尽可能简化步骤，如设计便于填写的问题列表。最后，还可以提供可供遵循的程序清单和问题验核单帮助受众提高认同水平。

3.3 ▶ 策略设计

信息发送者必须清楚自己沟通的真正目的是什么，动机是什么，需要向对方解释什么，需要对方理解什么。信息发送者必须首先明确沟通的目的，只有在确定了沟通的目标之后才能勾勒沟通的具体内容。信息的发送者还必须进行系统思考、充分准备。在沟通之前，信息发送者必须对其想要传递的信息进行逻辑、系统、详尽的准备，并据此选择适宜的沟通通道、场所和最佳的传递时间。同时，发送者必须以自己的行动支持自己的想法和说法，前后言行一致，因为更有效的沟通是"行"重于"言"。

3.3.1 目标明确

沟通的目标可分为三个层次：总体目标、行动目标和沟通目标。总体目标：指沟通者期望实现的最根本结果；行动目标：指导沟通者走向总体目标的具体、可度量、有时限的步骤；沟通目标：沟通者就受众对笔头、口头沟通产生何种反应的期望。

例如，某公司为了实现研究开发部门、制造部门和市场部门之间的有机协调，公司总经理决定让这三个部门的负责人每月举行一次例会，共同讨论在研究开发、制造、市场几个部门之间实现高效协调的策略。在这个协调会上，总经理的总体目标是为了实现公司内部各部门之间的沟通；行动目标是要求各部门每隔一个月协调讨论一次；而沟通目标是要求各部门的负责人能够了解各个部门之间工作的实际情况，并且让各部门的负责人能够领会公司每个阶段的意图。

3.3.2 观点确立

阿基米德说过:"给我一个杠杆和支点,我能把地球撬起来。"为达到目的,信息发送者必须有支点——观点。所谓观点,是指你评估形势并向受众陈述你的发现和建议的角度。为了认清形势,为了使行动具有可行性,你必须将注意力集中在你认为最重要的事实、价值和意见上。基于同样的原因,只有当你的受众能懂得你的观点时,他们才能跟上你的思路。

鲜明的观点是获得支持的基础

任何时候,当你着手描述一个问题或提出一个解决方案时,都必须检查所有可供使用的资料,考察这些资料在不同且常常相互冲突的价值观和利益背景下的运用情况,以及其他观察者和参加者的意见。在这样做时,你不可能也不应该是保持中立的。

当采纳某一种观点时,获得赞同与遭到反对的可能性是一样的。当关注形势的某一部分时,你必须遵循某些关键因素,特别是那些在决策和实施中对其他部分至关重要的事实、价值或目标。抓住这些要素的关键主张作为你的观点,不仅可以消除分歧,还会有利于你的论述推广到整个组织。这将为获得认同、达成一致并满足各种可能的政策需求铺平道路。

鲜明的观点在上传下达中的作用

与下属沟通时,明确说明立场非常重要。要想成为一个更好的管理者,应确切地知道下属与你的观点的分歧之处及其原因。也许他们是对的,你需要修正自己的错误思想;也许下属是错的,你能够向他们明确地解释原因;也许你们存在着只有用对话与权威相结合的方法才能解决的根本分歧。无论如何,明确表明你的观点、确定你的立场才能使整个局势向行动推进。

在与上级沟通时,明确立场同样重要。在提建议时,预先陈述可行的解决方案将有助于你的老板把注意力集中于方案的优点上。即使老板最后不同意你的行动建议,你也能够通过观点的讨论过程获得有助于讨论的经验。缺乏观点是许多乏力的报告、演示和信件的共同缺憾,它们往往倾向于在资料与可能的解决方案之间徘徊。在许多管理情形下,建立在观点清晰的基础之上的有力建议能抵消一千条原始信息。

鲜明的观点对组织的作用

从组织的角度来看,让各种合理的建议互相竞争,然后从中选择对组织决策最有利的方案很关键。只有这样,一个组织才能激励它的团队成员,并赢得各方沟通客体对组织决策和信息指令的信赖。这些客体包括雇员、工会、管理层、股东、顾客、政府机构、利益团体和公众。一个组织内各成员都熟悉的一贯可信的消息,能为激励团队及向外界展现连贯的、有活力的员工个性提供最好的机会。

基于个人特征和组织价值观的不同,观点冲突在管理沟通中已成为平常之事。你的观点也许根本不同于另一个明智观察者的观点。通常,我们寻找和接收的信息很大程度上局限于履行职责所需的领域。虽然捍卫并服务于自身领域或计划所需的观点是很重要的,但要成功有效地做到这一点,必须明白为什么其他人可能反对你。如果你的观点显示已将你的同事及反对者的合理主张纳入其中,那么它就会具有最大的影响力。

3.3.3 内容甄选

成功的信息设计取决于内容以及论证。详细且适当地说明要说的事,并且知道怎样组织论辩更具有说服力。虽然内容包括已知和必须传达的信息,但在着手沟通之初,必须把它们浓缩到一个句子里。换句话说,基本信息由一个对目标的清楚陈述所构成,每个听众都必须理解了这个目标,才能与你有效交流。

内容的选择

因为沟通者目标的实现对不同的受众将产生不同的影响,所以要针对不同的受众对信息进行调整。例如:在向上司提出休假的设想时,应该重点陈述的内容包括"我已对我的工作做了安排,我的同事们会替我去做。在休假前以及休假后多投入一些时间,我能在工作上保持进度。我可以重新安排日程及最后期限使休假成为可能。我将报答这一恩惠。每个人的理解对我离开很关键,并且其他人已得到过这样的理解。"所有这些次要信息都是你对主要信息的解释,即支持主要信息的论证。怎样才能达到目标,以及受众怎么才能支持你,都与此密切相关。

通常生活中的沟通要比上面这个例子复杂得多。我们常常拥有大量的资料,所有这些资料都能用于论证论点,但不是所有这些资料都必须让每个受众知道。一般情况是,应消化这些资料,从中整理出鲜明突出的观点,然后决定哪一种观点对哪一种受众最重要。与此同时,需要准备证据来支持任何笼统的观点,并证明为什么某些特定的资料会导致你得出某个特别的结论。

观点的论证

找出囊括中心信息的词语是计划成功沟通的第一步,然后转向受众分析以确定如何展开它。没有经理会认为利用他们的职位按一下按钮就能自动获得一致同意。通常,为了获得足够的支持以继续推进,必须获得主要受众的支持,减轻次要受众的忧虑,承认反对意见并使之中立化,还要解释你的方法为什么比其他合理的可供选择的方法更可行。这意味着要提出一个富有逻辑性的建议,并且它能通过提出证据或迎合受众的利益和价值观而得以捍卫。

富有说服力的信息在通过内部和外部检验之后,其论证还要取决于逻辑和证据的有效运用。我们一般都很熟悉这两种逻辑论证:演绎——从一般到个别;归纳——从个别到一般。

演绎论证

演绎论证可以从内部检验和外部检验两个方面进行。

内部检验 逻辑上的一致性并不必然等于是真理。例如,在论证一个关于改进工作场所安全性的建议时,也许大前提是错的,其他人并不认为这个工作场所不安全。也许小前提是错的,你的建议不会真正使工作场所变得更安全。在一个演绎论证能够被用来说服受众之前,你的两个或全部前提必须得到他们的承认。

外部检验　逻辑的前提是否排除了论证观点可能引发的不利影响,或者不足以坚持观点的正确性。也许要使工作场所更安全将牺牲公司的关键盈利能力。也许一个不同的建议将使这个工作场所更安全。

归纳论证

归纳逻辑是一种研究方法,即研究者将所有的证据收集起来,然后找出最简单的解释或结论。与之类似,归纳推理论证通常是罗列出一系列问题,然后提出一个总的解决方案:"我们的推销人员允诺的订单,生产部门无法提供。没有人想买生产设计的产品。会计告诉我们获利能力正在下降。因此,我们必须建立一个高水平的战略规划委员会。"

论证结构

演绎和归纳论证有着相同的基本结构。这种方法的精髓可以描述为三部分:

大前提　为读者或受众同意的论证铺垫基础,无论这是一个一般原则或是资料集合。比如,我们在这个基本问题上意见一致(演绎)或我们收集了全部资料(归纳)。

小前提　引入论证的第二步:连接"大前提"和"结论"的一项原则或一个陈述,可以把它称为一座"桥"。例如,这个问题会使我们获益(演绎)或这些资料证明了以下趋势或原则(归纳)。

结论　简述想要受众接受的结论或行动步骤。比如,我们应采取以下行动步骤。

这个三部分结构类似三段论。三段论是苏格拉底哲学的核心,这位大哲学家对理性论证的应用给出了建议,认为非正式的三段论需要结合以下三方面原则,为大多数论证提供基础的说服力。

－应把受众看成帮助你选择如何论证的合作者。提出太简单或太多的论证会令你的合作者厌倦或疏远,而提出的论证太复杂或太少会令他们沮丧。

－当检查整个论证时,确保已强调对受众最重要的部分。

－一旦列出论证大纲,就应思考怎样让受众最有效地接受它。通常从结论开始会更好,这样能使受众知道你将从何处开始。

论据支撑

演绎和归纳论证都依靠论据。这里介绍几种常用的论据。

事实和数字

这些资料是大多数论证的核心。比如:"我们的销售量正在下降,我们的雇员调查展示了以下态度,我们的成本与我们的利润有以下关系。"从这种一般类型的论据方面进行论证需要精确,但光精确远远不够。数据库、决策树、回归分析或经济计量模型也许能提供一些有用的资料,它们可用于经理们对某一行动步骤的论证。然而,计算的准确性是一回事,证明它们与在处理的情况之间的联系则完全是另外一回事。

让事实自己说话

每一个同事都看到过统计数字被操纵的事。重要的决策需要不同数据、不同专业知识领域以及利益相关者的相互作用。只引用对受众有说服力的事实和数字，并小心解释它们与你的论证之间的关系，而且还要确保你提供的这种论据足够详细，以使你的受众感到信服，但不要太多，应以他们能消化为妥。

求助于常识

"每一个人都知道销售部门总是在计划中提出我们不能实现的策略。"这种说法也许对销售人员来说是不能认同的，但是却会引起其他部门人员的共鸣。在社交或政治团体中，商人也倾向于与有相同职责、背景和观点的人交往，并由此形成他们共同的偏见。不要引用这些建立在普遍认同的"真理"基础上的论据，除非它已经被与这些"真理"和偏见相对立的受众所认同。

轶事论据

实例能为你的论据提供有力的支持。比如，这里有一个顾客拒绝购买我们产品的例子，反映了营销策略的问题；再如，这是一个政策伤害了我们正在努力帮助的人的情形，说明政策可能存在潜在干扰因素。倘若希望发挥实例的论证作用，当你运用轶事论据时，要确保它能符合两项规则：具有较大的代表性以及与你的受众所关心的事相关。

求助于权威

引用过去经证明可取的实践经验来证明一个建议的可行或不可行，确实更有说服力。如果呼吁变革，就负有说服受众驶入未知领域的重担。如果正执行一个违背受众意愿和常识的命令，就必须准备好解释这一行动步骤怎样适合大局，或者为什么这一压力是无法避免的。求助于权威的论据可以压倒任何事实和数学、常识或轶事，这是因为传统或知识在决策的制定过程中是一个不可忽视的客观因素。

3.3.4 信息构造

演绎和归纳推理在所有商务沟通中都会不同程度地存在。它们为你的论证提供着基本的元素：段落。为了便于受众理解，对得出结论的过程做过多的描述不一定会取得最好的效果。所以，作为一般规则，在组织信息时须考虑以下几方面的结构要素：

- 从一开始就明确表达你的目标及观点，以便所有受众都能理解你的论证。
- 通过罗列正反两个方面的观点或引用合理的相反建议来表明你对决策环境的全面理解。
- 阐释为什么你的方案是最好的。
- 考虑并讨论其他合理的可供选择的方案。
- 提出下一步的行动方案并强调采纳你的建议将会为受众带来的长期利益。

三段论的结构

下面的结构可运用于较长的报告、备忘录、讲话或 E-mail。这种结构的好处在于既抓住受众的注意力，又能证明形势，以表明你有一个达到目标的计划。这种结构（见表 3-1）保持了三段论的魅力，能使你的受众立刻清楚你的逻辑。

表 3-1 三段论的结构与内容

结构	内容
建议：	提供"是什么"，强调受众必须注意你的理由及你所希望达到的目标。
理由：	提供"为什么"，支持你的建议的历史及事实。
实施：	提供"谁、什么时候、怎样实施"，即活动进展、职责分工、衡量标准的安排。

强说服力的结构

这一结构不但能够告知受众某一事实，还能够使论证符合受众的需要，并且让他们接受你的论点。

一方面与两方面的陈述

支持或中立的受众常常会对情况的简单陈述做出很好的响应，特别是如果对这个问题没有争议时，只要直接陈述即可，即"一方面"的方法。例如，提出一个小的政策改变或一个例行的程序时，直接说明就行。如果你的想法与他人的想法存在竞争，你需要采取"两方面"的方法，分别讨论两个方面的有益和有害的问题，让受众参与到讨论中。这一结构不仅为你的建议提供了更多的论据，而且也触及了反对意见及受众可能的想法。这些是有效说服所必须考虑的因素。

支持—反对与反对—支持的逻辑

假如你处于一个必须说服他人的位置，就需要决定是先论证你的建议，还是先对反对这个建议的观点做出反应。正如我们在受众分析中所论述的那样，支持及中立的受众想首先听到支持的论证，而怀疑或敌对的受众在他们的忧虑被考虑之前是不会注意你的积极论证的。不论采用哪一种方式，通过承认反对者观点的合理性，同时又指出其弱点并进行反驳，都会使你在受众中的可信度得以增加。

演绎与归纳推理结构

在演绎推理论证中，大前提是一个一般的前提，如"我们需要一个更安全的工作场所"。在归纳推理论证中，大前提是一系列事实和数字，如"有证据表明我们比竞争对手遭受的现场事故更多"。演绎论证采取的模式是先提出主张后提供论据，归纳论证采取的模式是先提供论据后提出主张。

沟通中，归纳论证的结构可能没有演绎论证的结构运用得普遍，但在提出一系列主张之后却能使人有耳目一新之感。一开始引用论据显示了对受众的尊敬，并能引导他们沿着你得出结论的路走。即使你在运用归纳论证的方法时，也不要让你的受众对你的最终目的一无所知，否则他们不太可能跟得上你的思路。

上升与下降的顺序

上升顺序是把最有力的论点放在最后；下降顺序则是把它放在开头。如同往常一样，在决定选择什么样的顺序时，应考虑你的受众最关切的是什么。

对话题既感兴趣又熟悉的受众，可能想立即知道最有力的证明材料或论证。如果你决定把最有力的论点放在开头，就必须努力使以后的论证不显得琐碎，要明确它们的从属地位,对它们的论述要简洁,并在结论中重新肯定最突出的论点。

对话题不太感兴趣或不太熟悉的受众,也许要在沟通的后期,当他们的兴趣被唤起后,才会乐意做出反应。在向他们推销解决方案之前,需要收集在某一情势下必须采取行动的各种证据。引言必须要抓住他们的注意力,比如通过引用一个令人震惊的事实或数字,并且必须在结论中一针见血地道出主要论点。

有说服力的结构可以概括为:对感兴趣的、支持的、熟悉的受众,应用一方面的、支持—反对的、演绎的、下降的论证方式。对不感兴趣的、敌对的、不熟悉的受众,采用两方面的、反对—支持的、归纳的、上升的论证方式。

富有节奏的结构

富有节奏的信息结构可以激发受众兴趣,可利用信息内容的开场白、主体和结尾等结构的合理安排来激发受众。所以,当你构建论证时,须考虑这样一个重要问题:研究表明,受众的注意力在开始时最集中,在中间下降,在结尾时又上升。在开头和结尾强调你的主要论点,并注意结构的节奏,可以使你的沟通适应受众的心智与感情的特征要求。

通过信息结构安排激发受众,就是通过简化目标实现步骤以激发受众兴趣。如列出便于填写的问题表或易于遵循的验核清单,或列出下一步骤或下一行动的具体内容。

开始战略:引起注意

开始战略即通过开场白激发受众,就是在讲话的一开头起就吸引受众的注意力,如一开始就列举受众可能得到的利益;或先列举存在的问题,采用"提出问题和解决问题办法"的模式;或先讨论和明确话题和受众之间的关系,唤起他们的兴趣。

信息发送者在陈述一开始时,就表明存在至关重要的利益。任何沟通都有目的,你必须在一开始的句子里就明确说出这一目的以及它与受众的关系。越明确地强调达到目标的重要性,受众就越会密切关注你的论证。必须特别注意说明为什么这一利益对受众是至关重要的。

引起注意的开始战略具体有三种方法:

从中间开始　在大多数商务场合,从公司创立起开始的数以千计的预备活动,导致了目前这一必须做出的决策。但如果按年代顺序把这些活动都罗列出来,在说到主要论点之时,受众都快要睡着了。所以,其中一些因素也许对决定如何达到目标很关键,应在已引起你的受众的注意之后,就把它们巧妙地纳入你的论证。

以生动、具体的比喻开始　如果能找到一个方法将论证浓缩为一幅难忘的图画,如用语言或图表,这就能吸引受众的注意力,此外还能帮助你将注意力集中于中心论点上。有时它意味着"把你放入下面的情形中",有时它意味着用一个例子来描述当前问题的严重性,有时它意味着展示一个抽象的情形是如何影响真实的人的。这样一个开头成功的关键是构思一个可见的和感人的图景,然后使听众置身其中。

用新视角解释　已为人熟知的信息通过唤起受众所熟悉的事,然后让他们换一个新的视角来看待这一情形,能立即获得他们的尊重和注意。这也许意味着证明一个问题是一次机会,一个神圣的传统不再适用,或你正处于一个完全不同于你所认为的环境。通过建立一个看待此情形的视角,表明你已准备开始一次受众将参加的冒险。

展开战略:吸引注意

上述所有的开始战略都有一个共同特征,即都能引发受众对陈述的兴趣。在有效地开始之后,信息发送者还需要通过沟通内容继续激发受众的兴趣,通过适当的内容安排以增加在沟通过程中的说服力。

有几个具体技巧对吸引住受众的注意力是至关重要的:

标明下一步的走向以及为什么 一旦在开头界定了中心论点,就应找出要得出结论所必须论述的问题。换句话说,就是提出未来的文件或报告的简短提纲。这将使受众提前了解你会论述所有基本问题,并且使他们更密切地关注你的论证。当每一个新标题出现时,要清楚详细地说明它如何配合并推进了你的论证。

克服障碍 正如伟大的故事所描述的,打败共同敌人的英雄是实现人们追求目标的人或是为他们的世界恢复和平与秩序的人。经理们每日所面对的挑战,就是面对并克服障碍,从而达到目标,为平淡无奇、一成不变的备忘录注入冒险故事般的兴奋剂。

保留悬念 我们不停歇地读完一本好书因为我们想知道接下来将发生什么。一个债务再融资计划如同一个精彩的侦探小说一样,吸引我们去关注细节始末。通过生动地解释一个重要挑战,制造关于如何解决它的悬念,让你的受众因为好奇而继续听下去。

相关人物 受众对人的认同甚于对抽象信息的认同。有时,根据对某一特定个人的影响来描述一个建议或形势最能给人以深刻印象。例如,可以描述自己是如何从受众观点出发,以及导致你改变观点的一系列事件。有时,你叙述中的主角应该是受众中的代表人物,或者是因你的建议被采纳而受影响的人。

结束战略:付诸行动

制造一种论证结束的坚定感 当受众认识到即将结束时,他们的注意力就会上升。要利用这一点,就需要清楚地表明你的结论。这在书面上是比较容易做到的,因为格式是显而易见的,而在口头表达中就没这么容易了,你必须更明确地指出。

尊重受众的时间感 因为受众已经读过、听过和看过数以千计的文章和报告。你很容易对自己的文章或声音着迷而开始变得漫无边际,所以需要确保已将论证压缩到最少字数,保证你的论证能毫不离题地得出结论。像"完了"这种表述会让受众感到轻松,像"最后"这样的表述之后紧跟补充或证实材料将会很快将受众的注意力引向最高点。

引出教训或寓意 利用受众的高度注意力使主要论点被接受。不要仅仅概括到目前为止已经说过的内容,要为专心的受众强调重要的后果。

论述随后的行动步骤 大多数沟通构成了一个要求采取某些行动的倡议。一旦已使受众相信了你的建议的优点,就应向他们展示实现目标所必要的具体行动。这能使他们确信你所希望的不仅是值得向往的,而且是能够实现的。它同样会使受众相信,他们在你的计划中拥有一个重要位置,并相信你是合格的人选,准备领导他们向前迈进。

3.3.5　渠道筹措

通常，渠道选择要求对如何才能最有效地传送信息做出决策。作为一项经验原则，可以说沟通渠道越个人化，信息就越可能被受众接收。在人们日常"一对一"的对话中，沟通者可以不时地估计受众的反应，调整沟通策略和方法，并对私人的问题及担忧做出反应。然而，对于首席执行官向数以千计的雇员发布信息的情况，这是不可能做到的。但是，高管们可以选择能传达信息的最个性化的渠道或有效的混合渠道，以最大限度地塑造他们的沟通影响力。

面对面沟通

最有效的沟通建立在面对面谈话的基础上，虽然你并不总能亲自与受众中的每一个人单独谈话，但可以亲自与他们中的一部分人单独交谈。对于关键决策者，或者那些需要将信息传达给更广泛受众的个体，都应该应用面对面的谈话来进行沟通。

群体沟通

通常，可以与受众以小组会议的形式见面，这种情形会比"一对一"的会见在规模效率上要好些，因为极端的观点能被这个小组中其他人所表达的较平和的观点平衡，但个体之间交流的充分性比"一对一"的谈话要低些；人数较多的会议比小组会更难驾驭，但这种渠道至少能够表明会议领导者愿意象征性地面对这些人，并且愿意与他们共同承担不愉快的结果。

电子化口头沟通

电话和微信等电子音频通话形式是工作生活中最常见的电子化口头沟通媒介，电话传递信息比面对面的会见花的时间要少，而且便捷，但由于不能看清楚对方的表情，沟通的反馈效果会有缺失。虽然面向大量听众的电子化口头沟通相对缺乏个性化，但是它们能传递即时、一致的信息，以及一种紧迫感。在当前各种技术支持下，视频会议能让领导者确保所有观众看到他的脸、听到他的声音，并通过姿势和形体语言传递更多信息。

个人化笔头沟通

手写并署名的书信，是一种非常个人化的笔头沟通方式，这种媒介可使领导与受众分享特定决策的信息及分析，具有长期性和可查性，另外一个优点是它可被送到雇员的手中，使他们有时间思考。

电子化笔头沟通

电子打印的文件、群发的电子邮件都是非个性化的笔头沟通的例子。这些沟通媒介由于针对性不强，使接收信息的受众接收意愿不强，接收效果受到影响，但信息传递快捷、广泛。图3-1描绘了几种沟通渠道在沟通效率上的表现，沟通是通过各种渠道来完成的，不同的信息沟通渠道直接影响沟通的效果。

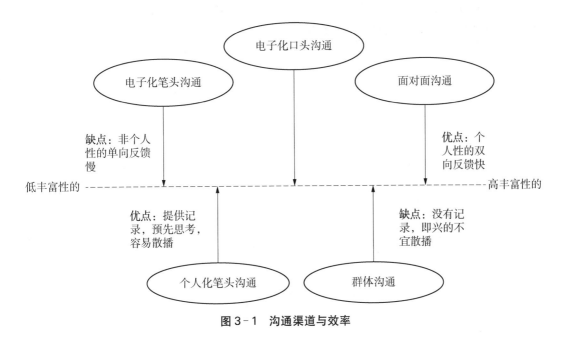

图 3-1 沟通渠道与效率

影响沟通渠道选择的主要因素有：

设定的目标 管理者必须明白他们是在进行劝说，还是提供信息，是进行质疑，还是提出建议，因为不同的目标将影响沟通渠道的选择。比如，谈话中的要点必须用明确无误的文字记录下来，因为这样的记录能够帮助清晰、准确地理解内容。

沟通本身的需求 信息是正式的，还是非正式的，信息接收者是你的老板，还是你的客户；沟通可以利用的渠道及使用的成本如何；是否需要记录谈话内容或得到反馈，信息连续性的需要等。所有这些都在很大程度上影响沟通的方式。

沟通要因人制宜 发送者必须充分考虑接收者的心理特征、知识背景等状况，依次调整自己的谈话方式、措辞或是服饰仪态。此外，发送者还必须使用接收者能够理解和熟悉的语言符号、载体、渠道。

值得注意的是，一般情况下，几种渠道会同时运作，有时渠道可以被创造性地结合起来以达到最大个性化沟通的可能。例如，一个首席执行官不可能下令让所有工人离开岗位听取会议报告，他可以选择把与雇员代表的会见制成录像，然后在合适的时间放映给其余的雇员看。渠道的综合运用、恰当运用对信息传递者提出了较高的要求。

3.3.6 风格调适

人们会根据不同的沟通目的、受众情况及沟通内容等，挑选不同的沟通风格和语气与他人沟通。

沟通风格

对于沟通风格的选择往往取决于两个方面的因素，信息发送者期望对内容控制的程度和受众参与的程度。图3-2表示了沟通风格的选择依据。纵轴代表信息传递者对内容控制的程度,横轴代表受众参与的程度。

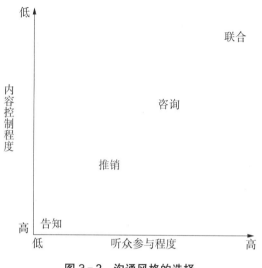

图3-2　沟通风格的选择

在向受众倡议一个观点时,必须使你阐述的风格与你们之间的关系现状相适应。提议、委派、传达必须有不同的表达方式。受众越是感到传递的思想起了一分作用,他们就越可能在执行中采取合作态度。行政权力的大小和信息的充分性决定了应该采用何种沟通风格。

例如,甲方提出一个问题,乙方在听时可能出现四种情况。

– 甲方想知道解决问题的办法:乙方告知甲方。告知是指受众参与程度低、内容控制程度高的方式,如传达有关法律、政策方面的信息,作报告、讲座等。

– 虽然乙方知道解决问题的办法,但甲方不能信服:乙方向甲方推销方案。推销是指有一定的受众参与程度,对内容的控制带有一定开放性的方式,如推销产品、服务、个人形象、建议和观点等。

– 甲方比乙方更了解情况:乙方倾听并咨询意见。咨询是指受众参与程度较高,对内容的控制带有更多开放性的方式,如咨询会方式、征求意见会、问卷调查、民意测验等。

– 甲方和乙方都知道这种方法:共同讨论,即联合。联合是四种沟通方式中受众参与程度最高、控制程度最低的一种方式,如团队的头脑风暴、董事会议等。

不同沟通风格下适合使用不同的沟通渠道。信息的传递者结合沟通风格采用合适的沟通渠道向不同的群体传递不同的信息,如表3-2所示。沟通风格没有优劣之分,沟通风格的选择完全取决于沟通目的、受众和信息内容。

有时可以选择单一的方式,有时也可结合运用多种方式进行沟通。如果希望受众接收你所传递的信息,可以采用告知或推销的沟通方式,此时,你掌握并控制着足够多的信息,在沟通过程中主要听你叙述或解释而不需要听其他人的意见;当你希望从受众那里了解和获取信息时,应该运用咨询或联合的沟通方式,咨询的方式具有一定的合作特征,表现出一定的互动性,联合的方式则具有更明显的合作互动性。比如团队头脑风暴式讨论会,此时,你并没有掌握足够的信息,希望在沟通过程中听取受众的意见,并期待他们联合并提供有关信息。

表 3-2　受众、渠道与风格

沟通目标	沟通风格
-阅读本备忘录的结果: 　员工将理解公司项目所带来的利润 -演示的结果: 　我的老板将了解到我的部门本月取得什么成绩	**告知:** 在这种情形下,你是在指导或解释。你想让你的受众了解或理解。你不需要他们的意见。
-阅读这封信的结果: 　我的客户将在所附的合同上签字 -演示的结果:委员会将批准我提出的预算	**推销:** 在这种情形下,你是在劝说。你想让你的受众做点什么。你需要一些受众的参与。
-阅读这份调查的结果: 　员工将通过回答问题做出反应 -这个交流会议的结果:我的员工将发表意见并获得对这个新政策所关注问题的答案	**咨询:** 在这种情形下,你是在协商。你需要同你的受众交换意见。你想得到他们的看法但又在某种程度上控制相互作用的过程。
-阅读这份会议备忘录的结果:团队的成员将参加所准备的会议并就这个问题发表他们看法。 -头脑风暴会议的结果: 　团队将对这个问题形成解决方案	**联合:** 在这种情形下,你是在合作。你和你的受众为达成一致而共同合作。

沟通语气

虽然一个清晰、生动、有力的文风一般对信息传达很有用,但语气仍须特别注意。在谈话中控制语气要比在写作中容易。在面对面谈话时,可以用表情、声音强调,以及用身体语言补充你的言语信息。一份书面文件可以单独存在,并且能被反复研究和传阅,这有助于克服语气表达的问题。谈话的接收时间却相对较短,需要说话者更小心地把握。这里有一些关于确保语气能为你提供助力的一些建议:

保持对语气的敏感

让自己的耳朵适应目标及场合,"听"一下所收到的文件或报告的语气。例如,在独裁主义的原文中可以看到"你将必须——告知",这种表述可能引起争论,以及"遵守对你有利原则"等断言,完全表达了一种要求无条件服从的态度。这样一种语气在沟通中已变得日益不合适和少见。此外,像"公司获取必需的新材料日益变得艰难,使得这些改变成为必要",没有提供任何论据,也表现出对读者的一定轻视。

避免带有优越感的关心和指责

没有什么比一种带有优越感的关心或指责的语气使受众疏远得更快的了。许多平常的话在某种程度上就传递出了带有优越感的关心的语气:"如果……请不要客气,给我打电话吧""如果……请不要犹豫与我联系",这些话都暗示着你是很可敬庄严的人,你的受众在打扰之前将会比较犹豫。如果你能够这样说会好一些："如果……请给我打电话""我肯定你能够理解……"，这类话语可以出现在一个有争议的主张被提出之前，有助于减少冲突的暗流。

避免排斥性的语言

一个总是说"我的计划"的经理与一个总是说"我们的计划"的经理所传达的信息是不同的。包容性的语言将有利于获得受众的支持，同样，性别歧视的语言会将你的一部分受众排除在外。当我们说"如果一个经理想要实现他的目标，他必须……"，我们真正的意思是"他或她必须"。然而，过多使用"他或她"会不方便，但有许多方法可以避免它。比如，"每一个经理在月末提交他的销售报告"可以改为"每一个经理在月末提交一份销售报告"。用"一份"或中性化的代词可以减少可能引发的异样感觉。

避免阿谀奉承

上司跟下级一样，需要得到表扬和赞赏，但对上司表示赞赏时一定要保持足够的诚恳与切实。否则，你的老板也许会认为你不诚实，而同事们则可能开始讨厌你。

在合适的时候运用幽默

我们都看到过，在非正式场合，比如与朋友谈话、社交聚会或俱乐部活动，幽默得到了广泛的运用。与戏剧、小品、短视频一样，幽默是人们观看和浏览娱乐作品的一个主要原因。没有什么能比一个有质量的笑话更能将人们聚在一起的了。有些组织能让商业人士在运用幽默争取受众方面得到好的锻炼。在一些较严肃的场合，比如做销售宣传或提出一个重要建议时，幽默也能发挥作用，这里最普遍的幽默策略是自嘲。特别是如果你是上司，下属们将会乐于看到你能认识到自己的弱点，这让他们觉得你很接地气。

拓展游戏：接力棒

★ 形式：集体参与，7 人一组。
★ 时间：15 分钟。
★ 材料：一则短文。
★ 场地：室内。

程序

(1) 从报纸或杂志上摘取一段文章，但不要太热门，要保证学员们没有听过。
(2) 将学员分成 7 人一组，并编上号。
(3) 请每组的 1 号留在房间里，其他人先出去。
(4) 把故事念给各组的 1 号听，但不许他们做记录或提问。
(5) 接下来分别请每组的 2 号进来，让 1 号把听到的内容告诉给 2 号，2 号也不许做记录和提问。其他人都不得插话。
(6) 3 号进来，2 号把听到的传给 3 号。依此类推，直到 7 号接收到信息为止。
(7) 请每组的 7 号复述他们听到的故事。

规则

(1) 每个人只能用耳朵倾听，不可以做任何记录或提问。
(2) 团队成员之间不能互相交流。

小提示

- 可以改变每组的人数，比如变为 8 人一组或 10 人一组，每次派两名学员倾听故事并进行传递，以比较两次的效果。
- 可以向第一位学员传递一些具有某些逻辑错误的信息，看是否会在传递过程中得到改正。

组织讨论

(1) 你们小组传递的信息准确吗？出现了什么偏差？哪方面内容容易产生偏差？
(2) 你认为导致信息传递错误的因素是什么？
(3) 你觉得有什么办法可以改进信息传递的效果呢？
(4) 你认为在什么样的环境下有利于信息的传递呢？
(5) 在第二次游戏里，你觉得两个人共同传递信息的效果要比一个人好吗？为什么？

第2篇

沟通影响力基础

4 倾听积淀影响力

一次有意思的电话洽谈

话说航运紧俏,且离下一航次还有几天的时间,B公司员工姚耸未答应任何一家公司的订船要求,只是说考虑考虑,其实是希望能尽量做到最高价,因为这样的机会是非常难得的。就在B公司船只即将离开码头时,姚耸接到了A公司赖总的一个电话,这是他们的首次通话。

赖总:喂,你好,我是A公司的赖总,请问是姚先生吗? 　　　[气势逼人]

姚耸:你好,我是姚耸。 　　　[姚耸谐音姚总,做好反击态势]

赖总:哦(愣了一下),姚总,你好。我们这第一次的合作好像不太顺利啊。

[故意找碴]

姚耸:没有啊,挺顺利的,怎么了? 　　　[装糊涂]

赖总:唉,你们的船跑得很慢,耽误时机,我们损失很严重啊。 　　　[苦肉计]

姚耸:是啊,都是因为海上风大,我们损失也不小。 　　　[不为所动]

赖总:不过还好,总算装上货了,希望下次顺利。 　　　[没话找话,话里有话]

姚耸:嗯,不会总是碰上坏天气的。 　　　[装糊涂]

赖总:那就紧接着再跑一个航次吧,怎么样? 　　　[终于道出来意]

姚耸:这么急啊,船还没离开码头,还有好几天呢? 　　　[打太极]

赖总:差不多了,我现在就在宁波,如果船定下来,我就订货了。 　　　[步步紧逼]

姚耸:在宁波啊,那到我们公司看看吧,我们还没见过面呢。

[不接话茬,继续玩太极]

赖总:好啊,我一定过去跟你喝一杯。那下一船就先定下来吧。 　　　[着急之色]

姚耸:这可不好办了,你也知道现在船挺紧张的,有好几家已经盯上我了。

[故作为难]

赖总:这个我能理解,平时行情不好的时候,他们肯定也挺帮忙的,现在行情来了,你不给他们用,确实不好开口。 　　　[善解人意]

姚耸:是啊,就是这么回事,我们也不能唯利是图,是吧?

[口是心非,商人本色]

赖总:是的,做生意就是交朋友嘛,钱是挣不完的。不过我们也想和贵公司建立长久的合作关系,什么事都要有个开端嘛,现在就是一个好机会啊。

[随声附和,借题发挥]

姚耸:这次的合作,我们对贵公司的印象也很好,当然也不希望只是短暂的合作,不过现在的确有困难,不太好办。 [表达好感,抓住主动权]

赖总:我理解你的难处,这样吧,姚总,我是爽快人,大家都知道现在是一个赚钱的好机会,谁都不想错过,我也不例外。我大概算了一下,我现在在订一船货,估计能比正常情况每吨多赚300元,你4我6,我给你每吨加120元,下一船300块钱运到汕头,怎么样? [放下架子,切入要害]

姚耸:(犹豫了一下,有点惊讶)唉,赖总你这么说就把我逼得无路可退了,照理你这么爽快,我也应该爽快点,但实在是不好跟其他兄弟单位交代啊,他们现在就有人在办公室等我签合同。 [心动,贪心,借助空间的距离再大胆一些]

赖总:哦,是吧? 还有比我更心急的啊,哈哈。 [将信将疑,故作轻松]

姚耸:是啊,我也跟他们说了还有几天呢,不着急的呀,合作也不是一次两次了。 [抬高自己]

赖总:那这样吧,我喜欢有钱大家一起赚,再加20块钱,我现在就飞过去,晚上我们一起吃饭,谈谈我们以后长期合作的方式,顺便把下次的合同签了,宁波这边的事我也就可以了结了,你看怎么样? [以退为进,让人无法拒绝]

姚耸:(故作为难)啊……这样啊? 当然欢迎你过来,要不见面再谈吧,原则上先这样吧,我也只好让其他单位的兄弟们骂我了。 [顺势下坡]

当天下午,赖总就从宁波赶到上海,见面交换名片一看,原来是名叫姚耸,根本不是什么"总"。晚上双方就签订了宁波到汕头每吨320元运费的合同,这也成为当时市场上最高的单价合同。之后,两公司之间就建立了紧密的长期合作关系。

谈及沟通,人们往往把它等同于掌握读、写、说的技能,这一点可以从我们日常生活及学校教育中体现出来。在学校,从小开始,读、写能力就是学习成绩的考查重点。在家庭中,学会说话成为孩子发展过程中重要的里程碑,也是年轻父母渴望实现的目标。

然而,我们往往忽略另一种重要技能,即倾听。事实上,沟通首先是倾听的艺术,我们每天花费在接收信息,尤其是倾听上的时间,要远超出其他沟通方式,美国学者曾做过统计(见图4-1),倾听占沟通行为的比例为40%,交谈为35%,阅读为16%,书写则为9%。

倾听是我们自幼就掌握的与他人沟通能力的一个组成部分。它确保我们能够与周围的人保持接触,失去倾听能力也就意味着失去与他人共同工作、生活、休闲的可能。一般来讲,我们很少只为消遣而倾听。通过倾听,我们可以获得事实、数据或别人的想法,理解他人的思想、情感和信仰。

图4-1 沟通行为的构成

4.1 ▶ 积极倾听

4.1.1　听的层次

说话比倾听的速度慢,所以事实上听要比说难。通常情况下,我们每分钟说 135 个字左右,但思想的速度却至少要快 4 倍。换句话说,在一定的时间里,对方能说 100 个字,你却能听 400 个字。显然这样一来,你就有许多空余时间来遐想,而这也就是问题的症结所在。通常,当他人讲话的时候,注意力不够集中的人,耳朵在听,思维却神游他方,突然回过神来听两句,然后又游离开,这样反反复复几次,必然会错过了许多内容。

那么,为什么懂得倾听的人比善于言辞的人少呢? 原因多半是当我们研究言谈技巧的时候,总是把重点放在说话上,而不是放在聆听上。从科学角度讲,说话的确比倾听容易些。可能正因为我们每天用于倾听的时间太长,以至于忽略了其重要性,认为"听"不过是一件自然而然、不费吹灰之力的事情。可是事实呢? 静下来想一想,我们有多少次误解了别人的话? 又有多少次没能弄懂对方的意图? 我们从别人谈话中能够获得多少信息? 你也许碰到过这样的情形,面对对方的漫不经心,你并不愿意问出:"你有没有在听我说话?"可是谁也不喜欢自己是在白费唇舌。每个人都希望自己说话的时候,对方能够倾听,并且能够透露出这样的信息:"我在专心地听,我能了解、体会你所说的话。"

从效果来看,听可分为两个基本层次:

不求其解　对方怎么说,自己就怎么听,也不问其内在的隐含意义是什么,始终处于被动地位。这样的倾听者通常只能听到表面意思,不能深刻体会到说话者实际要表达的想法。因此,在日常的人际沟通中,这类听者往往给人一种不懂要领、木讷的感觉。

深入体会　这类听者不仅用耳朵去听,获得正确的理解,而且全身心地投入对方的话语之中,既听懂了对方的"话内音",又明确了对方的"话外音",同时对说话的人会有深一层的认识。要想真正做到这一点,不但要学会站在对方的角度来看问题、了解对方的信息,还需要探究对方的感情成分,理解对方话中的隐含意义。所以我们希望沟通者能够深入体会说话者的每一层表达,提高自己的倾听水平。

4.1.2　听的艺术

积极倾听,是一个通过视觉、听觉来接收、吸收和理解对方思想、信息和情感的过程。正如人们所说,眼睛是心灵的窗户,耳朵是通向心灵的道路,会倾听的人在任何地方都受欢迎。

在认同积极倾听价值的前提下,就应该从自我修炼的角度来寻求提高沟通技巧的途径。积极倾听要求我们不断拓展倾听的范围。倾听是一种艺术,也是一种自我修炼,所以,我们不但要学会从他人处倾听,还要学会从自我和自然界倾听。也就是说,倾听的对象可以是人,可以是自然,也可以是自我。倾听自然界美好的声音,可以使自己与广阔的空间产生共鸣,摆脱琐碎繁杂的现实世界,得到暂时的心灵净化,让自己有一颗与空旷无际的自然融为一体的心,为自己创造一个平和的心态;倾听自我,就是倾听自己的心声,倾听那些积极的思想启迪。

积极地倾听,用心、用眼、用耳

我们总是以为用耳朵听就是倾听,其实,那只是倾听的一部分。经常有学生向我反映,哪些教师的课好听,哪些教师的课不好听,如果不好听,他就不听了,虽然他没有在教室里睡觉,却觉得"没有意思,简直是浪费时间"。固然,教师讲课的艺术性有差别,当教师讲课的艺术性不够时,听者可能就提不起精神。每当聊起这种情况时,我就给学生分析,听课提不起精神是因为只是用耳朵去听课,而没有用心去听。用心去听,就是要在用耳朵去听的同时,用心去思考,去辨析通过耳朵这个器官接收的信息的效用和价值,然后与自己大脑中已有的信息进行交流和融合,再以这样的信息去思考现实世界中的问题。这样听课才会既有意思又有收获。

积极倾听是一种高水平的听

尽管这种技巧的难度很大,但我们需要努力实践它,并努力提升积极倾听技能。

为听做准备

交流是一个双向的过程,听话者和讲话者必须共同承担提高效率的责任:听者需要尽力去思考讲话者要说的内容,而不是自己应当说什么。做准备还意味着听者在听时要坚守正确的态度:保持注意力、增强悟性和理解力,掌握与交流内容相关的知识背景。

培养自己的兴趣

听者和讲话者同样有激发对方兴趣的责任。听者要从讲话者中寻找可能与自己、工作或兴趣相关的信息,要对讲话者表现出兴趣,"毕竟没有人愿意对着空气讲话";要问自己:"如果我是讲话者,会希望听众做出怎样的反应?"

倾听主要观点

不完美的倾听者倾向于只听事实。要学会区分事实和原理、观点和例证、证据和辩解。提炼主要观点的能力取决于你组织信息和传递语言的能力以及讲话者是否清晰表达。主要观点可能出现在讲话的开始、中间或结尾,所以必须一直仔细地听。

集中注意力

注意力有波动性和选择性,在听讲过程中下降,而在结束时又上升。积极的倾听者应当特别注意去抵抗这种趋势,并使自己的注意力保持稳定,不要被讲话者的衣着、外表、用词、风度以及可视、口头与书面的辅助物所分散。

善于记笔记

如果所讲内容十分重要,就需要把讲话的要点和也许会忘记的个别信息进行大致的记录,但记录的过程还是先要注意听,等讲话者讲完一个观点后再记笔记会更好些,因为记笔记也是一种分心。

帮助讲话者

要表现出对讲话者的反应,可以是简短的评述,也可以是与讲话内容相匹配的动作。

这些反应可用来表明你的兴趣,但要平静和简单,不能干扰讲话者的思路。

克制自己

作为一个积极的听者,或许最困难的莫过于不要随意插话。即使在讲话者停顿时,常常也不意味着对方讲完了,所以要耐心等待讲话者的示意后再发表自己的想法。"听是一个克制的过程",克制想要表达的冲动,以免打断说话者。

4.2 ▶ 倾听过程

4.2.1　听的过程

在沟通的活动中,倾听是这样一个过程:先感知信息,然后对信息进行筛选,把选择后的信息按一定顺序组织起来,最后调动大脑储存的知识和经验,通过判断、推理获得正确的解释或理解。这是一个由倾听者主宰的能动过程,是一个对感知到的信息进行加工处理后能动地反映自己思想的过程。

感知

对方发出信息,传到我们的耳膜中,产生刺激,成为我们所获得的信息,但听觉器官往往并非接收信息的唯一生理器官;我们的言语信息来自听觉,但听的效果却是各种因素的综合。假如听到有人叫你"滚开",还看到这话出自一位满脸杀气的壮汉之口,与此同时举着拳头向你扑来,这足以令你逃之夭夭了;反之,若你听到这句出自一位妙龄女子之口,她说这话时还满含微笑,在这样的"滚开"声中,你无论如何也不会走开半步的。

选择

并不是任何信息都会被我们接收,我们总是会对一部分信息表现出特别的关注和兴趣,同时又忽视另外一些信息。例如,在喧哗的场合,突然从背后传来叫你朋友名字的声音,也会引起你的注意,这就是我们接收信息的选择性。

组织

这个活动主要依靠大脑神经中枢进行,包括识别、记忆、分析等一系列过程。我们把杂乱无章的信息分门别类,集中存储起来,同时把那些过于简略的信息加以扩充,过于冗长的信息进行浓缩,为下一步服务。

解释

对于搜集、过滤后的信息,我们会利用以往的经历,调动大脑储存的知识和经验,通过判断、推理,获得正确的解释或理解。

这四个过程,构成一次听的活动的全过程,说起来复杂,但我们可以本能地以惊人的速度完成这些过程，其具体步骤也并非泾渭分明、按部就班，它们之间常常互相重叠。

在一般情况下，我们大多数人会经历数量众多的听的过程，每个人在这些过程中接收信息的质量和效率各有不同。在不同的感知、选择、组织和解释下，接收到信息与发出的信息之间总会存在一定的偏差。有效的沟通需要对听的过程进行改进，接下来，我们要讨论一种改进了的听的过程，对这一过程的控制，可以帮助我们准确地、有效地接收和理解别人发出的信息，把误解的偏差减少到极致。

4.2.2　有效倾听

一般意义上的倾听过程很难迅速获得沟通的成功，有效地倾听克服了一般倾听的问题。有效地倾听是积极主动的而非被动的。在被动倾听时，你如同一台录音机一样接收传给你的信息。只有当说话者提供的信息清楚明了、生动有趣且吸引你的注意力时，你才可能会接收说话者传递的绝大部分信息。而有效地倾听则要求你百分百投入，使你能够站在说话者的角度理解信息。因此，有效地倾听是一项辛苦的劳动，你需要精力集中，需要彻底理解说话者所说的内容。运用有效倾听技术听课的学生，一堂 45 分钟的课下来，会和教师一样疲惫，因为他们在倾听时所投入的精力与教师讲课时投入的精力一样多。有效地倾听有 4 项基本要求。

专注

前面提到，人的大脑容量能接收的说话速度，是一般人说话速度的 4 倍，这使得倾听以外大脑有相当多的空闲时间。积极的倾听者精力非常集中地听说话者所说的内容，并排除了其他成百上千混杂在一起、容易分散注意力的念头，如金钱、性别、职业、聚会、朋友、待修的轿车等等。那么，在大脑的空闲时间里，积极的倾听者干什么呢？概括和综合所听到的信息，不断把每一个细微的新信息纳入先前的框架中。

移情

移情要求把自己置于说话者的位置上，努力去理解说话者想表达的含义而不是自己想理解的意思。移情要求听者在知识水平和灵活性两个方面给予支持，需要遏制自己的想法与感受，从说话者的角度调整自己的所观所感，这样可以进一步保证自己对所听信息的解释符合说话者的本意。

接受

积极地倾听表现为接受，即对客观地听到的内容暂不做判断，先全部接纳，不予任何评价，更不能反驳。这不是件容易的事。说话者所说的话常常会导致我们分心，尤其当我们对其内容存有不同看法时更是如此。当我们听到自己不认同的观点时，会在心里构建自己的说辞并准备反驳他人所言。显然，这样做时我们会漏掉说话者要表述的其他信息。积极倾听者所面临的挑战就是接受他人所言，并把自己的判断推迟到说话的人说完之后。

完整性

积极倾听的最后一项要素是完整性。也就是说,听者要千方百计地从沟通中获得说话者所要表达的全部信息。为了达到这一目标,最常用的两种技术是:在倾听内容的同时倾听情感以及通过提问来确保理解的准确性。

倾听的有效过程为准确理解说话者的本质思想服务。通过有效倾听的 4 个步骤,可以减少倾听者的主观意识对说话者真实意思的影响,获得准确的理解。

其实,对于含蓄的中国人,很多人并不善于表达自己的思想和观点,很多情况下是向对方暗示,让对方"猜"。如果不通过"感情成分"和"隐含成分"来了解真实的信息,就会造成沟通的障碍。

4.2.3　倾听要诀

倾听者的职责就是接收信息,这是沟通过程的关键。倾听是一个极为复杂的过程,在这个过程中难免会受到外界各种因素的干扰,影响倾听的效果。倾听者要具备抓住和理解信息真正含义的技巧和能力。只有这样,领导者的职责才能完成。倾听需要足够的精力和技巧。

保持良好的精神状态

倾听是一项包含肌体、感情、智力的综合性活动,在许多情况下,之所以不能认真倾听对方的讲话,往往是由于肌体和精神准备得不够,在情绪低落或烦躁不安时,倾听效果绝不会太好。在可能的情况下,做适当的记录,可以帮助集中注意力;注意环境的设置,排除干扰与障碍,比如避免使用过于宽大的办公桌,选择适当的位置、距离与角度,也可以帮助倾听者改善和保持良好的倾听状态。

对信息的完整性负责

听清对方所说的全部内容;不要打断对方,完整地倾听,不要自作主张地将自己认为不重要的信息忽略,最好与信息发送者核对一下,看看指令是否合理。

1977 年,两架波音 747 飞机在特拉维夫机场地面相撞,但实际上两名飞行员都接收到了完全正确且规范的调度指示。KLM 的飞行员接到的指令是:"滑行至跑道末端,掉转机头,然后等待起飞准许命令。"可是,飞行员并没把指令中"等待"一词当作必须执行的指令。另一架飞机 Pan Am 的飞行员接到指令"转到第三交叉口暂避",但他将"第三交叉口"理解为"第三畅通交叉口",因而没将第一个已经被 KLM 航班占据并"等待"起飞的交叉口计算在内,就在它滑进主跑道上的时候,KLM 飞机以 186 英里的速度与之相撞。飞机爆炸了,576 人遇难。这起不幸的事故就是由于飞行员对信息指令想当然,根据自己的理解任意改造而造成的。

专注听到的内容

客观地理解信息,需要克服思维定式的影响。许多时候,一个人总会被自己的好恶感左右:喜欢某个人,只要那个人讲话,不管对与错,在他耳里全都是正确的;讨厌某个人,连见一面都觉得难受,更别说坐下来耐心听那个人讲话了。其实,这种倾听方式对双方的沟通会造成很大影响,容易使信息失真。

结合说话者的背景与情感,感悟语言情感的真实含义。从对方角度出发,考虑他的背景和经历,想想他为什么要这么说,他希望我听完之后会有什么样的感受。倾听对方谈话时的情感,同时控制自己的情绪;站在对方的立场,消除成见,用心观察、判断真正的含义。

开放性肢体语言

人的身体姿势会透露出他对谈话的态度。自然且开放的姿态,代表着接受、容纳、尊重与信任。根据达尔文的观察,交叉双臂是日常生活中常见的姿势之一,一般表现出优雅、富有感染力,使人自信十足。但这个姿势在沟通中常常会自然地转变为防卫信号,当倾听意见的人采取这个姿势时,大多是对说话者的表述持保留的态度。

注意运用表情

用各种对方能理解的表情,如微笑、皱眉等表示自己的理解情况,为说话者提供准确的反馈信息以利其及时调整表达。适当的表情,还可以表示自己对话语本身和说话者的兴趣,鼓励说话者的积极性。

积极语言反馈

对对方的意思和情感做必要的反馈,适当的总结与应答,有利于把自己没有听到或没有听清楚的事情彻底掌握,同时也能让讲话者更有重点地陈述和表达。语言反馈可以采用以下这几种方式:

- 反应:"你说的就是……""看来你好像对那件事很担忧。"
- 鼓励:"我明白,请继续讲。"
- 核对:"请让我重复一下你说的,看我是不是理解了。"
- 澄清:"我好像觉得你的意思是……"
- 诱导:"先让我们来看一看这件事是怎么发生的,设法确定问题究竟出在哪里,再找出解决的办法。"

适时适度地提问

在倾听过程中,恰当地提出问题,与对方交流思想、意见,往往有助于相互沟通,同时也可以从对方回答的内容、方式、态度、情绪等其他方面获得更多的信息。

倾听中提问的时机十分重要,交谈中如果遇到某个问题不能理解,应在双方充分表述的基础上再提出问题。及时提问往往有利于问题的明晰。"及时提问"并不意味着反应越快越好,最佳的时机还需要倾听者灵活把握。识别对方言语中真实的感情流露与虚伪的表面情绪,并针对真诚的情感进行提问,会有意想不到的收获。

提问要少而精,太多的问题会打断讲话者的思路和情绪,尤其是当讲话者的讲话内容是即兴发挥时,讲话者可能无法完全、清楚地记得自己刚才所说的话。恰当的提问往往有助于双方的交流。就像两个人演双簧,一举一动都要考虑到对方,动作反应过多,反而会使演出失败。同时,提问的内容要紧紧围绕谈话内容,切勿漫无边际地提一些随意且不相关的问题,这既浪费双方的时间,又会淡化谈话的主题。

4.3 ▶ 倾听影响力

4.3.1 倾听的力量

一个擅长倾听的人能够通过倾听,从别人那里及时获得信息并对其进行思考和评估。有效而准确地倾听信息,将直接影响管理者的决策水平和管理成效。法国作家安德烈·莫洛亚(André Maurois)说:"领导人应善于集思广益,应当懂得运用别人的头脑。"他援引希腊谚语说,"多听少讲有利于统治国家"。对领导者与管理者的要求虽有所区别,但重视倾听这一点应该是一致的。理论与经验都告诉我们,是否善于倾听是衡量一个管理者水平高低的标志。成功的管理者,一般来讲,大多是善于倾听的人。

一位优秀的管理人员需要听到的至少与他所需要说的一样多,许多人不能理解沟通是双向的。管理者必须鼓励人们积极贡献,使他们发挥最大干劲。虽然不可能接受每一项建议,但必须积极地倾听每一项建议,否则,将听不到任何好的想法。假如要发动人们努力工作,就一定要好好听他们讲话。一家蹩脚的公司和一家高明的公司之间的区别就在于此。

倾听是对他人的一种鼓励

人们大多喜欢发表自己的意见,如果你愿意给他们一个机会,他们立即会觉得你和蔼可亲、值得信赖。当别人知道你在以友好的方式听他们讲话时,他们也同样解除一部分或者全部的心理戒备,并通过更有效地听你的讲话来更好地理解你的意思。作为一名管理者,无论是倾听顾客、上司还是下属的想法,都可消减他们的不满和愤懑,获取他们的信任。

倾听支持我们更完整地理解他人

为了解决问题和更有效地做出决定,尽可能多地获取相关信息是十分有必要的。积极倾听有助于得到说话者全部的信息,同时感受到对方的情感,还可据此推断出对方的性格、目的和诚恳程度。倾听常常能促使说话者继续讲下去并促使他们尽其所能地提供全部例证,这样,你就可以在掌握尽可能多信息的基础上,做出更正确的决策。

倾听有助于我们改善关系

积极倾听为说话者提供了说出事实、想法和感受等心里话的机会，而且当你认真听他们讲话时，他们会感到愉快，相互间的友情就会加深。耐心地倾听可以减少对方的防卫意识，增加对方的认同感，甚至产生一种同伴、知音的感觉，促进彼此的沟通和了解。倾听可以培养我们以己度人的心态，锻炼思考力、想象力、客观分析能力。

倾听有助于解决问题

人们仔细倾听对方的讲话是解决异议和问题的最好办法。有了积极倾听的理念，听者就会以积极的心理活动来理解讲话者的内容，然后把这种理解反馈给讲话者，同时也给予听者进一步提高听的效果和理解程度的机会。当然，这并不意味着必须相互同意对方的观点，而是要表明理解了对方的观点。每个人都需要理解他人，但再没有比认真倾听更好的方式来表达这种品质了。

如果你沟通的目的是说服别人，多听他的意见会更加有效。因为，通过倾听，能从中发现他的出发点和弱点，即什么让他坚持己见，这就为说服对方提供了契机。同时，又向别人传递了一种信息，即你的意见已充分考虑了他的需要和见解，这样他会更愿意接受。

倾听可以更好地表达

积极倾听之后的沟通反馈能够帮助讲话者澄清思想，使交流变得更加准确。有些思想，讲话者本身也不清晰，他们很难精确地解释其含义。倾听的反馈可以帮助讲话者发展他们的思想，给予他们机会澄清想说的内容或激发他们做进一步的补充。通过积极的倾听，可以收集到更多的信息，使交流的"交谊舞"跳得更加协调。

4.3.2　倾听领导力

很多人并不能进行有效的倾听。他们只是集中注意力来构思接下来应该说什么，而不是别人已经对他们说了什么。如果用一则 10 分钟的消息，48 小时之后理解和记住的信息量的多少来衡量我们的倾听效果的话，其效果平均不到 25％。

积极倾听要求接收者能站在说话者的立场上，运用对方的思维架构去理解信息。亨利·福特（Henry Ford）曾指出，任何成功的秘诀，就是以他人的观点来衡量问题。领导者一个最重要的沟通技能就是积极倾听，不仅要倾听追随者的心声，还要倾听顾客的心声，这两者都十分重要。许多领导者现在都相信，重要的信息是自下而上的，而不是自上而下的，而且领导才能的一个重要组成部分就是有效地倾听。

成为沟通优胜者

图 4-2 展示了一个作为沟通优胜者的领导模型。在倾听其他人的需要并注意辨识其中包含的信息的过程中，领导们收集了他们所要沟通和传递的信息。积极倾听要求领导者暂时放下自己的个人工作安排、时间计划，集中全部的注意力来倾听。细心地辨识包括识别追随者不管什么原因而导致的不能清楚表达的内容。

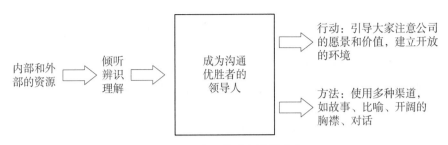

图 4-2 沟通优胜者的影响力

有效倾听的关键在于注意力的集中,一个好的倾听者会把全部注意力集中于谈话者所传递的信息上,他根本不会去想这样的事情:如采购部门中的一个不相关的问题,在他的办公桌上堆了多少的工作要做以及午饭会吃些什么。一个好的倾听者会积极地倾听,找出感兴趣的方面,会进行灵活多变、努力地倾听,一边倾听一边在脑中总结、权衡重点,预测谈话者所说的内容。好的倾听可以表示对别人的肯定,与他人建立信任感,还可以塑造个人的判断力和辨识力。

美林公司的出色经纪人理查德·格林(Richard Green)是如此来解释倾听对成功的重要性的:"如果你在说,我在听,你就会喜欢我;如果我在说,你在听,我就会喜欢你。但是,如果我一直在说,我的工作职责就不能完成了。"格林从不在人们说话的过程中打断他们,也不用自己的工作议程来打搅他们,这使得他与客户建立了长期的友好关系。

提升领导者的影响力

做一个好的倾听者实际上扩大了领导者的职责范围,但同时也提高了领导者的影响力。

美国的一家名为格里芬的医院,当其明确得知需要进行一系列的改变来与其他社区医院进行竞争时,该医院的首席执行官在积极地倾听雇员和患者的想法和建议后,实施了所有必要的改变,如把走廊的铁扶手换成木制的,停止使用荧光灯而代之以更柔和的灯光,以及在所有的病房里增加了家用型的舒适的厨房。另外,每个患者和医生、护士以及其他的护理人员都要参加名为"病例会议"的活动。这项活动鼓励患者们多查看自己的医疗图表,同时向他们开放关于其健康状况的参考资料。医院雇员被授予决策权,他们基于患者利益的最大化,在各自的领域内作为专家提出各种意见。通过倾听患者和雇员们的需求以及随后对这些需求做出响应,格里芬医院成功地转变了领导者和雇员之间、雇员和患者之间的关系。这种转变就是"领导者倾听",事实上,积极的倾听极大地提升了领导的影响力,这是沟通的真正意义所在。

激励倾诉,构筑信任

有人倾听心声和获得个人的满足感之间是有联系的。当人们觉得有人在听他们讲时,会感觉受到了重视,他们就会感觉好一些。癌症专家罗伯特·巴克曼(Robert Buckman)博士认为透露坏消息必须从学会倾听开始,仅仅通过使人们说出自己的感觉而建立起的信任是不可靠的。几乎没什么事情比被人忽视更让人感到气愤的了。在商业领域中,顾客们经常因为下列情况而被激怒:提出的要求被忽略了,被告知不能通融或者一些迹象表明没有人倾听他们的需求。此外,当领导者不注意倾听时,会对公司的雇员传递出一种"你是无关紧要的"信号,这会削弱他们的信心和动力。

倾听对于领导者交流、更好地完成工作、激励他人更好地完成工作来说都是一个必备的能力。著名的管理学家汤姆·皮特斯(Tom Peters)指出,管理人员可以通过遵守如下规则来成为好的倾听者:全心全意地倾听;不打断别人;在参加雇员们非正式的工作讨论中打破沟通的壁垒;强迫自己深入基层了解雇员们的想法;组织倾听的论坛;做谈话笔记;允诺相应的反馈和传递机制。

拓展游戏：狗仔队

★ 形式：集体参与，2 人一组。
★ 时间：15 分钟。
★ 材料：无。
★ 场地：室内。

程序

(1) 将所有人进行分组，每组 2 人。
(2) 培训师提问：在小组里谁愿意作为 A？
(3) 剩下的人为 B。
(4) 培训师说："选 A 的人代表八卦杂志的记者，俗称'狗仔队'，B 代表被采访的明星，A 可以问 B 任何问题，B 必须说真话，可以不回答，时间 3 分钟，不可以记笔记。"
(5) 3 分钟后角色互换。

目的

(1) 提高学员的沟通技巧。
(2) 促进学员之间的相互交流。
(3) 训练学员的反应能力。

规则

– A、B 双方只能运用口头语言交流，不可以用笔记下对方提出的问题。

小提示

此游戏还可以进行改编，即将原先的分组重新组合，每 6 个人一组，原来的搭档必须仍在同一组，可由 A 扮演 B 的角色，以 B 的身份说出刚刚所掌握的 B 的情况，并告诉其他队员，做完之后互换角色，使小组成员能够迅速地认同同伴并建立良好的关系。

组织讨论

(1) 作为提问者 A，你是怎样"套"出 B 的真话的？运用了哪些交流技巧呢？
(2) 当被访者 B 不配合你的提问，或者只字不语时，你是如何处理的？
(3) 作为被访者 B，你是怎样避开提问者的犀利问题的？
(4) 作为被访者 B，你有办法将提问者 A 的话题引到你希望的方向上来吗？

5 言说的影响力构建

录音带里的秘密

F公司是一家全球知名的快递公司。近年来在中国的业务发展迅速，我在上海分公司的客户服务部工作，担任一个相对独立的团队主管，因此我的直属上司并非上海分公司客服部经理，而是在驻扎在北京的一个进入公司一年多的女经理（A），她统管全国客服部的所有人员。而上海客服部经理是一位男士（B），虽然进公司多年却和A平级，他心里多少有点不太痛快。表面上他和我的老板相处愉快，暗地里却非常排斥她，总想找机会给她难堪。

在某一次我的经理到上海来的时候，B非常得意地将一盘事先录好的磁带放到A面前。这盘磁带录音的内容是我和B手下的一位女同事在上班时打内线电话讨论相约外出旅游的安排。而令人惊讶的是，这段对话居然是一个月以前录制的，在我的经理A听到这盘带子时，我们早就已经旅游回来了。B认为在上班时间不能打私人电话，即便是同事之间也不可以。如果要打私人电话，必须到休息室或者用自己的手机打，否则会浪费公司资源，影响他人工作，也会造成不良影响。然后他又把公司亚太总裁前一段时间发的一封电子邮件亮出来，内容也是关于公司上班时间不能打私人电话的。他对A说，公司反复强调上班不能打私人电话，可由于B不在我身边，所以我才会放任自己，滥用公司资源。他还建议A给我一些处罚，比如警告信之类的以示公允。

我的经理是一个做事非常认真的人，而且有证据交到她手上，又是在总裁发过提醒信的敏感时期，平时她不在我身边，发生这样的事由B来干涉也很正常。于是她在上海时，就狠狠地把我批评了一顿。由于日程紧张，她决定在回北京以后再明确究竟如何处罚我。

刚开始我的情绪非常激动，因为我实在没有想到像我这样一个平时工作兢兢业业的员工，工作上对B有那么多支持，他从未感谢过我，还反过来挤兑我。因为我那时工作非常繁忙，上班时几乎没有时间像那些反面例子中的员工那样"煲电话粥"。而且在那次的通话中，我还曾经对那位女同事说过我非常忙，旅游的事待会空下来我再看，可B却把这段表明我敬业态度的话给删掉了。由此可见，B是把电话调在录音档，进行实时监控，一旦发现我有"越轨"行为就断章取义地截取下来。但由于他实在抓不到我更严重的把柄，因此把我和同事的内线电话录下来也算有个交代。

因为被老板骂了一顿，而且还在等待她最终的处罚结果。非常不服气的我给远在北京的经理打了个电话。电话里我首先承认了自己的错误，然后又表明别人有比我更严重的情况，但B却并未将他们的电话录音。这个电话的结果当然是失败的，因为A手上有这样一盘磁带，她必须根据事实来做出处理。

我心里非常明白，如果再这么等下去，结果一定对我不利。在那时我甚至想到了辞职。这时有一个声音对我说：为什么不寻求一下他人的帮助呢？于是我首先想到了另一个部门和我关系非常好的经理C，他是从北京派到上海来工作的，所以对A比较有深入的感性认识，也比我更了解她除了工作以外的相关情况。我把他约到星巴克，将事情经过原原本本地向他叙述了一遍。C听了以后，第一反应是：B怎么可以这样对待你呢？然后他给了我几个建议，这些建议后来成功地扭转了对我相当不利的局势：

（1）找一个B没有权限录音的电话打给我的老板A，这样可以避免B再次录音，扫除A经理在电话沟通时的顾虑，使我们彼此可以畅所欲言。

（2）在这样关键的时刻必须向A明示这件事情的实质，揭露B真正的目的是想把权力扩大，而不是像他自己所说的关心和爱护员工。

（3）观察一下B所管辖的团队里那个女同事的情况，看看她是否也受到处罚，以此来看他是陷害我一个人，还是真的公平处理。还需要弄清楚他为何删去我另一段关键对话的录音。

（4）质疑他隔了一个月才提及此事的动机。既然B认为这是一件很严重的事情，为何不在第一时间对我加以劝阻、处罚呢？当时B就可以通过电话或邮件的方式来通知A处理了。如果我在接下来的一个月内一直犯同样的错误，那么他是否要承担不及时提出批评的责任呢？

理清思路了以后，在我的老板A还未做出最终处罚决定的时候，我又给她打了个电话。第一句话我就说："现在我用的是销售部一个空位的电话，B没有办法对这个电话进行监听和录音，因为我有一些心里话想说出来。"果然，A的态度比原先那次好了很多，完全就像换了个人似的。应该说前一次她可能还感觉自己的电话有可能被录音。接着我把自己的想法和经理沟通了一下，并且向她透露了我猜测的B的真实动机。而且我不希望因为这件事破坏我们之间建立起来的良好关系，也不想因为这件事的处理不当而对公司的管理失去信心，甚至做出过激举动，比如辞职什么的。然后我告诉经理，据我的观察，通话中的另一位他管理的女同事并未受到任何处罚，甚至当我向那位女同事问及此事的时候，她表示B根本没有和她说过私人电话的事，还让我不要瞎担心。同时我又提到B删掉我关键对话的事实，并且在事发后他根本从未就这件事对我提出批评或教育，而是把录好的磁带压了一个月才交给A处理。我希望A能够通过上面的情况对整个事情重新做出判断。

经理A在听完我的肺腑之言后，决定找人帮忙重新仔细听一下这盘记载着我的"罪证"的录音带，因为我和那位女同事的对话用的是上海话，A根本听不懂，她只是完全听B对他的简单翻译，所以忽视了很多细节。最后A表示会对这件事重新考虑一下,两天内给我一个答复。

漫长的两天过去了,结果十分令人愉快:A首先还是提醒我尽量避免在上班时间打私人电话,严格按照公司规定行事,同时指出这次的事情不再追究,她已经把那盘磁带销毁了。

通过这件事,我真正感受到:不同的沟通方式,可以改变一件事情的结果,甚至从某种角度来说,能改变一个人的一生。假如当时我因受到过重的处罚而辞职,那么今天的我又是怎么样的呢?

5.1 ▶ 演讲沟通

演讲本质上是一种单向过程,个体出于组织的利益向较大群体做演讲。然而,随着组织之间通过对话保持互动的需求日益增加,管理者必须与计划和规划机构对话,以使提案获得通过,还要准备环境影响报告,因为组织必须满足利益相关者的要求。因此,在经常出现的正式或非正式场合中,演讲变得频繁,并且发挥着极大的影响力。我们应该努力学会如何通过演讲获得沟通的成功。表5-1给出了发挥演讲的影响力所需要做出努力的框架。

表5-1 有效演讲所遵循的基本框架

观点
请记住不管受众规模多大,是众多个体而非一个群体在接收交流的信息
准备
准备要点而不应是完整的演讲稿,千万别对着受众照本宣读
多加练习,这样就会对内容熟悉
练习演讲姿势,并乐于接受反馈
对不熟悉的内容使用延伸的定义,描述你的观点时多采用举例和类比的方法
利用视觉辅助工具来强调演讲的内容:幻灯片、投影仪、讲义
检验视觉效果以确保演讲者、视觉辅助工具和受众间的协调
过程
放慢语速,提高音量,以确保在既有的场地设施和麦克风等条件下听众都能听到
发音清晰,否则受众可能无法听清楚
注意
发音清晰,必须放慢语速,因为紧张容易让人语速加快
与受众保持眼光接触
使用有意义的手势,自然而不造作,有助于强调你的观点,而不是分散受众的注意力
习惯紧张情绪,尽管你可能高度紧张,但这种感觉是可以控制的,受众未必会察觉

演讲的目的就是演讲者组织这场活动想要达到的总体目标,也就是演讲者站在台上

滔滔不绝讲话的原因。作为一名管理人员,对演讲所要达到的目标了解越清楚,获得成功的可能性就越大。因此,他必须事先积极认真地考虑这一问题,尽可能准确地确立演讲的目标和宗旨。

交流信息　演讲主要用于演讲者与受众之间的信息交流。随着社会的发展,无论事情大小,人们都应该持有互相合作的态度。因而,他们必须相互了解。演讲者通过语言这种手段,让受众对自己的观点和想法有所了解,只有在这种基础上,双方的合作才有可能成功。

传授知识　演讲主要用来传递信息,把演讲者丰富的知识和经验传授给受众,学术性论坛或报告会通常是以此为目的。

施加影响　演讲者通过发言,对受众施加影响,这种影响可以是需要受众同意并采取行动以支持演讲者的观点,也可以是通过演讲为受众创造一种轻松愉快的气氛。

在现实生活中,演讲作为一种社会实践活动,是经理管理角色的一个重要组成部分。在当今的商业环境中,经理们已经认识到演讲的重要性,如为一个重要项目对潜在的顾客进行说服,在商业宴会上或工作成绩总结会上发表讲话。演讲日益成为与多数人进行交际沟通的有效形式。作为具有影响力的管理者,我们必须熟悉并很好地应用这个沟通技能。

5.1.1　演讲分析

演讲的三个基本要素是:演讲者、受众和当时的环境。通常许多人认为演讲是演讲者"告知"受众的单向过程,其实不然,演讲是演讲者与受众双方积极交流、互动的过程。经验丰富的演讲者往往能够根据受众的反馈,比如眼神、身体姿态等信号判断出受众交流的效果。

演讲不但是一种以讲为主的宣示活动,同时又是一种以演为辅的活动。演讲是有声语言与态势语言的统一,再加上演讲者的形象,共同作为传播信息的手段。只有演与讲两个要素和谐、有机地统一起来,才能构成完整的演讲,这是演讲的本质属性,也是它区别于其他口语表达形式的关键所在。因此,演讲是演讲者在特定的时间和环境中,借助有声语言和态势语言的手段,面对受众发表意见,抒发情感,从而达到感召受众的一种现实、带有艺术性和技巧性的社会实践活动,通过这种实践活动将演讲者的目的传递给受众。

演讲者的演讲,多数是对公众进行的信息交流。这样的演讲受到诸如受众是坐着还是站着,受众是否喜欢演讲者本人,受众的性格、文化素养如何等因素的制约和影响。距离的使用也是演讲者在准备过程中需要认真考虑的问题。所以,无论演讲者即兴构思的才能如何出色,在发言前如果不做认真仔细的准备工作,就不可能获得成功的发言。有句古谚说得好:"准备的失败就是失败的准备。"无论管理者做何种发言,都必须注意到这些问题,包括演讲的主题、演讲选材与结构设计、演讲受众和演讲环境。

演讲的主题

确定演讲的主题是演讲准备的首要任务,这不仅是演讲者所关心的,也是受众瞩目的。

主题决定演讲的价值　　题目体现了演讲中要讲的问题，而选择什么样的题目又在一定程度上决定了演讲的价值，可以说题目的选定对演讲效果起着画龙点睛的作用。

主题决定演讲的风格　　演讲的题目不仅与演讲的形式有关，还与演讲的内容、风格和格调有关。一个新颖时尚的标题一定伴随着活泼、幽默、节奏明快的演讲过程，而严肃工整的演讲题目则可能预示着一场较为官方正式的宣讲氛围。

主题激发受众欲望　　一个新颖而富有吸引力的题目能够激发受众参与的欲望。选取能带给受众新信息、新知识、新思想和新观点的题目，不仅能在演讲前就激发受众的兴趣，而且会在演讲后给受众留下深刻的印象，甚至成为一个警句而广为流传。古人说："语不惊人死不休。"演讲的题目也应像磁石一样，一下子吸引住受众。演讲题目必须指向受众的兴趣，满足受众的需要。

主题的建设性　　演讲的主题应有针对性，对存在的问题有的放矢。演讲并不是为了炫耀自己的知识或缅怀往事，也不是演讲者自己需要的演讲。演讲者在选题时，应注意到题目是否富有建设性。在实事求是的基础上，标题要选择那些能给人以希望、积极向上、令人振奋鼓舞的文字。

演讲的设计

通常来说，演讲可以根据演讲者的需要进行不同风格的设计。

根据演讲的目的设计

传授性演讲　　也称讲解性演讲，主要用来传递信息，而不是为某个特定观点辩护。演讲的主题应该是没有争议的，以避免与受众发生争议，如向委员会做的一些报告，发言者的责任不是做出什么决定，而是向委员会提供信息材料，以便委员会做出决定。

说服性演讲　　这种演讲是为说服持有反对意见或者态度冷漠的受众赞同或支持某种观点主张。因此，在这种演讲中，要运用感情感染力和逻辑感染力以使受众同意演讲者的观点。

激励性演讲　　主要是激励受众，进一步强化他们对某一事物的认同感，更加积极地实施相关措施，如公司管理人员在动员大会上的发言可归于这一类演讲。

娱乐性演讲　　主要在于创造一种轻松愉快的氛围，演讲者通过幽默诙谐的话语使受众获得欢乐和教益。

根据演讲的形式设计

脱稿式演讲　　即有稿不用稿，先熟记在心，演讲时背稿就行。这种演讲方式容易使演讲者的精力集中到要讲的词语上，而不是主要的论点上，因此容易出现失误，而且也不利于与受众的交流沟通，如果演讲者突然忘了某一句话，就会大大影响演讲效果。因此这种方式只适合于演讲的准备时间长、演讲稿短、演讲者的记忆力好、追求演讲现场效果的演讲，如应聘时的自我介绍、到新单位的就职讲话等。

照本宣科式演讲　　就是在演讲的时候，演讲者照着讲稿逐字逐句念讲，不做任何解释和说明，不做任何修改和补充。这种照本宣科地念讲稿，提出的观点是经过推敲的，很少会出现说漏嘴的风险，而且演讲稿可以直接传阅和发表。由于在这种方式中，演讲者只顾念稿，与受众的交流沟通极少，可能导致会场气氛冷淡。这种方式适合于政策性强、法定性强或内容重要、场合严肃的演讲。

按提纲或腹稿演讲　演讲者虽然没有完整的文字形式的演讲稿，但是有一份有关内容要点和结构安排的提纲或在心里已有构思的演讲稿。这种演讲方式适用于演讲者临时决定做演讲，但受时间限制没有准备整个讲稿的情况。这要求演讲者要有良好的演讲心理素质，有相当丰富的演讲经验。

即兴演讲　就是在没有腹稿和提纲的情况下，现想现讲。通常，这种方式需要相当丰富的经验和娴熟的技巧，才能使演讲激动人心，精彩而成功。

演讲的受众分析

作为演讲者，应该熟知受众的态度、兴趣以及他们对你的感性认识，只有这样才能投其所好，使演讲主题吸引受众。

受众背景

根据受众的学识、职位、工作性质等，受众往往可以分为以下几种：

同事受众　就是处在同一公司的职员。这一类受众有可能是最难应对的群体。在公司各部门之间往往存在着竞争机制，受众可能对演讲中提出的任何意见都表示异议。对此，演讲者要有充分的心理准备。

上级受众　面对上级难免会产生紧张情绪，但演讲者应认识到自己的演讲中有他们想要了解的知识，因此应在有限时间里尽量保持松弛的情绪。为确保高质量的演讲，演讲者必须对题目反复斟酌，使内容在演讲中展现无遗。

混合受众　混合受众是指演讲者全然不了解的受众。因此演讲者在拟定题目时应尽量创造一种共同目标意识，让受众明白尽管他们有不同的经历，但是你的议题他们并不完全陌生。

国际受众　有效的演讲者必须学会根据受众的期望拟写演讲稿。面对国际受众，演讲者应当考虑各国文化的差异。例如，日本受众会对演讲者含糊其词的演讲自始至终地加以分析研究，探求内在含义，据此评价演讲是否真实可信。法国受众则要求演讲有根有据，阐述的观点需要用数字和事实加以证明。

受众数量

一般来说，受众越多，越容易受到群体影响的支配。所以，在受众较多的场合，更需要变更说话的语调，增加内容的情感成分。对出席的人数做尽可能准确的估计，有利于决定演讲需用什么样的辅助手段和风格。否则，一旦到发言那天才觉人数出乎意料，无论是太多还是太少，都将对演讲者的精神状况产生不利影响。

受众年龄

由于受众年龄结构不同，思维方式、价值观念会有很大的不同。例如，当今时代的青年大多具有冲动、理性、自我的特点，中老年人则较含蓄、稳健。因此，演讲者要注意受众的年龄结构，适当调整演讲设计。

受众层次

受众的知识水平十分重要，演讲内容如果定位不当，无论是太高或太低，演讲都可能面临失败。提前了解受众的学识水平分布情况,将演讲内容以适当的语言进行编辑,是演讲者获得成功的基本前提。

受众观点

如果演讲者能了解受众可能对主题持什么样的观点,以及他们是否有什么偏见或成见,这将是十分有益的。在演讲开始时,受众对演讲者的态度通常是中立的;如果他们有特别的敌意或特别的好感,那么演讲者最好在事先保持足够的关注,并且在演讲的开始部分设计回避、疏减或明晰、激励的环节,以润滑后续的演讲进程。

有关受众的信息不难获取。可以通过与主持人接触、与认识者交流或事先请教其他演讲者来获得,受众的信息应包括很多内容,了解得越多,对演讲越有利。

演讲的环境分析

对演讲的环境也应给予足够的重视,它对于演讲成功与否有很大影响。试想,炎热的夏季,在一个回声很强、紧邻大街且没有空调的大厅里演讲,将是什么景象?这样的特殊环境只能使演讲糟糕透顶,让受众和演讲者都厌烦不已。

硬件因素

硬件因素局限于场地特点,是相对难以调整的因素,包括房间的大小和形状、窗户的位置和数目、四周墙壁的布局、电源插座的位置和数目等。这些因素通常难以改变,但演讲者应事先了解这几方面设施的情况,在提供的演讲条件很不合适时,可要求更换演讲地点,以利于演讲的顺利进行。

软件因素

软件因素是可以根据具体需要进行会场布置和调整的因素,包括桌椅、视听设备、网络条件,甚至受众。桌椅让人感到舒适,放映的讲义清楚,演讲者的声音清晰悦耳,都会使受众听讲时更专注、信息接收质量更高效,从而顺利推进演讲者的宣讲目标。这些演讲场地的配置条件能够确保演讲者与受众保持持续交流和互动。

环境格局

演讲者要与受众进行目光交流,这会在一定程度上促进演讲者与受众之间的密切联系。演讲者与受众互相使用眼神,能增进相互交流与影响。如果受众在听讲的过程中伴随着点头、微笑等,说明演讲达到了良好的效果。

演讲时,演讲者需要与受众保持一定的间隔。一般说来,小型集会的演讲者与受众的距离以4~8米为宜。在演讲过程中可以运用手势、动作、表情、变换位置或在过道上走动等非语言交流方式,也可以采用幻灯片、字幕等视听辅助工具以拉近与听众的距离,加强沟通的效果,使演讲更加成功。而大型会议上的演讲者,如对全体公司职员发表动员讲话的总经理,需要与听众拉开一定距离,一般在8米以上。这也是确保演讲者权威的一种表现。

演讲的环境布局可能促进,也可能制约受众与演讲者的目光交流,图5-1是一些能促进交流的座位安排形式。采取何种形式,演讲者应根据演讲的内容、性质不同做出相应决定。

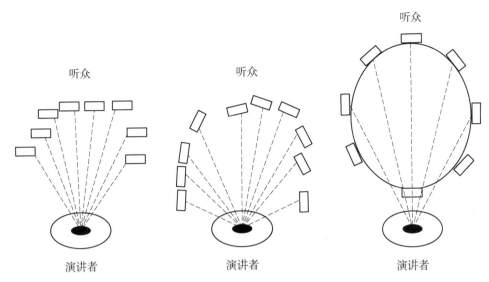

图5-1　座位安排:左为折线形,中为马蹄形,右为环形

　　总之,对这些与演讲有关的环境因素,演讲者也应重视并做好选择与准备,为成功的演讲奠定坚实的基础。

5.1.2　语言设计

演讲的选材设计

　　演讲中运用的材料、先后次序、详略安排、色彩变化都要灵活而得体。例如,受众的注意力是有限的,超过了一定的限度,受众就会走神。这时,适当地运用趣味材料、幽默、悬念、受众熟悉的人和事等等,往往能调节演讲的层次结构,使受众的注意力集中。如遇到材料中的言词或术语超出了受众的理解范围,就必须花一些篇幅,做适当的解释说明;演讲材料中的统计数据,也必须准确无误、清晰易懂。

　　在准备演讲选材时,还应注意材料的多样化,综合运用各方面的材料。一篇演讲,若只有统计数据,必然枯燥无味。对材料有所选择,加以分析,使用最精彩的例证,同时,发挥自己的聪明才智,对材料进行分析加工,为我所用。

　　选择宣讲素材可以参考如下原则:

　　材料要服务于主题　演讲者要把最典型、最生动、最真实、最有说服力的材料奉献给受众而不应将自己所掌握的材料随意拼凑、滥竽充数。只有当材料和主题有机统一、水乳交融、浑然一体时,才有吸引力和说服力。

　　针对性强的材料　针对不同场合、不同受众的具体特点和喜好使用不同的材料;针对受众的心理需求,使用与受众切身利益相关的材料。

　　演讲者力所能及的材料　要掂量一下,哪些材料自己"拿得起来",哪些材料自己"拿不起来"。只有当你选择的材料在能力范围之内,你才可能在演讲时滔滔不绝、条理分明。

适合展示的材料形式 考虑材料的使用方式时，还有一个能增强材料影响力和演讲效果的重要方面，这就是视听辅助设备，比如投影设施、网络音响、录播设备等，这些设备的技术条件差异很大，会支持或制约材料的展示空间。选择适合演讲环境设施设备条件的材料形式，最大可能地发挥演讲材料的支持效果。

演讲内容结构设计

合理的结构安排是演讲成功的基础。只有精心打造演讲的结构，在演讲之前对于如何开场、如何收尾、何处为主、何处为次、怎样铺垫、怎样承接了然于胸，在演讲时才能思路清晰、顺理成章、中心突出、铺排严谨、首尾照应、浑然一体。这不仅有利于演讲者在有限的时间内讲更多的内容，也有利于演讲者克服怯场情绪。古希腊著名演说家科拉克斯提出一个好的演讲结构应包含开场白、正文和结尾。

开场白要巧妙

开场白的设计关注两个目标：其一，迅速与受众建立良好的关系；其二，迅速使听众抓住演讲的主题。只要符合这两项要求，甚至只完成其中的一项，就是一个成功的开场白。至于每一个开场白怎样组织，怎样构思，那就要根据演讲主题、演讲对象、演讲情境灵活掌握、随机安排，真可谓"法无定法"，没有一定之规，没有现成的公式，没有既定的格局。我们平日多留心一些成功的演讲，从中可以有所借鉴。

开场白的设计应注意两个问题：

适宜的自我介绍 有组织的正式演讲往往由主持人介绍演讲者，演讲者应该在演讲开始之前同主持人交流一下，并就如何介绍和介绍内容达成一致意见。如果没有主持人，演讲者需要决定是否有必要介绍一下自己。如果全部或大部分受众熟知演讲者，那就没有什么理由花费时间加上一段自我介绍。

切忌过分客气和脱离主题 在演讲的开头，切忌讲一些毫无必要的客套话，貌似谦虚，实则虚伪。诸如"同志们，我没什么准备，实在说不出什么，既然让我讲，只好随便谈谈"之类的话。开场白还要注意紧扣主题，符合受众心理和情境，切不可为追求新奇而故弄玄虚。开场白应具有这样的意思："听我说，我有一些有趣和重要的事情告诉你们！"而不是："耽误大家的时间，受人所托给大家做个报告。"

正文内容要层次清楚，重点突出

正文是演讲的核心部分，演讲质量的好坏、论题是否令人信服，都取决于正文的阐述。正文在结构安排上离不开提出问题、分析问题和解决问题，但它又不是一成不变的刻板的公式。我们要根据主题的需要，恰如其分地安排好正文的结构，同时还要注意到，演讲的结构不同于文章的结构，不能肆意铺排，不可太复杂。文章可以反复看，结构复杂一些，读者反复揣摩也会弄通；演讲是一遍过，结构过于复杂，受众会抓不住纲目，始终不得要领。演讲的正文部分要紧扣开场白，突出演讲的重点，同时要注意层次的划分以及段落之间、前后内容的过渡与照应。

结尾要精彩

俗话说："编筐编篓，难在收口。"一个精彩的结尾，或是加深认识，揭示题旨；或是鼓舞斗志,促使行动;或是抒发感情,感染情绪;或是富有哲理,发人深思。总之,收拢全篇,首尾呼应,它是演讲的终点,但又是引发受众思考的新起点,所谓言有尽而意无穷。

结尾经常出现的问题有:

草草收兵　有的演讲,在结束时不考虑如何给受众留下完整的总体印象,不作强调,不作必要的概括,就突然作结,显得突兀,这就叫草草收兵。

画蛇添足　有的演讲,本来该说的话已经说完,却还要唠叨个没完,比如"关于这个问题我再来补充几句"或者"我前面讲的这一点非常重要,我在这里再耽误大家几分钟,再啰嗦几句"等等,这就是画蛇添足。

套话废话　有的演讲,结尾总爱说"我的话讲完了,讲得不好,耽误大家很多时间,请大家原谅,望大家批评"等等,看来谦虚,实则套话,令人生厌。

演讲的"补白"设计

所谓"补白",即在演讲紧锣密鼓地进行中,把语气暂缓下来,对某些特定内容做必要的阐释或补充说明。在很多情况下可以运用补白使某些内容更加生动和具体。在演讲中,要根据具体的情况灵活运用。下面介绍几种常见的补白应用:

特殊的时间,需要用补白做特定的说明

当时间点包含很强的背景因素,补白能对表达主题起到举足轻重的作用。如一篇名为"做一个向命运挑战的女强人"的演讲,这是一个叫曾祥玉的农村妇代会主任讲述了她在丈夫骨癌晚期的情况下,如何不向命运低头,克服种种困难,出色完成妇女工作的经历。其中讲到:"3月初丈夫必须到医院做刮骨手术,当时我已有七个多月的身孕了,而开春后村里的工作十分繁忙,我又是包组干部,要到各家各户落实农商合同,要筹备庆祝'三八妇女节'活动,还要配合上级'扫六害'的工作,整天忙得我晕头转向。"

在这段演讲中,对"3月初"这个时间,用"当时"引出一段补白,补说了自己的身体情况及面临的一系列繁难的工作。由此,听众知道了"3月"的特殊性:这是一个多事的"3月",更是一个艰难的"3月",面对这样一个严峻的时刻,曾祥玉昂首挺胸,直面以对,"拖着怀孕的身子"忙了公事,忙私事,终于战胜了"3月"的挑战,渡过了难关。这样,一个勇于"向命运挑战的女强人"的形象耸立在听众面前,这就是补白的力量。

特别的处所,需要用补白做特别的说明

有一篇"矿山魂"的演讲,讲"在徐州的百里煤田,有大量的薄煤层,许多矿工在不足0.8米的薄煤层摸爬滚打"。"0.8米的薄煤层",这就是矿工们日日夜夜、年年月月工作的场所。"0.8米的薄煤层"是一个什么样的场所? 请听演讲者这段带有浓重感情色彩的补白:"0.8米,同志们可以想象这个实在称不起'高度'的高度,它还不及这话筒架高度的1/2,上是岩石,下是岩石,就在这岩石的夹缝中我们的矿工在那里采着煤炭。"不补白不知道,一补吓一跳,"在徐州的百里煤田",矿工们就是在这常人难以想象的、艰难的环境中,"一镐一镐地开采着煤炭"。那里"没有花香鸟语",更难享受阳光普照,大自然甚至剥夺了他们坐直休息一下的权利,他们的膝盖上,胳膊肘上都磨出厚厚的老茧! 听了这样一段演讲,谁能不对我们的矿工肃然起敬! 他们的确是可敬的人,是值得颂扬的人。是矿山之魂!

特殊的数字,需要用补白做特别的说明

演讲中经常用数字说话,数字是工作成果的重要标志。在运用数字的时候,有时需要数字的量,即为了说明问题,列举一系列数字;有时需要数字的质,即虽然用的仅仅是一两个数字,但每一个数字都有很强的说服力。在使用这些数字的时候,往往需要把绝对数字后的背景或对比数字交代出来,从而反衬出绝对数字所包含的意义。这时,就离不开补白。如"我们身边的'焦裕禄'",讲四川大有乡党委书记蒋淑贤,1985 年动员全乡大力发展烤烟生产,"仅此一项就为全乡人均增收 179 元"。单看这 179 元,没有值得大惊小怪的地方,也不足以显示他的"丰功伟绩"。但是听了演讲者的这段补白后,你就会觉得,增收的这 179 元的分量:"1984 年,蒋淑贤到大有乡当书记的时候,这里是全县最穷的一个乡,当时全乡全年人均收入才 60 元;本地的姑娘都想往外嫁,没娶上媳妇的光棍就有上百人。"仅仅一年,仅此一项,就在年人均收入才 60 元的基础上猛增了 179 元,增长了 3 倍,对长期处于贫困的大有乡乡民来说,这是一个多了不起的数字,这不是天翻地覆的巨大变化吗?

演讲中要小心运用补白。运用补白要有明确的针对性,针对具体对象来补充说明,而不是无的放矢,泛泛而谈。因此,补白总是紧随具体对象之后出现的。补白时,要有明显的标志,给受众明确提示。补白处一般要用引导性的词句,向受众发出需要补充说明的预告。尤其要注意,补白不是主线,它仅仅起到补充说明的作用,只能点到为止,不能拖沓。

演讲的时间结构设计

把握演讲的时间分配是一个极其重要的环节,演讲者要依据总的时间限制,有效分配时间,合理规划演讲的内容。如果有可能,演讲者可能在彩排(预演)时,根据给定的时间,调整演讲结构,增加或减少演讲内容。一般情况下,可以遵循这样一条原则,即开头和结尾部分只占整个演讲时间的 20%,其余 80% 的时间用于主体部分的发言,如图 5-2 所示。

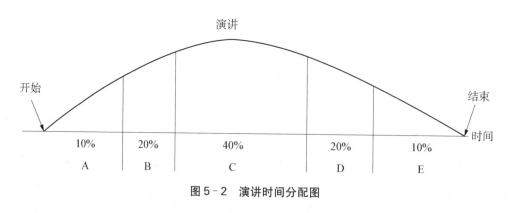

图 5-2　演讲时间分配图

开场白

开场白一般用于说明演讲的目标或原因,约占 10% 的时间。开场白要短小精悍,抓

住受众的注意力。这是一个关键性阶段,你必须设法与受众建立融洽的关系。受众可以选择听或不听,但是你必须激发他们想听的欲望。

引入主题或议题

这个阶段约占 20% 的时间。在此阶段,应该明确解释演讲的主题或议题,并说明演讲的提纲,让听众了解演讲的主要内容和基本结构。

阐述主题或议题

主题宣讲一般约占 40% 的时间,应当详尽地阐述演讲的主体内容,主体内容应该具有逻辑性和合理性,与演讲主题之间的关系要明确。

归纳和总结

在此阶段应当把松散的主题整合起来,而不要再引出其他主题,否则会使受众感到困惑不解,这部分内容约占 20% 的时间。

总结或结尾

最后的部分约占 10% 的时间。在此阶段,要概括总结意欲传递给受众的信息。必须明确演讲的目标,即进行演讲的原因,以确保受众能够接收到你传递的信息。应当总结重点,集中主题并强调阐述的主体内容,据此引出理想的结论。结尾时声音要洪亮,要对聆听发言的听众表示感谢。

此外要注意,尽管大部分时间分配在主体部分,但演讲的开头和结尾部分与中间的主体部分同等重要。鲍勃·蒙克豪斯(Bob Monkhouse)在他的《三言两语》(*Just say a few words*)一书中说过:"开场白应是一把钩子。"意思是说发言一开始就要抓住受众的注意力,引人入胜的开场白是成功发言的开端。诚然,开场白随后的主体、内容安排也要紧扣主题。开场白应该说明你想要传递的信息,结束语应当进行总结,使受众清楚地了解你想要达到的目标。

演讲的节奏、语音、语调设计

有效控制声音可以生动、合理、全面地传递信息。

发声技巧

古希腊的亚里士多德在《修辞学》一书中指出:"什么时候说得响亮,什么时候说得柔和,或者介于两者之间;什么时候说得高,什么时候说得低……都是关系到演讲成败的关键问题。"演讲时,明朗浑厚的中低音比较受人欢迎;演讲的语速以每分钟 150 字左右为宜。同时演讲者还应注意加强声音的共鸣,这样能使声音更加洪亮圆润,传送得更远,并且蕴含感情。

停顿技巧

停顿分为语法停顿、逻辑停顿和心理停顿。前两种是根据语法和逻辑结构来处理语言的手段,其目的是确保语意清楚明确、重点突出。而心理停顿则是演讲停顿技巧中最活跃的一种。心理停顿是有意识安排的,停顿时间比语法停顿、逻辑停顿长,受众可以明显感受到它的效应。具体地说,合理的停顿设计有以下作用:

- 为演讲者和受众提供整理思路、体会情感的时间,从而达到"沟通同步"。

- 有利于内容的进一步展开，推动主题。
- 体现设问和暗示的作用。
- 用于引起受众的好奇心、注意力，令受众产生悬念。

重音技巧

在演讲中，根据表情达意的需要，有意突出强调基本词或词组，跟其他词或词组形成对比，这种技巧便是重音。有的时候，将某些词读得比其他词轻，也能起到突出的作用。确定重音的主要依据是演讲者的目的、对内容的理解、心境、感情等综合因素。

口气朴实明朗

演讲者必须尊重受众，切勿傲慢，并确保自己正是这样做的。如果受众感到演讲者的口气是居高临下的，那么这将最使受众生气。尽管可能他们是来学习的，但如果该演讲者对受众展现出更多的礼貌和尊重，他们也准备给予其更多的礼貌和尊重。

把握整体节奏

作为发言人的演讲者是整个演讲节奏的火车头，必须有序推动进程，当然，这并不意味着说话拖沓或太快。演讲中的节奏是由演讲者言语过程决定的，是演讲者为适应内容的需要和感情的需要，在叙述过程中形成的抑扬顿挫、轻重缓急的对比关系。

演讲节奏多种多样，具体根据宣讲需要加以应用。

- 轻快型：适用于致欢迎词、宴会祝词、友好访问词等，这些演讲的场合通常较为随和。
- 持重型：适用于理论报告、纪念会发言、严肃会议开幕词、工作报告等。
- 舒缓型：适用于科学性演讲和课堂授课。
- 紧促型：适用于紧急动员报告或声讨发言。
- 低抑制：适用于追悼会等具有哀伤气氛的场合。
- 高扬型：适用于誓师会、动员会、批判会等。
- 单纯型：适用于简短的演讲。
- 复杂型：适用于内容复杂、费时较长的演讲。

5.1.3 非语言设计

随着演讲的进行，演讲者需要保持与受众的交流，同时对他们的情绪施加影响，予以理解并有所反应。有效控制自己在演讲时的非语言信息，例如，面部的表情、目光的交流、脚步的移动都能够表达一定含义。

体语与表情

运用非语言形式进行交流可以产生较好的效果。演说时昂然挺立可以缓解演讲者可能感到的局促不安，如此一来，不但看起来神态自信，自己也会感觉更加自信。切勿低头垂肩地站立，显出一副没精打采的样子。举止要文雅适度，不可以过分夸张，否则就会令人生厌。

善用表情和眼神

面部表情是人的思想感情最复杂、最准确、最微妙的"晴雨表"。演讲者表情贵在自然,切忌拘谨木然、精神慌张或故作姿态。面部表情应随演讲内容和演讲者情感的变化而变化,一笑一颦、一展一蹙都要和演讲的内容合拍。眼睛是心灵的窗户,演讲表情中最重要的是眼神,所以在演讲中要尽量看着受众说话;多和受众的目光进行实质性接触;注意眼神的灵活运用,以便"美目流溢,顾盼生辉"。

姿态运用技巧

不少演讲家提倡在演讲中使用站姿。站立时,两腿略微分开,前后略有交叉,身体的重心放在一只脚上,另一只脚起平衡作用。这样便于站立,也便于移动,身姿和手势也可以自由摆动。对于长时间的演讲,可以采取坐姿与站姿相结合的方式。一般来说,运用坐姿,可以使演讲显得随和,适于非正式的演讲。

手势的运用技巧

手势是身体姿态中最重要的表达手段之一。在演讲中,自然而安详的手势,可以帮助演讲者平静地陈述和说明;急剧而有力的手势,可以帮助升华情绪;柔和、平静的手势可以帮助抒发内心炽热的情感。在演讲中,手势的运用要有变化,要服从内容的需要,符合受众的习惯,简单明了,适度有节。

举止得体

演讲者需要具备一定的礼节,受众大多喜欢一种友好和不拘泥的气氛,但决不能过分随便。不管演讲者的目标是什么,他必须给受众一种胜任和具有高水平的感觉。如果准备得好,这当然是自然的结果,同时演讲者的举止应该反映出自信和自制力,从而进一步加强这一印象。

情绪渲染

尽管演讲的目标决定了演讲者需要激发受众的特定情绪以发挥演讲的作用,但有些因素对于任何演讲都是重要的。第一,具有激情,如果要使别人有激情,自己必须先有激情,但也要注意不要过分,因为受众并不喜欢装腔作势;第二,适度幽默,作为一名演讲者,如果有自然的幽默感,那就会占有优势。有效地运用幽默可以拉近发言者和听众的关系,增添乐趣,使发言令人难忘,也可以消除紧张和分歧。

着装与仪表

人们在交流时通过视线接触,会即刻产生对人的假定。虽然听者不会仅凭演讲者的仪表做出必要的评判,但演讲者的仪表确实会影响其言论被受众接受的程度。因此,在演讲开始之前,应该留出充分的时间审视自己的仪表,检查着装是否适宜。

作为演讲者,检查自己的着装仪表可以考虑以下几点:

- 要保持衣着整洁。
- 要避免穿着紧身、崭新和厚质的服装。
- 不要穿着可能分散注意力的服装,润肤露和香水气味不要太浓烈。
- 穿着要适合场合,比如:向工作出色的职员宣讲,不宜穿牛仔裤和休闲衫;向社会团体宣讲,不宜穿着正式宴会服,女生不宜穿着长裙的晚礼服。

附：述职演讲

述职演讲是汇报自己在职期间的成绩和问题的演讲。由于述职演讲是围绕自己的工作进行的,有着汇报的性质,所以除了具有一般演讲的共性外,还有以下特点：

思路的程序性

各种述职演讲的思维脉络基本相同。这一特点是由述职演讲的共同目标决定的。述职演讲者一般都是为了"使人知",因此,其思路不能像其他演讲那样自由,它除了题目和称呼外,基本上有一个较固定的"四部曲"：

第一步,介绍自己的职务和职责,以简短的话语拉开述职的序幕。

第二步,有条理地叙述自己在职期间的工作及所取得的业绩,这是述职的重点,要有理有据、有血有肉地详细介绍。

第三步,摆出工作中存在的不足和一些具体问题。

第四步,呼应存在的问题,简单谈一下今后努力的方向和改进的措施。

以上几步近似于工作总结,但它们又有着质的不同：总结是写给人看的,而述职演讲是讲给人听的,其语言特色和表述的语气当然有所不同；总结可以只针对某一方面,而述职涉及的面较宽,内容较为全面,因此,不能把述职演讲稿写成总结。

内容的自我性

在其他的演讲中,内容上可以围绕中心任意选材,但述职演讲则不同,它有很强的自我性,即"述"工作时要以自己的职责为中心；展示业绩时要把个人的与大家的分开,绝不能贪他人之功；提及存在的问题时,则要诚恳地讲出自身的不足,不能是"我们"的不足。

比如,一位副书记在述职中紧紧围绕自己抓的扶贫工作进行汇报,让受众明白了他一年来的工作进展。当他汇报到如何带领扶贫工作组为 13 个贫困村找到了致富路子、创出了经济效益的时候,全场报以热烈的掌声。相反,一位县长在述职中把一年来县里取得的成绩都归到自己的头上,大到全局,小到妇联获得的成绩都纳入自己的述职演讲中,结果不仅弄得其他领导对他有意见,连受众也觉得他有抢功之嫌。这样一来,不但不能提高自己的声誉,反而会失去自身的威信。

业绩的典型性

述职演讲,肯定要讲自己在工作中取得的业绩,但并非"多多益善",一定要注意展示那些有影响力的人士认可的典型成绩。可以是人们关心的事或看得见的变化,也可以用数字对比进行说明,还可以摆出所获的奖项。但切勿不分巨细,全盘托出。

比如,在文化局干部年终述职时,一位搞创作的工作人员除了讲自己的一篇散文在市里比赛中获得二等奖外,还把自己在小报上发表的十几篇和文学无关的"豆腐块"文章也一一摆了出来,弄得大家边听边摇头。"业绩不在多,一个顶十个",述职者在报告业绩时,一定要选择典型业绩。

问题的具体性

述职演讲不同于事迹演讲,它除了陈述自己的业绩外,还必须找出工作中存在的问题,这样才能让人全面地了解你的工作情况。值得注意的是,讲问题时应该实事求是地讲出具体存在哪些不足,而不是用模糊性语言,比如说一句"当然工作中还有很多不足之处"来进行搪塞。不管有多大问题,都要向受众具体摆出来,这样才能树立自己的形象,赢得人们的认可。

一位卫生局长在述职中讲了三个问题,一是自己在评定职称工作中感情用事,影响了大家积极性;二是自己在处理医疗事故时,为了维护医院声誉,没有从人民的利益出发,而是主张进行"私了",结果给医院造成了极坏的影响;三是谈到了自己由于没做好家属工作,以致收了不该收的礼品,使自己在廉洁方面有了污点。他所谈的问题震动了听众,人们都为他的真诚和勇气叫好。

态度的真诚性

有人说,述职演讲本是单纯的汇报,根本不需要情感表达。其实这是一种误解。事实上,述职演讲要得到听众的首肯,除了以事服人外,更需要以情感人。只不过这种情感的表达与抒情演讲及鼓动性演讲不同而已。述职者诚恳的态度一般表现为在述职前后能向听众表达自己的情感,必要时在述职当中也可说些掏心窝的话。

一位任职一年的公安局局长在述职开始便未成曲调先有情:"大家好,此时此刻,首先让我怀着感激的心情向大家说一声'谢谢',因为一年来我每一项工作的完成,都离不开在座各位的支持和配合,为了更好地接受大家的帮助和监督,这里我把一年来的工作成绩以及存在的问题向大家作一汇报。"他话声一落地便获得了大家的掌声。当他谈到一位公安干警在解救人质时牺牲了生命时,他含着泪对大家说:"是我低估了对手,是我没保护好我们的战士……"人们被他的真情打动了,静静地听他的讲述。最后,他又向大家表示:"没有不称职的群众,只有不称职的领导。今后,我要努力提高自己的素质,希望大家像帮助自己的亲兄弟一样帮助我,携手把咱们的公安工作创出新水平,为保一方平安做出新贡献!"话在不多,有情则灵,他的话不仅拉近了与听众的心理距离,增强了亲和力,而且为自己今后的工作铺上了"红地毯"。

语言的朴实性

述职演讲,因为是以汇报自己的工作为主,所以一般不需要进行过多的修饰,也不需要什么华丽的辞藻,尤其"自夸"时更要有分寸,华而不实的语言只能使听众产生反感。在述职时,人们更喜欢平实的话语。一位主抓基建的后勤主任的述职语言很受大家欢迎。他说:"实话实说,一年来,我累没少受,气没少生,人没少得罪,可取得成绩只有两项:一是大家所看见的,教学楼的地基起来了,二是大家看见的,那就是把集资款跑来了,跑够了。"他讲述的"大实话"不时引起人们的笑声和掌声。当然,述职演讲的语言也可以出"新",也可以适当运用幽默,但一切都要适度。

以上只谈了述职演讲的几个主要特点，除此之外还有目标的实际性、条理的清晰性等。在述职实践中还要特别注意在共性的基础上展示个性，这样你的述职才会让听众感到"味道好极了"。

准备的充足性

述职演讲不仅仅是个人的工作总结，也是向各层级的领导与员工展示自己的工作愿景、拓展自己影响力的机会。重要的述职演讲，还可以做一些预演。

选择所熟悉的事项进行演讲，并充分熟悉讲稿。选择一个已经演讲过的事项或已经研究过又十分感兴趣的话题，往往会有助于演说顺利地开始。例如，可以讲讲怎样经营、怎样注意产品质量、怎样做好广告等等。

要有充分自信，相信在自己的工作领域，自己是最有发言权的"专家"。不要把听众看作是领导或者评判人，而要把他们看作是自己的朋友。从一开始就要寻找那些对你注视、微笑、点头、仔细倾听的听众。面对他们讲话，就能克服紧张的情绪。待紧张情绪消除后，再转向其他听众。

预演就是戏剧表演前的彩排，也是教师上讲台前的试讲。这是正式演讲前最后的准备工作。通过预演可以减轻面对上级领导时的紧张情绪，因为它可以帮助述职者发现紧张的根源，促使他们做好进一步的准备，还可以帮助预估宣讲时间，防止述职时超时，影响演讲效果。

5.2 ▶ 文书沟通

我们都是先学会说话，之后再学会写作。也许正因为如此，许多经理说的要比写的多。无论是内部沟通还是外部沟通，任何一个组织都离不开写作。对内部而言，公司成立时需要拟定章程、制定规章制度和职务说明书等文件；日常管理中需要制订年度、月度计划，还有许多的业务交流。现在许多大企业都有内部刊物，比如淘宝网、海尔等，让企业内多了一条沟通的渠道，使员工能形成较强的凝聚力。对外部而言，写作就更普遍了，如财务报告、市场调研报告、对外的商务交往文书与函电等，这些构成了企业与其生存环境之间沟通的纽带。

文书常识

由于组织中各类文书的用途不尽相同，相应的，这些文书的结构和性质也有差异。例如，一份正式报告将用详尽、准确、标准的结构写成，而一封非正式文档可能有一个开头和结尾，但是在开头与结尾的中间部分，却很少有标准的文件结构。

每一种写作方式都有其特定的格式。按照这些格式来写文书，能够帮助撰写者更好地满足读者的期望，使读者能够更快地获取文件所包含的信息（见表5－2）。

表5-2 文书写作指南

尽量少用术语	减少让读者困惑或百思不得其解的情况;提高阅读便利性,而不是在不知不觉中削弱读者对内容的理解。
用主动语态	主动语态可以使写作生动;被动的语气会使读者打瞌睡或是放慢阅读的速度;被动语态省略了主语,容易让听众混淆。
短段落	将信息分段,使读者易于了解文件的内容。
简单句	只有在表达复杂信息时,才适用复杂的句子结构;一般情况下,使用简单句。
具体而非抽象	给读者实实在在的东西,使他们能够抓住文件的核心;使用具体的"去掉5%的管理费用"来代替泛泛而谈的"提高效率"。
用词简单	在能够使用简单词语时,别使用复杂的词语;只有在无法用简单词语代替的情况下才使用复杂的词语,避免内容变得冗长乏味。

文件信函

上级红头文件与工作报告是组织内部沟通中最常见的指令性文件形式。红头文件作为下行沟通的文件主要用于上级指导下级工作或传达上级决策。类似红头文件的指令性文件一般通过正式渠道进行沟通,具有权威性、强制性等特点。

在决定下达指令是采用书面形式还是口头形式时,应考虑的问题是:上下级之间的信任程度和持久性,以及避免指示的重复性等。如果上下级之间信任程度较高,持久性好,则采用口头指示和通知即可。对于重要的决议或命令,为了避免司法上的争议和增加权威性,或是为了对所有有关人员宣布一项特定的任务,则应该用书面文件。

表5-3列出了大多数组织会用到的各种典型文件类型、性质和文风要求,可以帮助大家更为全面地了解、熟悉组织常见文书的写作特点。

表5-3 文书的性质与文风

类型	内部使用	外部使用	写作文风
商业信函	备忘录	信件	按照商业习惯,交谈式的,短段落。
行动指南	政策/程序	操作规则	操作程序的主要步骤标题化,特定的操作说明索引化,使用祈使语气、命令语气,使用大量的列表。
	建议书	建议书	要解决的问题提纲化,主要内容标题化;明确的解决方案;把大量的细节放在附录中,不只是一个详细总报告。
	工作报告	年度报告	使用标题/副标题(对于较长的章节),使用表格、图表、照片或图像,细节收录在附录中。
参考性文件	内部研究	论文	专业格式下的标题/副标题,规范的顺序,积极的第三人称语气
	见闻通告	新闻通讯	醒目、内容丰富、多种标题的使用;短段落,易于浏览栏目的形式。
合法性文件	认定书	规章制度	相应的政府部门所规定的格式。
宣传性文件	画册	广告说明	引人注目、色彩的运用,对后续信息的关注。

5.2.1　报告总结

商业报告

典型的商业报告属于随机翻阅的文件格式，但几乎没有人会从头到尾地去阅读它们。读者往往是根据自己的需要或是从自己所擅长的领域出发去阅读商业报告中的某一部分。举例来说，阅读年报的人往往会关注自己认为最重要的那一部分。投资者们会去检查短期、长期业绩表来确定此项投资是否在他们的投资预算内；工程技术人员较少去关心利润部分，而是把注意力转向组织在技术革新方面的成就；会计师则会去校验资产负债表；读者会对自己所关心的领域随机翻阅。文件的写作和编排方式必须给他们提供这种便利。

撰写商业报告时要注意以下三个方面：

- 在全文中使用大量的主标题、副标题，方便读者快速地找到自己关心的内容。
- 报告内容较多时，以列表的形式列出，或附上必要的意见、表格、数据等。
- 报告较长时，添加标题、目录、索引，提高文件的可读性，满足读者翻阅文件的要求。

论文摘要

摘要是论文性文件中一部分没有详细解释与评论的概要陈述。摘要可以出现在文件的序言中，也可以出现在摘要集或电子数据库中。摘要旨在帮助读者在粗略阅读后就能确定他们是否需要进一步阅读整个文件。

摘要主要有描述性摘要和信息性摘要两种类型：

描述性摘要　仅仅列举目录，然后由使用者决定是否需要探究这些论题。例如，图书馆目录卡给出了书籍的描述性摘要。描述性摘要没有给出足够的数据，因而读者不知道文章的重要性。

信息性摘要　给出必要的信息，读者可以根据足够的信息来决定是否需要阅读报告本身。信息摘要包括报告的总结、研究的方法、分析的类型。

摘要的写作

摘要作为一份微型报告，它的撰写应按照原始作者的思想倾向，遵循一定的逻辑程序、用简洁明了的语言和完整的句子描述文章的主要内容。摘要的写作程序一般应遵循如下三个步骤进行：

- 阅读完文章后，概括性地将文章的内容用自己的语言加以表述。
- 围绕文章主题撰写摘要时，从文章主体中找出主题句，使之成为基本的摘要内容。
- 列出主题，然后加入衔接部分与过渡句，从而形成最终段落。

摘要撰写技巧

其一，把重点放在内容上，而不是放在文章或作者上。

其二，以主题句作为开始。努力用一句话来传达文章中尽量多的信息，最终用尽量简短的文字概括性地描述全文内容。

其三，在摘要的末尾添加主要的"附加提示"或关键词。比如，技术特点、示意图、计算机程序代码等。

5.2.2 论证说明

规章制度

合法性文件要求读者遵守组织内部或政府部门、机构的某些规定。在组织内部,阅读了该文件的人必须明确表示他们收到、阅读并且理解了文件中指明的特定政策和方针。组织中的员工可能会在这些文件的后面签名,表明自己已经阅读并理解相关的政策或规定,或者证明自己对文件内容的认定或确认。

如果读者是某个组织的代表,这个涉及法规的文件就需要组织代表对文件中包含的某项声明进行签署。那么这个为组织代表而准备的文件要确保文件中的信息是完整详尽的,因此文件往往使用小字体,比如五号字,再应用脚注、附件等方式标注某些需要细致解释和说明的信息。

对于面向用户的法规性文件,需要保证用户明白有关要求,并且在明白且确认的情况下签署该文件。因此,为用户准备的此类文件,应该做到内容清晰、结构简洁、词句通俗易懂、易于阅读和理解。

对于需要读者签署的文件,发送者通常还需要通过一定的查验制度来确认读者是否了解或理解了特定的要求,规定一个最后期限,来验证并确保每一个读者都能够完成文件签署。

宣传公告

宣传性文件旨在吸引读者的注意力,因此,读者与文件内容的关系更为密切。在组织内部,一般使用营销类文件来宣布一项新的制度或是福利,激发读者对某些培训计划产生兴趣,或是邀请他们参加某些业余活动如保龄球赛等。在组织外部,组织使用营销小册子、广告来吸引新客户。无论读者是组织内部还是外部人员,营销类文件通常会使用色彩、图案、图表和大字体等方式来吸引人们的注意。因为宣传性文件的主要目的是吸引读者,该类文件常常是不完整的,一般不会包含有关事件、产品服务的全部信息,而是只给出基本信息,然后引导读者挖掘更多的信息。

文件中通常会提供电话、手机、微信、邮箱等联系方式或反馈邀请是典型的做法,以便让有需要的读者能够进一步获取更多的信息。如果营销类文件能够引起读者的注意,那么说明该文件达到了预期的目标;如果有一定比例的读者进行了任意形式的反馈,则可以说明此文件是相当成功的。

时事通讯通过使用醒目的大字标题来吸引读者。读者们通常在拿到时事通讯时,首先会通篇浏览而不集中阅读某一信息。将信息分栏目编排,有助于读者更快地找到自己感兴趣的内容。另外,同其他新闻性文件一样,时事通讯倾向使用短段落。在组织里,可以运用时事通讯将一些日常事务告知员工,这样可以节省许多开会的时间。

建议书

正如科学报告是科学时代的主要文件一样,建议书是技术时代的主要文件。建议书是一种特别类型的推荐性报告。更明确地说,它是一份"具有详尽的管理计划,具体的行动措施,以及运用特殊方法来解决策略或技术问题的书面提议"。建议书的特殊功能决定了其特征和写作要点。

建议书的结构

常见的建议书一般可以使用如表5-4所示的结构框架展开论述,确保建议书陈述内容契合要解决的问题,从组织和问题的多个角度分析问题的关键,并展示建议书的针对性和解决问题的可能性。

表5-4 建议书的结构框架

结构框架	具体内容
简介	陈述问题 推荐(归纳所建议的解决方案) 报告的范围与计划
讨论	针对每一部分,根据该领域的有关规定和标准对解决方案展开讨论
管理计划	组织、人员的需要
成本分析	成本与收益情况
公司能力	设备、经验
总结	强调结论

建议书的有效性

一个全面有效的建议书才能在真正意义上解决问题。表5-5中列出了建议书在分析和解释问题实质或资源约束时,通过陈述来表达建议有效性的相关内容。

推荐性报告

推荐性报告是一种强调说服力的文章。表明撰写者了解机构所需要解决的问题,并且提出如何满足这些需要的建议。每一个推荐性报告一般需要具备四方面内容或说明。

解决一个问题

技术性需求是指提出要求的机构需要外部专家的帮助,或者进一步的援助,例如,临时工作所需的额外工人或设备。问题的难度可能并不高,比如仅仅需要额外的工人,如打字员或者程序员,也可能很复杂,例如,全球变暖的探索性研究问题。技术问题对于有关机构来讲可能很复杂,但对于专家而言却很简单。

独特的视角或方法

建议书必须阐明针对当前问题,可以应用何种技术或策略来解决或缓解,并具体到组织各种要素的筹措和安排,比如人员、专家、设备、工具等。

表 5-5　建议书的有效性参考标准

评价中的相对权重	成功的建议书的标准	不成功的建议书的问题
对问题的了解程度 25%	了解客户的问题	不了解客户的问题
与要求的符合程度 15%	符合客户的要求或规格(若有与规格不符之处,应阐明将如何提供更佳的选择)	对规格的错误解释;过分强调公司的产品(我们所做的,而不是我们要为你们做的)
解决方案的合理性 25%	可靠、合理的技术性解决方案;识别除了所建议的解决方案之外的其他方法的可能性和不同建议的优势与弱点;对有效的质量和可靠性程序,建议书应详细说明其原因。	没有充分解释建议书背离要求的原因
维护维持的容易度 10%	完善的管理计划,合格人员与设备的充分性	技术方法、管理计划、分派人员的能力等细节方面不够充分
	现实的、合理的定价	定价不均衡,向招标者的利益倾斜而不是向客户的需要倾斜
	合理的财务责任	不现实的成本
设计难易度 10%	实际的进度表	对于进度表的实施过于乐观
清晰度与可读性 10%	有效的沟通计划	文件的信息量不够,相对于内容有过多的包装,含糊、空泛的表述
	陈述的清晰性	演讲缺乏说服力,连贯性差,语调过于谨慎与不确定
能力与资格 5%	良好的资质条件	过去合同中有较差的记录

具体的落实规划

详细说明建议的接受程度、测量方法、完成时间等方面的计划。有些计划可能需要独立的验证,包括对于建议提出者、相关部门员工、环境的要求或配合事项。计划也需要包括具体的时间表、相关人员和相互责任范畴等。

资源需求或补偿措施

对于建议需要增加的组织资源或偿付的资源的数量和方法,比如提前完成的奖金、逾期完成的罚款等,需要分别列出相关部门,并提供的设备等资源的需求清单。

5.2.3　信函备忘

最常见的书面管理沟通方式是商业文件,包括信函、备忘录和会议记录。

信函

在商业文书中,信件和便函尤为多见。对很多经理来说,书写信函是日常性的工作内容,作为管理者,应当熟悉信函写作,这有助于业务成功。顾客对服务性公司的组织运转质量水平的认识常常是基于公司发出的服务邮件的特色。例如,许多顾客经常以公司发出的信函的内容和风格为基础对该公司做出判断。许多经理认为写信函是一件枯燥乏味的事情,因此常委托给秘书或他人代理。但是,这可能是一个错误的想法。条件允许的话,经理还是要亲自掌握,并运用信函这一有效的沟通手段。

信函的结构

信函抬头　商业信函最宜书写或打印在有公司抬头的信笺上,通常使用的是高质量的信纸。有抬头的信笺上印有公司的标志(通常是彩色的)、地址、邮编、电话号码、企业微信等,方便接收者查看。

信函内容　信函包含日期、接收者的姓名与地址和称谓;信函的内容经常由短小段落组成,较长的信息应采用附件的形式;信函是以结束语、签名和工作头衔作为结尾,签名以手写签名或电子签名为宜;签名后可以根据需要添加其他的信息,比如副本、附件等。如果一封书信超过了两页,那么撰写者就应该以添加附件或备忘录的形式将书信中的细节信息分列出来,保持书信正文的简明扼要。

信函布局　信件的布局安排一般按公司组织内的信件惯例来进行。这些惯例包括:使用扉页、限定空白、规定字体大小、指定标题应用,甚至有一个或几个参考版本。

信函风格

书信便函的风格在一定程度上影响着读者及其对发信人的印象。若文章风格刻板、生硬,那么与读者建立有益的商务关系的可能性便会打折扣,呆板生硬的书信会一下子把人拒之门外。当前电子信函更普遍,但依旧存在纸制信函的这些特点。所以组织一般更喜欢将其设计为独特的风格,以使公务信函呈现标准化。

实质上,写信应当如面谈,书信采取的风格应是谈话式的、友好的。书信是两个人之间的交流。因此,书信的撰写者应该以第一人称写作,而不是打官腔、以技术或职位权威自居,更不能匿名。最能引人入胜的信,是侃侃而谈,读来如见其人,散发着写信人的个性,就像坐在对面恳谈一样。

要使信件达到这种亲切、自然的效果,除了上文所说的风格的几点要求外,还应做到:在私人信件中要尽量使用口语而不必拘泥于形式,不要咬文嚼字地使用过于正式的书面措辞;正确、巧妙地运用标点符号;在信中适当地方偶尔插入对方的名字,可给对方一种愉悦感。

总体上,有影响力的信函风格应该是简单而友好的,尤其是语气,可以促使撰写者与读者之间产生一种情绪感应,彼此影响,促进沟通。把握书信风格重要的技巧在于:

- 使用清晰、简洁且准确的口语化语言;
- 使用自然、友好且惹人喜爱的语气;
- 使用短句;
- 避免使用行话、过于抽象的正式话语。

信函字体

手写信件的字体应该干净、工整。不甚整洁的信件,会使看信人产生不良印象,对写信人的外表、能力、性格、人品等产生消极的推测。在书写信函时,须用钢笔或水笔,以表正式和尊重,一般不要用圆珠笔,更不要用铅笔,显得不够庄重。墨水应选择黑色或蓝色,红色代表绝交的意思须慎用。打印字体尽量使用宋体或楷体,大小以小四号为宜,并注意行间距不宜过小。

常用信函

信函可用于多种主题,也可用于任何形式,不管是正式的还是非正式的,打印版的或是电子版的。在企业间的商业交往中,有一些常用信函用于组织往来或个人交往,如介绍信、证明信、贺信等。这些书信对公司间的业务往来发挥着很强的交际沟通和支持、促进作用。

介绍信　介绍信是用来介绍公司或企业派遣人员的姓名、年龄、身份、接洽事项等情况的一种应用文体,具有介绍、证明的作用。

证明信　证明信是以企业、团体或个人的名义,依据确凿的证据,用来证明某人的身份、经历或有关事件真实情况的专用书信,其内容应该绝对真实、可靠。商业中使用的证明信,一般有两类。一种是以公司名义所发的证明信,多用于证明曾在本单位工作的员工的身份、经历或者与本单位有关的事件;另一种是个人证明某人、某事真实情况的证明信,这种证明信由个人撰写,内容完全由个人负责,其格式与以公司名义的证明信基本相同,只是末尾须由写信者所在单位签署意见。

贺信　表示庆贺的书信,如公司召开重要会议、开张、大工程施工、项目获得成功、重要人物的寿辰,都可以使用贺信的形式表示祝贺。当前很多组织使用贺卡向员工表示祝贺,而正式的贺信则以更加简洁、明快的格调祝贺员工取得业绩和成功。

备忘录

备忘录为内部信息传递的方式。备忘录的写作有一些特定的要求。

备忘录格式与内容

备忘录应书写或打印在空白纸上,而不是印有抬头的信笺上,保留足够的页边距,不要使正文显得过于密集,以便让读者进行标注。

备忘录包含四个要素:日期、主题、送交人、发送人。这些要素在页面的排列可以是其中一个在其他三个之上,也可以分为两部分设置在页面顶端。一些组织往往规定有独特的格式。图5-3展示了备忘录的格式样本。

作为发送者,作者在备忘录后面签上自己的名字和职位。备忘录不需要包含附加的问候语、地址或者参与人签名等成分。在必要时,备忘录可以包括另外两个要素:附件、复印件。

对于拥有多个工作地点的大型公司而言,备忘录的格式与内容的组织要考虑接收者是内部成员(他们认识你)还是外部成员(他们不认识你)。当不得不使用印有抬头的信笺书写或打印备忘录时,应将你的全名、职务名称、地址、邮件地址和电话号码告知接收者,以便今后进一步联系。

备忘录的写作技巧

正文的篇幅控制在1~2页。大多数读者都不会有耐心阅读长篇大论,同样,备忘录的读者也不例外。正文越短越好,否则,可能会被放置一边,"等我们有空时再看"常常意味着永远不会去看。

<table>
<tr><td>日期：

主题：

送交：

发送：</td><td>送交：　　　日期：

发送：　　　主题：</td></tr>
</table>

<table>
<tr><td>送交：

发送：

日期：

主题：</td><td>送交：

主题：

日期：

发送：

复印件：

附件：</td></tr>
</table>

图 5-3　备忘录的格式样本

正文一开头就告诉读者希望他们做什么。如果给他们分配任务、询问信息、请求批准，或者仅仅是提供他们需要了解的附加信息的话，那么读者需要立即知道。不能先给读者大量的背景让他们猜测，除非读者知道他们在沟通中的角色，否则他们无法理解背景信息。

备忘录的撰写一般要求采用非正式的语调，使用诸如此类的词，我们、你们、有时候我们应该做到等，避免官僚主义的口气，例如，"公司认为""依照上述要求"等等。记住，要以个人身份进行所有的沟通。用较短段落组织正文，以便读者快速浏览。较长的段落给人以压抑感，使读者望而却步。

备忘录中的附件

备忘录里若涉及大量的信息，就写一封带有附件的信函备忘录，并对附件内容做简短的介绍或解释。

附件可包含用法说明、提案、进程报告、用于将来决策的预测和总结概要，以及会议记录等几乎所有文档类型。短小的文件或备忘录能起到吸引读者的作用，而附件则为读者提供多种选择：可以在员工大会上把它当作印刷品来分发，也可以将其张贴于公告栏供所有员工观看，或者创建一份新的备忘录，并连同接收到的原备忘录复印件一起递送给组织中的其他人。如果备忘录的正文包含太多隐含信息，再被复印后直接转寄给其他人，接收者可能瞥一眼该文件便会认为，"哦，这不是送给我的"，接着把备忘录扔掉。

会议记录

良好的会议记录应反映会议的精华。会议需要有记录，记录文件需要存档，让你能够明确哪些方面达成了一致以及谁承诺了什么任务。如果你对会议知情的话，还可以评估会议的进展情况。这样你就可以改进下次主持会议的方法，或者确保自己的做法再次得到认可。

记录会议的全部过程是一项关键的工作。如果没有书面记录，会后就只能凭借道听途说及记忆来回想，而这两种方式都是不可靠的。会议记录的总负责人是会议主持人，但实际做记录工作的人应另行指派。在会议记录分发以前,会议主持人要对它仔细审阅并予以批准。

会议记录的内容

会议记录需要把会议程序简明扼要、有条不紊地写出来,并阐明其目的。有关经营问题的会议,或互相配合的小组会议,一般需要较为详细的记录,以保证留存会议的过程全貌。会议记录应该包括以下内容:

  – 标明会议内容的标题和开会日期。
  – 出席者名单。
  – 缺席者的姓名以及缺席原因。
  – 每个议项的决议概要,以及重要意见提出者的姓名。
  – 何人将做何事的概要。

记录应被视作对全体出席者的提示,以及按照会议决定需要各部门办理的事项。因此,记录的字体越粗、越清楚,别人就越可能注意到他们应做何事,会议结果就越可能最终付诸实行。

会议记录的传阅

会议记录只有在特殊情况下针对特定目的才进行分发。如果会议的目的只是单纯地发布管理部门的信息,则只要列出与会者的名单、会上陈述的内容摘要,以最低限度的分发量进行分发。如果记录需要分发,请注意下列事项:

核验校对　在会议记录复印或群发前,要对草稿加以审阅和校正。如果要发给未曾参加会议的人,这一点尤为重要。

及时发送　会后应尽快分发会议记录,如已对某些人分配了任务,或规定了特别行动,则更应如此。

要点标注　对所有负有行动责任的人都要提供会议记录副本。假如某人没有参加会议,最好能使他特别注意需要他配合行动的项目。例如,附一份备忘录,或用彩色笔重点标明特殊的项目。为了向所有到会成员表达尊敬,需将会议记录副本分发给全体与会者。

5.3 ▶ 电子沟通

5.3.1 电子邮件

电子邮件是几乎所有组织中应用最广泛的电子沟通方式。然而,由于大多数邮件阅览屏幕有限,电子邮件通常比备忘录类文档更简短。如果读者能够在无须大量使用"下滚条"的情况下就可以读取完整内容的话,那么他们就能够迅速对电子邮件做出反应。

高效的表现

便利快捷

一封邮件可以在几秒或几分钟内,发送到全球任何有网络的地方。可以一对一发送，也可以同时向人数众多的团体成员一键发送。对于一些组织，往往设有组织内部工作信息平台，可以向任意部门的任何一位员工直接发送邮件。

成本低廉

网络时代，几乎所有的组织和个人都接入网络服务，通过组织网络、个人手机网络、家庭网络等发送和接收各种渠道的信息。每一个人都可以有不止一个电子邮箱，无论是个人申请免费或付费邮箱，还是公司单位申请的公务邮箱都非常普遍。电子邮件的使用成本几乎是零。

范围灵活

邮箱功能支持一对一、一对多、发送、抄送等多种信息沟通形式，可全天随时随地使用办公电脑、个人笔记本电脑、手机、Pad 等各种电子设备操作。无论是个人工作与私密交流，还是群体工作沟通等，都可以用其进行信息传递、备忘、查询等，是当前组织沟通中不可缺少的重要工具。

文档多样

邮件中可以收发各类文件，如图片、视频、软件、链接等。附件功能更可以附带详细、完整的各类文档。邮件正文可长可短，文字可大可小，也可以设计个性化界面和文字颜色，嵌入企业 Logo 等，正式与非正式交流都可以使用。邮箱的文件夹管理功能更可以对邮件进行分类，便于长期保存和查询。

不足与障碍

信息反馈不足

邮件的发送与接收是两个过程，发送者无法确定对方是否能够收到，更无法确定对方是否阅读并做出正确行动和反应。

信息交互性弱

对于需要频繁交流和交换意见的文档沟通，电子邮件的应用效率非常有限，尤其是在文档更新和修正的交互沟通上，容易给双方带来大量的确认和核对工作。

安全保障有限

内容的转发和扩散无法控制，网络病毒、垃圾邮件等干扰难以杜绝，邮箱盗用更会造成用户与所在公司的巨大损失。

信息负载压力

网络时代电子信息和沟通方式多种多样，信息内容和数量庞大，这对信箱容量、组织信息平台技术保证能力提出了高要求。同时，收发邮件的双方在信息传递和接收工作上也会面临巨大压力。

邮件管理

根据马克·埃尔伍德(Mark Elwood)的统计，白领每个星期平均花费 3 个小时清理垃圾邮件。如果邮件不重要或不相关，就应该删除它。如果你需要对有些邮件做出回复，那么应决定是当即回复还是等你有时间和获得相关信息之后再回复。如果你能养成建立邮件夹的习惯，把每一封邮件放入相应的邮件夹，就可以及时清空你的收件箱。

定时查看

养成习惯定时查看邮件，比如，早晨一上班查看一次，然后午饭后再查看一次，以及下班回家前也查看一次。不过如果你的邮件系统一直开着，至少把来件提示音关闭，以免打扰自己日间的工作。

集约发收

邮件有发送就有接收和回复，言简意赅、有的放矢的邮件可以减轻邮件查收的负担。在准备起草邮件之前，仔细考虑是否真的需要起草一封邮件或回复你所收到的邮件。如果不甚必要，又或有其他快捷方式可以选择，我们就可以节约自己的时间，也节约了别人的时间。群发邮件尤其要慎重，因为那将占用更多人的工作时间。

必要辅助

高层管理者应允许行政助理查看你的收件箱。在回复之前，助手可以辅助打开、阅读和编辑电子邮件。你也可以在离开办公室或度假期间使用邮件自动回复来处理邮件。这样，在你回来之前，他们就不用期盼你的回复了。

发送邮件

明确回复要求

一般情况下，不回复邮件会被视为不礼貌的行为，就像有人正在和你说话时，你却走开了一样。如果无须对方回复，可以在邮件最后写上"不需要回复"。如果需要对方做出答复，可以在最后加上一句"希望收到你的回复"。

标明主题

任何能清晰表明邮件内容或用意的主题都行。一些人总喜欢让主题栏空着，这令接收邮件的人认为不重要而忽略你的邮件。选择一个与内容相关的主题可以促使人们打开邮件并做出快速回应。业务繁杂的金融公司，一位员工平均每天需要处理 40～50 封电子邮件，公司必须通过培训他们撰写有效的邮件信息，使公司现有的系统更高效地运作，其中就要求员工标明有效的主题栏，以使收件人更好地理解邮件的内容。如果收件人保存了邮件，这也便于他们日后查阅。此外，使用黑体、下划线或斜体更能引人注目。

重视写作规范

虽然电子邮件比起信函更像是聊天，但是也要注意不犯低级的文字错误，如别字、漏掉标点符号等，也要注意句子和段落结构安排，方便对方阅读。邮件越具条理性且意思越清晰，读者就越清楚你的意图。

简洁扼要

如果邮件内容超过两段或三段，可能更需要采用电话或是面对面的沟通方式。如果这一点做不到，就要考虑分解你所叙述的重点，分别用一句话加以概括，并且以读者的偏好或需求来发送邮件。如果回复只是一句话，那就可以直接采用主题栏传递信息，这样读者就无须打开邮件了。例如：今天收到了你的包裹，谢谢！

添加附件

在不确定接收者的真实需求之前，不要往邮件里附加任何文档、图片或是电子数据表，因为发送不必要的附件可能会使邮件被忽略或未被查收。但是，如果邮件包含一些具体且必要的内容，应在邮件正文中告知附件的必要性，并且添加附件。如果一封邮件需要附上三个或三个以上的附件，而且需要发送多封这样的邮件且附件各有不同时，就需要通过主题栏告知接收者有关附件的内容。如果需要发送很大或者很多的附件，就可以考虑运用压缩文档的形式发送附件，或者使用"云"空间等共享链接传送。

邮件签名

办公用的邮件应该自动包含一个签名文档，它会在发送或回复邮件时自动添加到回复内容中。这项功能在所有邮件软件中都有，它显示你的姓名、职务以及联系方式等信息，很多人还喜欢在签名文档前添加一些常用祝福语，比如"祝您工作顺利""商祺""教祺""祝好"等。

回复邮件

核对地址对象

在按"发送"键之前检查接收人栏，确保把信息发送到正确的地址。再次确认没有点击"全部回复"或发送给错误的人或地址。

避免随意抄送

确认抄送名单，错误的名单不仅会给你带来麻烦，也会对所有家庭成员、学校好友和商业伙伴造成麻烦。比如在数量上，如果所有人都做出回应，邮箱会积压成什么样子？当使用接收到的邮件中的名单回复信息时，确保只回复给发送者，而不是整个名单，或者是部分名单且删除其他地址。例如，我的一个同事发送一份有关召开全系教师会议的邮件，几分钟过后，另一个同事回复给了邮件名单上所有的人，但她以为只是回复给了发送者：感谢提醒，顺便说一下，你今天早晨离开时把钥匙落在厨房了，我会在下午把它放在你的办公室。这是一个娱乐大家的情节吧！这个邮件之前，谁知道他们是什么关系？可是现在全系老师都知道了！

斟酌回复

如果你即时回复邮件，会给人留下你会快速做出答复的印象，从而使他们每次都会这样期望。古老的回复法则很简单：当天回复电话；三天内回复邮局信件。如果人们期望快速得到回应，而你却拖延了，那么他们就会很不高兴，所以如果事情紧急，那就打电话告诉他们。如果你对于刚收到的邮件内容感到非常难过、生气或愤怒，那么等一天或至少几个小时再进行回复，这样可以避免说出令你后悔的话。这一点适用于来自领导或同事的批评、不友好的言语或任何你一时接受不了的回应。

5.3.2 音频通话

在当前的管理活动中，电话、微信通话等各种电子通话形式使用得非常频繁。办公室里有固定电话，外出办公就得依靠移动设备交流通话了。电话、手机和网络功能不断改善，给管理活动提供了非常便利的条件。虽然打电话人人都会，可以说是一件非常简单的事，但在工作中，怎样用好非现场的口头沟通，怎样提高电话沟通效果是每一名管理者都要认真思考的问题，也是发挥管理技巧的重要方面。在销售管理、人事管理中，具有良好的电话沟通技巧将会使自己处于竞争优势地位，并有助于调整和处理好人际关系。在改善人际关系的工作中,音频形式的沟通也可以发挥比面对面交流更好的效果。

电话等音频沟通的特点是只能听到声音而看不到对方,这种沟通方式可以避免由于触及双方尴尬之处而造成的面对面僵硬局面,因此,在实际工作中,在处理棘手问题或探求彼此对某一问题的态度时,管理者们可以通过音频通话的沟通方式进行。在项目谈判过程中,可利用电话传递真真假假的意图和进行试探性的交流,从而获得有利于自己的信息,为正式的商务磋商做好准备。

音频通话要点

电话类沟通是通过电子媒介进行的间接口头沟通。如果把电话沟通和面对面沟通进行比较的话,我们会发现,虽然打电话时不能获得对方表情、动作、仪态所传达的可视信息,但说话的声音、态度及言词在电话沟通中的作用很大,对方从你的整个说话过程,对你属于哪种类型进行判断,也会通过声音、态度、言词形成对你的潜在印象。

声音

音频通话时,声音应和谐有序、充满热情,不要自始至终采用一种平淡的声调。说话时,话筒与嘴部相距不要太远,声音要清晰、自信、平和,避免大喊大叫,力求让对方通过声音接收到关于你的态度和友善程度的信息。

打电话到管理规范的大公司时,常常会被前台秘书或接线员温柔圆润的语音打动:"你好! ××公司。"假如接线员是一个十分粗鲁的男士,他一拿起电话就非常没礼貌地发问:"你是谁? 找谁?"这样的公司你再也不会想要联系了。我们不能仅仅要求别人的语音好听,自己也要有这样的习惯,无论是打电话出去还是接电话,第一句都要先问好,语调要亲切,如果在电话另一端的是一位还没见过面的陌生人,这样的第一次交流就能给别人留下一个好印象。

态度

采用正确的谈话态度能大大提高沟通质量,尽管无法见到对方,但对方可以根据你所讲的情况对你有很多了解,从通话时的态度可以获得对方更多的信息。例如:和蔼可亲的打电话者充满了轻松关切,愤怒者尽管并未提高嗓门,声音里却充满了怨恨,厌烦者伴有厌烦的音调,紧张者讲话时带有紧张感。

为了给对方留下一个良好的"形象",你可以改善打电话的态度,可以想象正在与你通话的人就站在面前,要用充满愉快的眼神和自然的、符合本人特点的手势进行交流。这样,你热情诚恳的态度,对事物的关心和积极性都会毫无保留地传递给对方,感染对方。

很多人喜欢用手盖住听筒后和身旁的人说话,有时甚至会攻击电话另一端的人,这是一个非常不好的习惯。根据实验显示,即使掩住听筒,邻座的说话声仍然清晰可闻。

言词

在通话时,要彬彬有礼,采用得体的语言,措辞准确,不要拖泥带水。同时,要尽力弄清对方说话的态度。要避免在不适当的时间打电话,避免谈及不适当的内容,避免成为一个不受欢迎的通话者。否则不但达不到沟通的目的,还可能由于某种原因,而使对方产生误解或留下不好的印象。

多数人会由于习惯或兴奋而说话太快，不仅对方听不懂，还容易误事。这个问题本人往往不能察觉，如果有人录下他打电话的声音，转发给他听，就能帮助他进行纠正。可能的话，每个人都应该请别人在你不知情的情况下录下你的声音，拿回来自己反复听，找出毛病并进行纠正。人往往听不到自己声音的实际效果，这属于生理盲区，很多时候我们就是在不自觉的情况下做错了事，得罪了人。

值得提出的是，在通话时，要适度地使用附和帮腔语。如使用"是，是的""哦，哦""嗯，嗯""是吗"之类的附和帮腔语，来配合对方的语调，也表明你在认真倾听对方说话。在对方讲话时，毫无反应、默不作声，是一种冷漠的通话方式。另外，要避免使用过多的口头禅。通话应以问候和致礼开始，并以致礼和道谢结束。

音频通话准备

明确沟通内容

电话沟通的思路要清晰，打电话之前，必须明确打电话的目的。在商务活动中一定要有条理地安排好通话内容。如果想获得什么信息，那就应像与人面谈那样准备好将要提出的问题。掌握好对话的内容，不要受他人的影响。如果打算通过电话推销某些商品，那么就应像去做一次实际销售那样进行准备。可以直接谈到具有购买力的顾客正面临的问题，这样对方会非常赏识你珍惜他人时间的做法。

确定号码

核对清楚对方的电话号码，并正确地拨号。打错电话既浪费自己的时间又浪费别人的时间。相对电话拨号，手机电话和微信通话不太会出现误拨，但也会偶尔出现点错或手滑的情况，重要电话拨通前依旧需要确认一下再拨出。万一拨错了号码，应向接听人表示歉意，不要将电话一挂了事。电话接通后，可以先问一下对方的号码或单位，然后再说出要通话的人的姓名。

情绪适当

打电话时应尽力做到坦率、简练、高效率，并且礼貌而热情。坦率能够使你迅速判断是否已经找到了一条很具潜力的销路。如果销售成功，你坦率的方式将给顾客留下良好的印象并获得他们的信任。

资料与笔记准备

打电话前要准备好参考资料和记录工具，手边应备有纸笔和有关资料，资料可以是与通话内容有关的文件，也可以是通话的提示材料，如表格、目录、价格表以及一些数字、实例、提示词语等。一定不能让对方等候你去寻找纸笔或资料。

音频通话接听

商业电话对一个公司是如此重要，以至于很多公司的新员工培训，大多是从"电话应对训练"开始，训练内容以与本公司业务有关的应对为主。

接听及时

当电话铃声响起的时候，应尽快接听，而不要故意延误。如果未及时拿起电话，也许就错过了一次重要的通话，放弃了一个难得的机会。

记录准备

人在听电话或打电话的时候，会不知不觉进入到一种紧张的状态中，因此常有放下电话后才想起某件事没有说的情况。人一放下电话，紧张状态自然消失，刚刚说过的事情可能就记不起来了，这也是常有的事。为了避免失误，电话机旁要常备纸和笔，将重要的信息随手记下来。

对每一个电话负责

如果接听后发现自己不是受话人，应负起代为传呼的责任。要是被找的人不在，应该弄清对方来电的目的，要耐心地询问对方的姓名和电话号码，是否需要转告，并在征得同意后详细记录下来，向打电话者重复一遍以验证记录的正确性。如果是不熟悉的事情，应该请熟悉的人代为处理……总之，要让对方感到虽然要找的人不在，却如同这个人正在现场一样。

自报家门

在工作单位接听固定电话时，接听者可以先报一下自己的电话号码或单位（部门）名称，然后再问对方找谁。这种方式有益于组织形象的树立，也有益于调节通话双方的沟通氛围。

转接电话

在接到打错的电话时，最要紧的是保持耐心和仔细。你可以仔细核对电话号码、单位/部门，帮助对方澄清并找到正确的号码。如果需要转接电话，应该告知来电者要接听电话的人的姓名，所属部门和分机号码（以防在转接中，他的电话断掉了）。转接电话是企业内每一名员工的义务，可以为公司赢得急需处理的业务，给客户留下深刻的印象。

注意倾听

听电话不是一个被动消极的过程，而应做到集中精力。为了搞清对方在电话中所讲内容的全部含义，你必须注意对方说话音调的高低、停顿之处以及通过声音反映出来的态度，比如，打电话者是愉快还是不满，他的声音是否充满了信心，你能获得哪些额外信息，这些额外信息是要求你去做哪些事情。要学会从对方语调中获得所有信息，通过声音探索到身体语言的其他方面以及人们在面对面谈话时所具有的面部表情。

音频通话礼仪

通话礼仪在电话沟通中的作用跟见面交谈中的礼貌一样重要，我们需要了解并应用到自己的沟通活动中。

迅速回电

每个需要回复的电话力争当天回复。如果一时无法回复，应告诉接听者你的不便之处。

准时联系

如果你要与某人联络，直接打电话找他并询问"这时候打电话给你方便吗"，如果时间不恰当，你可以重新约定时间再联络，并在约定的时间准时联系。

言简意赅

千万不要浪费别人的时间。通话时,要保持友善、轻松和简洁,并尽可能用最短的时间表达你的目的,然后结束通话。

降低噪音

与对方通话时,要尽量减少干扰。如打字的声音、旁人的谈话、吃喝的杂声等等,这些声音都会让对方感觉烦躁。

耐心等候

拨号以后,如只听到铃响,没有人接,应耐心等待片刻,待铃响六七次后再挂断。否则,如对方正巧不在电话机旁,匆匆赶来接时,电话已挂断了,这也是失礼的。

避免干扰他人

在使用电话,尤其是在使用移动电话时,要避免在公共场合大声讲话。要设身处地地为别人着想,不要将自己的快乐建立在别人的痛苦上。

自报家门

当对方询问你尊姓大名时,一般应告诉对方,如果自己不说,反问对方"你是谁",这是很不礼貌的。万一要找的人不在,而你又不便说出自己的姓名,那也应该婉转地回答。比如说,"我是××先生/小姐的朋友,我明天再打电话吧,谢谢"。

委婉拒绝

对无趣的来电者也要保持礼貌。如果有人来电推销东西,正确的处理方式是告诉他:"我们不需要这种东西或服务。我很感激你的来电。我们谈得很愉快,我虽然帮不上忙,但仍祝你好运,希望你的业绩卓越。"然后挂断电话。因为有如此的赞美,相信对方将会满心喜悦,而不会生闷气。

也正因为音频沟通有只听声音不见面的特点,在实际工作中,在处理棘手问题或探明对方对某一问题态度时显得尤为有用。这一形式可以避免由于触及双方为难之处,而造成面对面时的尴尬局面。在电话沟通确定基本态度后,可再进行深入的交流沟通。

5.3.3　远程会议

远程会议可以把分布在世界各地的人们集合在一起进行交流。通过电话会议设施、微信群、思科 WebEx 或腾讯会议等支持系统,开展音频或视频形式的一对一、一对多、多对多的事务沟通。

随着企业规模的扩大,设在世界各地的分公司、办事处、经营网点逐渐增多。为了确保公司领导的决策得到及时贯彻,同时节约交通和差旅费用,远程会议成为保障内部事务及时且有效沟通的重要形式。

音频会议

音频会议类似于电话会议,可以使在不同地方的团体和个人,像面对面一样地交谈。

召开电话会议时,参加会议的各个地点的人员集中到各个地点的会议室中,通过麦克风和电话线路,进行空中交流。因此,参加会议人员严守时间很重要。如果人员没有到齐,电话会议就无法顺利开始,即使开始了,也起不到应有的效果。

在会议开始前，要让各与会人员了解会议的主题和议程。轮到发言时，要把麦克风转向自己。因为受话人和听讲人不在同一会场，要在讲话开始时表明自己的身份，确保自己所说的话已经被听到。在电话会议上发言要热忱、有见解。你要认识到，大部分听众看不见你，但他们都在听你说话。你说话时的情绪和信心，将随着声音传递给他们。

在会议进行中，有人正在发言时，不要插话。两个人同时对一个人说话，所谈的内容会因为声音混杂而变得混乱。另外，勿在会议室里制造噪声，如过度的翻阅纸张的声音或移动椅子的声音，都会在话筒中被放大，影响沟通的效果。

通过会议系统软件或微信群等平台进行的单纯口头的会议交流，都具有电话会议的特点。注意同样的事项要求可以提高多人参与远程会议的质量。

视频会议

镜头下的着装

在视频会议中，镜头光线反射情况特殊，参加视频会议要尽量避免穿着大面积的白色、红色或黑色服装。白色比较容易反光，使宣讲者的脸色显得比较暗沉，黑色服饰容易使脸部曝光过度，红色会使脸部显得模糊不清。过于宽松的衣服会让人在屏幕上显得臃肿，而闪烁摇晃的珠宝饰品容易使受众分神。一般建议穿淡蓝色的衬衫代替白色的衬衫，用单色取代复杂花色图案。有经验的组织者会建议与会者不要穿带有小点、条纹、格子和花朵图案的上装，宜用哑光、比较固定的饰品。

尽早登录会议网站

不论是主持还是参加视频会议，都应该确保有充分的时间检查会议设备是否运行正常，留出时间与提供技术支持或熟悉会议系统的人进行沟通调试，并且提前明确会议过程中需要担当的任务及其相关的操作与流程。一旦步入为视频会议所准备的房间，尽量避免闲谈或者发表不甚严谨的评论。

首次发言时表明身份

在会议中要介绍自己是做什么工作的、在哪里就职。一方面，当你这么做时可以让自己的镜头出现在会议界面上，通过声音和图像的变化引起与会者注意。另一方面，即使运用高清视频相机，与会者也不一定都能认出你，一个简单的自我介绍将帮助你被准确识别，也可以让其他地方参加视频会议的人们熟悉你的个人信息。

面对镜头讲话

在视频会议中发言讨论时，至少应该有一半时间面对镜头，留给与会者一种面对面的感觉。如果你正在回应一个较难解释或稍显敏感的问题，坦然面对镜头将无疑会大大增强你发言的可信度。如果你看上去像在直接与他们讲话，那么在其他地区的与会者就会感到格外舒服。尽量不要照稿宣读，除非涉及机密或只在特殊情况下才能公开的信息，否则这类陈述内容和材料应该在会前同与会者分享。

放慢语速、控制语调

视频会议系统并不像电视直播室的设备那么精密，各地网络条件也有不同，时滞不可避免，语速过快或者语调过于起落，可能会影响图像和声音的同步效果，干扰与会者对内容的接收效果。人们在会议中同时发言，此起彼伏的声音会导致交互应答变得困难。

时刻牢记自己在众目睽睽之下

人们在独自一个人参加视频会议时，不自觉地会有一些小动作，面对面会议中的一些不易察觉的怪癖举止在视频会议中却会一览无遗。所以，与会者要做好自我控制，避免拨弄头发、摸鼻子、抬眼镜、玩铅笔，或是在椅子上前后摇晃。如果你表现得就像在舞台上那样，那么你就能展现出非常专业的形象。

避免窃窃私语

两三个人在线下的会议室中一边讲话一边听会可能会干扰整个线上会场。一方面，并不是所有与会者都能意识到自己的话筒关闭与否，因此会议主持者应该设置全体静音；另一方面，如果必须进行私下交流，可以按一下消声键，并且暂时远离摄像头。

全程保持足够的耐心

视频会议在音像传输上会有不同程度的时滞，与会者应该为相互重叠的对话和较长的停顿做好思想准备，在一定程度上放慢一些语速。当你结束讲话时，注意使用语言提示，让人们知道，并留出一些时间等待应答，以使彼此能够承接着内容进程往下进行，交流过程中也尽量不要打断他人讲话，减少其间的等待或混乱。

拓展游戏:"盲人"摸号

★ 形式:集体参与,14～16 人一组。
★ 时间:20 分钟。
★ 材料:眼罩及小贴纸。
★ 场地:室外。

程序

(1) 让每位学员戴上眼罩。
(2) 培训师给每位学员一个号码,但这个号码只有本人知道。
(3) 小组根据每人的号码,按从小到大的顺序排列出一条直线。
(4) 哪个小组最先排好为胜。

规则

- 每位学员都要用眼罩蒙住双眼。
- 全过程不能说话,只要有人说话,则被判输。

组织讨论

(1) 你们小组成功了吗? 如果成功了,你们是通过什么样的方法排队的? 你是用什么方法来通知小组成员你的位置及号码的?
(2) 游戏开始前,你们是否进行过沟通? 沟通效果如何?
(3) 在排队时,你们小组有没有存在混乱的状态? 你们是怎样解决的?
(4) 游戏中,你们是否选出了一个领导者指挥大家排队,你们小组的执行能力强吗? 大家都听从领导者的指挥了吗?

活动中的辅导要诀

(1) 游戏中领导者应该在组织内建立一个共同目标的概念。如果团队成员就目标达成一致,他们就会更有凝聚力。有共同的目标和方向,会使团队更加团结。
(2) 沟通者的目的、预期和压力在很大程度上决定了沟通所能取得的效果。了解沟通对象的目的、预期和压力,可以有的放矢地采取相应措施,充分利用沟通机会。
(3) 在游戏中,团队内部可以采取各种不同的沟通方式,如非语言沟通、肢体语言表达等等。各种沟通方式的和谐运用可以使沟通效果事半功倍。同时,组织也要重视非正式沟通的运用,它既是正式沟通的有效补充,有时也可以帮助获得更多的信息。

6 面谈演绎影响力

>>>>

面试经验

DL公司高管楼层,晓东坐在自己宽大的办公室里,回忆着自己年轻时为争取通过面试获得加入DL的机会而做出的各种努力,不禁莞尔一笑……

当年,DL公司的上海分公司需要招聘一位供应商品质工程师,国际采购中国香港地区的经理找到了晓东。第一次面谈,双方感觉都不错,他当即表示要安排中国台湾地区的资深经理主持晓东的正式面试。一周后,晓东接到通知,因为那位中国台湾地区资深经理的行程安排,短时间内无法来大陆,所以只能通过电话进行面试。

因为第一次面谈前晓东已做了较充分的准备,而且他对所应聘职位的工作内容也非常了解。所以,这次面试前晓东并没花太多时间准备。虽然是电话面试,而且是自己第一次参加电话面试,晓东觉得,凭借自己过去诸多的面对面面试的经验应该没问题。

晓东当时在深圳BI公司工作,住所没有电话,那时也没有手机,加上通知晓东时离面试的时间已很近,所以晓东只能将电话面试安排在自己当时的公司办公室进行,晚上8:00进行,晓东把办公室的分机号码给了对方。

当晓东晚上7:30走入办公室时,心里隐约有点不祥的预兆。BI公司的办公室是开放式的,很多人共用一间大的办公室,而此时恰好有一个工作组的同事在加班。

DL公司8:00准时打来电话,在很短的中文寒暄后,马上转为英语交谈。因为怕引起办公室其他同事的注意,晓东在交谈中尽量压低音量,这引起了面试方的不快,并提出要晓东提高音量,出于顾忌,晓东只能尽量将话筒靠近嘴边。很快半小时过去了,对方改用中文提出了两个晓东从来未预料到的技术问题,在仔细考虑后,晓东很坦白地回答说不知道。晓东已意识到面试结果对自己不利,在随后的交谈中,晓东希望找机会做一些补救。当把话题转移到晓东曾经负责过的其他产品上时,晓东告诉对方自己对其中之一也非常了解,对方立即要求晓东用英语介绍这个产品的生产工艺流程。因为这个产品晓东一年前已转给别的同事负责,而且事前晓东并没有准备这方面的内容,晓东给出的答案并不准确,不但未能帮助晓东挽回不利的局面,反而起到了相反的效果。

很快一周过去了,DL公司通知晓东参加第三次面试,依然是电话面试。电话从美国加州打来,对方是全球品质工程的资深经理。这次晓东吸取了上次的教训,借用朋友的住处安排电话面试,事前也重新做了准备工作。但出乎意料的是,这次电话面试用了不到十分钟就结束了。虽然很顺利,但晓东并不认为会在很大程度上改变前一次面试的不良印象。

果然,对方虽然邀请晓东加入,但提供的薪资和晓东期望的有较大的差距,权衡再三后,晓东决定对薪资的要求不作让步,而对方基于面试的总体结果,认为晓东的要求过高。因此,这件事就此被搁置了下来。

可能是晓东第一次面谈时给那位国际采购部的经理留下了很好的印象,三个月后,他再次打电话给晓东,并告诉晓东那位外地的资深经理将在一周后到深圳出差,问晓东有没有兴趣在他入住的酒店餐厅和他再面谈一次。晓东给了对方肯定的答复。

为了这次面试,晓东花了一周的时间去准备,涉及的内容包括上次被问到的问题,以及与晓东所有负责过的产品相关的技术品质知识。在前面的电话面试中,晓东已感觉到对方是一个很挑剔和注重细节的人,准备时晓东特别注意技术和品质问题的一些具体细节。同时在面试的着装的选择上也做了仔细的考虑。另外晓东把过去日常工作中整理出的关于技术和品质的英文笔记也带上了。考虑到面试的地点较远,晓东决定破费叫出租车过去,而且提前半小时到,这样可以在面试前有时间了解面试场所的环境。

显然,在随后的面试中,精心的准备、流利的回答和得体的衣着使对方非常满意。当对方问晓东是如何去学习和积累这些知识时,晓东拿出了他所带的英文笔记,其内容的详尽、分类的条理和书面的整洁令对方异常惊讶,但晓东并未就此停止,希望对方给机会让他再次回答上次未能让对方满意的问题。对方立即表示已无必要,并且对前次提出的问题过于苛刻表示抱歉。

后来因为PH公司在DL公司之前向晓东伸出了橄榄枝,通知晓东去上海报到了,所以与DL公司失之交臂。但此次面试的良好结果,使得DL公司在一年后第三次邀请晓东加入。

会见与电话交流都是组织中常见的沟通活动,会见是面对面的口头沟通,电话交流是不见面的口头沟通,两种沟通活动在口头表达的技巧上十分相似。不同的是,会见比电话交流多了两个辅助理解的元素:表情和手势,可以帮助交流双方更好地理解对方的意图,当然也同时需要沟通者增加对其自身的表情和手势的控制和协调,以免产生不符语义的误解;电话交流则因为缺乏面部表情和手势的注解,更要求沟通者双方在语音语调和字词的音义上下更大的功夫。另外,有目的的见面本身,比不见面的电话还更有深度地包含了双方相对更为靠近的关系。这是会见在各类管理沟通中必然存在的根本原因,即使是网络与AI技术发达的今天也不可能被替代。

6.1 ▶ 会议沟通

会议是组织中很重要且常见的沟通活动。《哈佛商业评论》的研究报告指出,一般行政主管每周花在开正式常务会议的时间是三个半钟头。另外，主管人员每周还得花上一天时间，参加非正式会议及从事顾问工作。对 160 个英国经理人的调查发现，一般主管花费在正式和非正式会议上的时间差不多是所有工作时间的一半，而且高级主管比初级主管更多地奔波于会场之间。大部分人对这样的说法似乎有同感。有一次，有人问英国前首相威尔逊："内阁部长们平常都做些什么事？"他毫不迟疑地回答说："都在开会。"由此可见，会议作为管理者互相沟通的一种手段，在现代管理中的重要作用日益凸显。

会议沟通的特殊性

会议沟通与日常工作沟通有很大不同。会议过程中存在特殊的交流方式和特有的效率，同时也有其不可避免的困难。

群体活动

会议是一种群体活动，参加会议的每个人都是这个群体的一员。这个群体可能是相对稳定的，这种稳定性可以维持较长的时间，例如，公司定期召开的董事会；群体也可能非常易变，其成员经常更换，比如公司的新品发布会，与会者随着产品种类的变换而变化。

集思广益

会议较其他沟通方式而言，一个最为显著的优点就是它将众多的人聚集在一起，让他们就某个问题互相交流认知、经验、对策，这种集体的智慧往往比一个人的思考要科学、全面，更能解决问题。

规范约束

会议的决议对每个参加会议的人都有较强的约束力，因为他们都参与了决策过程，尽管他们可能并没有对这件议案投赞成票。由于民主集中制是任何会议中最起码的原则，不可能因为某个人的不同意见就改变整个群体的意志，所以大家都能接受并遵守会议通过的决议。

耗时费力

会议是一种耗时费力的活动，尤其当议而不决时，整个会议会让人觉得拖沓冗长。会议的策划、组织、举办、收尾等一系列工作都牵涉大量人力、物力，因此公司管理者在决定召开会议之前要先研究召开会议的必要性。

会议沟通的干扰因素

特别值得注意的是，人的行为方式构成了对会议最重要的影响。人们在组成会议群体之后，个人和群体的行为及思维方式极大地影响甚至控制着整个会议进程。

个人意识

与会者可能试图证明某个技术问题，或者为自己的职能部门或公司争取一些有利条件；有些人则希望通过会议交流施展才华，借机证明自己的能力和价值。当会议中提出与个人关系太过密切的创意时，人们往往把对这些创意的评论当作对创意人的评论。这有点像"如果你不喜欢我的创意，就意味着你不喜欢我"。这时候创意人就会花大量的时间和精力为他们自己也不太有把握的创意进行辩护。

WIIFM（what's in it for me?）

每个人都想从自己参加的会议中得到点什么,比如,声望、决策、认同、社会关系、信息、权力。除非能预料到人们的 WIIFM 并且能够满足他们的要求,否则这些要求往往会破坏会议计划。影响会议效率的这些因素包含了可以通过沟通中的主体和客体分析改善的技术。为了管理会议中这些人的因素,必须随时警惕这些行为,并对这些行为做出反应。会议组织者需要关注与会者的这种意识,让所有与会者都能畅所欲言,严厉对待出于自身目的而对会议进行的干扰,鼓励积极的创意,平衡与会者的贡献等。

等级制度

开会一般都是为了做出某项决策,这意味着改变了组织结构中设定的工作方式,也可能隐含着对过去状况的批评。如此一来,在组织等级制度中处于低层的人可能很不情愿让别人听见自己的真实意见。

会议为个体提供了表现的机会。组织内部的权力和影响力大多数是通过等级制表达出来的。随着等级的降低,人们被迫更多地参与跨职能部门的工作,而在工作小组里,没有多少人欣赏他们的职能部门背景、职位或技术地位。在某种程度上,开会取代了职位等级结构的影响力地位。所以,当谈到开会时,很多人会感到必须突出表现自己,以树立自己的技术资格、职位资格或知识资格。要在人们对会议的个人需求和取得实质性进展的要求之间取得平衡有时是非常困难的。

群体思维

由相似的人组成的群体很容易取得一致意见,他们相互强化对方的看法,结成小集团,排斥任何对他们提出的建议和批评。这些相互逢迎的小团体很少能提出有益的建议,他们总是忽视环境中的变化或者对这些变化重视不足,在很多情况下,这种作风使他们的组织陷入灾难,因为他们找不到新的方法应对变化的环境。同时,在要求人们不断取得进展的压力下,很多团队可能根本不打算尝试寻找另外一个可能更好的建议,而是抓住第一个冒出来的建议不放,这会导致群体追求"满意"的消极现象。

6.1.1 参与会议

会议主持人的成功取决于对会议的控制力。但是,如果参与会议的人不予配合,那么,再高明的主持人也是无法开好会议的。因此,在讨论了主持人控制会议的方法之后,还有必要谈谈与会者参与会议的技巧。大多数情况下,参与会议的机会往往要比主持会议的机会多,因此我们不能无视参与会议的要领。

参与者在出席会议前应首先考虑一下什么会议不必出席;若出席,是否能够准备好所有信息;出席会议是否能够做到不迟到;会议过程是否能够保证不说太多的废话;是否能够先倾听他人意见后再提出不同观点;是否能客观地肯定他人的观点;是否能够鼓励每个人讲自己的观点。这些细节的思考帮助我们明确参与会议的目的,认清自己在会议中的角色,确认自己应该参与的活动和持有的态度。从参与者的角度,保证了会议的有效性。

在任何一个机构内,绝大多数重要的决策都是在会议中制定的。有了这种认识,我们就不能对会议掉以轻心,而应视之为有助于个人事业发展的一种手段。事实上,会议是说服别人接纳你的意见的一种场合，也是令你获得成就的一个途径。

懂得借会议来获得成就的人，并不见得比别人更聪明，或拥有比别人更多的内幕消息，甚或比别人更受有权势的人钟爱，而是因为他比别人更善于掌握参与会议的技巧。但是，掌握参与会议的技巧并非一蹴而就，而是需要经历长期的磨炼。作为一个参加者，你的责任是积极地倾听，考虑新主意，最重要的是要做出积极的贡献。

了解会议

为了让自己在每一场会议中取得预期的进展，在走进会议室之前，应该对下面几个问题拥有周全的答案：

- 谁召集这次会议？
- 为何召集这次会议？
- 会议主题是什么？主题的背景如何？
- 你的立场如何？
- 你的观点能否被接纳？
- 你从这次会议中所希望达成的结果是什么？

会议之前，只有了解了这些问题，才能做到有的放矢，在会上做到沉着应对。参与会议的成员都应找机会提前与可能反对自己意见的人进行沟通，以便采取一些足以维护关系的措施，甚至取得他们某种程度的谅解或支持。必要时，也可以让他们以各自的名义提出你的观点。尽管这样做，等于拱手将自己的观点送给别人，但是假如志在令自己的观点被采纳，这样做又何妨！

慎选座位

会议是说服他人接纳自己意见的一种场合，也是令人们获得成就的一个途径，更是组织做出正确决策、实现执行力的载体。因此，除非位置早已被安排，否则会议室的座位应审慎选择。

切忌选择容易让人忽视你的位置

应该选择容易令人，特别是会议主席，看得见你的地方，能引人注意才能被人认知，能被人认知才能发挥影响力。假如会议桌是长方形的，则最好是坐在面对主席的另一端或坐在接近主席的左右两旁，以便增加跟主席沟通的机会；倘若会议桌是带有双翼的长方形桌子，而主席坐在长方形一边的中央，则应选择双翼末端的位置，因为在这样的位置可以通过桌面与主席交谈，而不必隔着其他与会者的头部与主席交谈；倘若会议桌是方形或圆形的，则应坐在面对主席的位置。对于不熟悉的会议和主席，有时难以判断会场的落座情况，但可以摸索规律。参加会议时注意观察主席的与会习惯，比如主席有咨询邻座者意见的习惯，则以后与会时要争取这个"顾问"的位置，以增加对主席的影响力。

注意保持与直属上司之间的距离

在任何会议场合，顶头上司若坐在你跟主席之间的位置，对你是极端不利的，因为主席如果朝你这方向发问时，上司会抢走答复的机会。一般情况下，最好是坐在顶头上司的对面，因为一来主席与你对话的机会不会被你的顶头上司剥夺；二来，在顶头上司发言之后再为他补充时,不但全场的视线集中于你,而且可跟顶头上司一唱一和地增加对其他与会者的影响力。

参会座位的其他注意事项

注意会议设施的影响,倘若会议桌上放置了投影机、放映机等视听器材,则不要坐在该器材之后,以免令自己的地位被贬低到该等器材之下。无论如何选择有利的位置,使自己的与会目标更完美地实现,但有一点必须随时切记,那就是千万别误坐在主席的位置上!

遵循会议规则礼仪

遵守会议规则

人是群居的动物,必须遵守群体规范,方能愉快合群。毫无疑问,一个团体如果没有秩序、行事杂乱无章,则将一事无成。会议是一项群体性的活动,其中当然也有许多必须遵守的基本规则。比如遵守会议时间,不迟到、不早退;尊重主席,听从主席的指示,互相配合;虚心听取和分析他人的意见,不固执己见;不排斥他人提出的质疑;尊重会议的结果等。这些大多数开会的成员认同的规范可以自动地约束新加入的成员,也会借此让会议进行得更加顺利。

顺应会议礼仪

为顺利进行议事,必须先确立与会人员互相合作的体制,任何会议不可能是主席一个人的独角戏。个人的努力毕竟有限,彼此之间有效的协调是绝对必要的。因此,与会者应懂得有关议事的礼节,至少应该做到以下几点:

- 协助会议的进行。
- 不感情用事。
- 不要带入个人本位意识。
- 同与会者保持立场公平。

俗话说得好:"礼多人不怪。"再密切的关系,也得建立在礼节之上。同时,只要立场公正,必能博得大多数人的掌声。

展示积极形象与态度

树立良好的形象

参加会议的过程中时时刻刻都需要注意自己在他人心目中的形象,因为良好的形象对你在会议中的表现将产生莫大的帮助,不佳的形象则令自己在会议中备受阻碍。以下是一些有助于塑造及维护良好形象的参考事项:

- 人们喜欢诚实的人,以及以公平态度待人的人。
- 受众所渴望听到的是事实,对那些夸夸其谈、自命不凡的人极度反感。
- 人们不喜欢不愿倾听他人意见的人。
- 人们对情绪激动的人的判断力,通常缺乏信心。
- 人们对于态度冷静、善于逻辑推理的人的判断力,往往充满信心。
- 会议中最令人讨厌的两种人:喜欢打断别人的人,开口就喋喋不休的人。

- 人们对富有想象力与创造力的人均有好感。但是，当一个人的想象力与创造力超越了受众所能理解或想象的范围时，该想象力与创造力将会被视为荒谬。

保持积极的态度

在某些性质的会议中，我们时常会面临消极的气氛——包括消极的表情、消极的情绪、消极的反应等。在消极的气氛笼罩下，若能注入积极的言辞与积极的态度，就如同严寒中的一股暖流，成为与会者的心灵寄托之所在。显然，如果面对的是相对积极的会议氛围，积极的言辞更是事半功倍。

留心听取别人的意见

会议中发表的意见，虽然内容是针对议题而论，但追本溯源，其基础往往建立在个人的人生经历、个性及对事物的看法上。所以意见自然无法完全客观，总会有个人的色彩掺杂其中，这是难以避免的事情。因此，聆听他人意见时，明知其中有若干个人色彩，仍然要虚心吸收其精华部分，如此对个人成长及会议质量才能有所帮助。

6.1.2　主持会议

主持会议的角色通常被赋予"主席"之称，其职责包括主持、制约、仲裁、控制以及领导等。实际上，对于不同的会议，主席角色的行为范畴可以是点到为止，也可以是事无巨细、面面俱到。具体来说，包括规范会议各项事务、采取高度正规甚至是程序化的会议筹备计划来推动进程；也包括在不太正规的会议上充当没有正式任命的"协调者"角色。会议的主席原则上只应考虑请两类人士参加：对达到会议目标有潜在贡献的人和能够因参与会议而获得好处的人。

会议主席的类型

会议是否能顺利成功举行，会议主席担负着十分重大的责任。所以主席应当发挥他的智慧，控制会议的节奏和方向，确保会议结束时所有议题都能得到讨论，并取得令人满意的会议成果。

会议主席的主导方向一般包括两个方面：社会领导型和决策型。社会领导型的主席需要做出决定，对会议施加控制，应对议程进程，引导会议，促进讨论；决策型的主席重在促进会议的讨论，引导会议方向，把控会议主题，促成最终的一致决策。

会议主席的任务

经验丰富、技巧娴熟的主席，应具备维持会议正常进行以及应对各类突发状况的能力，同时也善于感知会议组织任务的时机，并具备相应实施能力，这些是主席角色行为的典型特点。一旦这些需求得以确定，就需要精干的主席展现出其关注到了哪种需求，以及其能够施加的相应行为，以保证会议进展与效果的能力。在施行上述行为时，主席将发挥如表 6-1 所示的作用。

表6-1 会议主席任务

与任务相关	与维护相关
总结	营造良好的会议氛围
提问	积极聆听
激励	创造和谐
促进	鼓励参与
协调	营造信任气氛
断定	确定标准
评估	应用幽默
指挥	消除私人矛盾

会议主持的准备

会议的主席在主持会议之前,应该有所准备,设计和开展一些工作使会议的主持更加成功。这些都依赖主持人是否有高超的主持技巧和丰富的主持经验。有一些方法可以帮助主席很好地控制会议的进程。

安排角色和责任

会议组织者可以给不同的与会者分配各种具体的角色、鼓励他们提供信息或创意,甚至建议他们不要提出可能带来麻烦的问题。

了解与会重要人物

如果事先知道到会的重要人物来自哪里,并且在开会前对他们的看法有所了解,可以在会前与他们建立良好的关系,这样就可以省去很多麻烦。

预备应急措施

有时候会议不会像预期的那样进展顺利,有时候却要比预料的更顺利。不管取得了辉煌的胜利还是悲惨的失败,事先想好下一步行动都是很有必要的,这样可以防止陷入难以脱身的困境中。

主持会议的开场

会议主持人在会议开始的最初几分钟应该遵循以下这些步骤(见表6-2),以期达到比较完美的效果。如果没有足够的理由,千万不要偏离这些步骤。

在表6-2的清单上,"交换期望"在现实会议主持中发生的频率最低,但是支持一个完全以会议目标为焦点的会议也是一件比较不尽如人意的事。所以,主持人可以在一开始就给与会者提出想法的机会,以便提前了解是否需要添加其他事项在会上讨论。

还有一件很重要的事,即要在参会行为规则上取得一致。人们很少会考虑他们开会时的行为是富有建设性的还是破坏性的。因此,在大多数情况下,确定大家都认可的会议交流规则可以避免与会者被会议议题之外的事项分散注意力。

表 6-2　会议的开场主持

事项	沟通内容
开始(3～5分钟)	对开会的目的、时间和预期结果进行简要介绍
回顾(5～10分钟)	回顾前期会议成果,或者相关会议事件的近期进展等
成员介绍(3～5分钟)	对于不经常见面的群体,要保证与会者彼此相互认识
通报会议议程,说明会议规则(5～10分钟)	介绍议程,以便让每个人都能知晓。可以设定会议秩序或要求,即希望与会者表现出怎样的行为,例如,要求发言人先用简短的话概括自己的意思,再进行深入的解释,不打断别人的话,等等
交换期望(5～10分钟)	询问是否有人想在议事日程上增加或者删除一些内容,对会议有无其他期望。这有助于让个人议程显露出来,让急于表达自己想法的与会者参与进来

问题回顾

回顾部分尽量控制在 10 分钟之内。回顾上一次会议的行动要点是必要的,但是进行冗长的回顾和演示会降低与会者的兴趣,当讨论转向主要议题时,人们已经彻底失去了兴趣。如果回顾部分超出了 20 分钟,就会使这次会议失去活力,变成上次会议的延续,最终什么成果都得不到。可以在开会前与相关人员进行沟通,让他们总结取得的进展,并让他们做出简短的确认。这种准备活动可以确保议程中的回顾简短有效。

会议成员介绍

会议应当在一种和睦活跃的气氛中开始。大部分会议先由主持者介绍一下与会人员,主要包括与会者的姓名、身份。有必要的话,也可以介绍一下与会人员的工作经历和工作成绩。这一部分也可以由与会人员做自我介绍,这样可以调动起会议的气氛,提高与会者的参与意识。常见的介绍方式有:

主席介绍　由会议主席介绍参加会议的人员情况,这一方法适用于主席对与会者的姓名、身份比较熟悉的情况。介绍到哪一位与会者时,被介绍者应起立、脱帽,向大家点头示意。

自我介绍　与会者分别做一下简短的自我介绍,说明自己的姓名、身份、背景情况等。这种介绍可以是按一定次序进行的,也可以是随意的、无序的。介绍时,通常应起立、脱帽。

互相介绍　这种介绍是将自我介绍与他人介绍结合起来,通常按照座位次序或会前编排好的次序进行。

会议过程的控制

接下来,再从几种具体的会议进程形式出发,介绍一些主持人控制会议的方法和技巧。

讨论的主持

这是与会者进行沟通的主要形式,主席的基本责任之一就是鼓励和促进讨论。对于要讨论的问题,不要在讨论之前就设定某种答案,应允许各种不同的意见充分表达出来。

参加讨论的成员是平等的,不存在谁服从谁的问题,都应服从于事实或真理。

主席在主持会议时,应注意让每个成员都有发表意见的机会。讨论中虽然常有主要发言者,但不能被某几个人垄断,必要时可以限定发言时间。主席还应随时把握讨论的方向,使之不偏离主题。在讨论中,切忌发言之间毫无联系或交流,各唱各的调,话题分散甚至形成小群体。主席在这中间可以通过一些必要的插话和简短的小结,使讨论问题集中在某一点上。

有时,为了保证参加者都有机会发表意见,可以适当限制参加人数或分成小组讨论。分组也有两种方式。一是将专业、素质、年龄相近的人分在一起;另一种是将专业、素质、年龄不同的人分在一起。前一种方式有助于使讨论焦点集中,便于形成融洽的关系;后一种方式有助于从各个角度比较全面地研究问题,减少片面性。

辩论的主持

热烈而不失理智的辩论在会议中是必要的,有时候可能的确是不辩不明,但是,辩论必须有序进行,不能某个人还没有表达清楚他的观点,另外一个人就打断他的话,其实可能并没有弄清对方想要说什么。这样的辩论,就有些离谱了。而且由于个人的情绪都比较激动,以至于偏离会议主题,变成为辩论而辩论。这个时候,会议主持人不能忘记自己的职责,结束这种争论,重申会议的主题,要求大家重新围绕着主题发表他们的高见。

在争论的时候,有时候大家的意见都趋于统一了,但偏偏有个别人仍坚持他们的反对意见。如果主持人认为讨论下去没有什么意义了,可以运用自己的权威,结束这场辩论,转向下一个议题。倘若主持人在会议之前就预料到,个别与会者可能为了维护他们自己的利益,而在会议上唱反调,可以预先找这些人谈谈,争取获得他们的认同。这样既可以保全他们的面子,又可以避免在会议上浪费时间。

完成预定的工作目标,需要主持者采用有效的方式控制会议进程,从而得出理想的结论。

提问的控制

主持会议的一项重要技巧是善于提出问题。提问可以吸引全体与会者的注意力,也有助于人们深入思考。提问时,要注意把握时机,问题要明确具体,切忌含糊其词。例如,当讨论已涉及某个问题但焦点又不是十分明确时,及时地提出问题,常能使讨论形成高潮。

提出的问题类型有不同的分类方法,有人将问题分为开放式问题与封闭式问题。前者是指没有任何固定答案,由应答者自由回答的问题;而封闭型问题是指提问者已设计了两个或两个以上答案,让应答者讨论这几种答案的利弊。还有人将问题分为全体问题与个人问题。前者是指主席向全体与会者提出的问题;后者是指针对某一特定与会者提出的问题。

问题的总结

主席的另一个重要职责就是及时对会议做出总结。在每个话题结束时,主席应当总结大家取得了哪些一致意见,以确保每个人对此都有同样的理解。特别是应当重复说明所有的行动要点、行动的负责人和预期完成的日期。不善于总结的人往往会将会议的宝贵成果丢掉或错过宝贵时机。

会议的结束

总结实际上是对会议成果的概括。随着会议的进行，主席应及时总结会议取得的成果、成功的经验和失败的教训。如果一切进行得都很顺利，就能够在计划时间内成功地结束会议。如果会议开到很晚，你就应该想到，有的人可能不喜欢一直待到你完成所有会议议程为止。在预定结束时间前 20 分钟时检查一下"温度"，看看人们是愿意留下来完成会议议程，还是愿意另外选时间再开一次会。

如果还有时间，就应该问问与会者对于讨论的各项议程是否还有什么重要的、特别要关注的事。除非开会的这群人里大多数人有共同的关注焦点，否则不要立即着手解决这些问题，但是你还是要注意倾听细节，并向这个与会者许诺过后会给他一个答复。

会议主持技巧

良好的开端固然重要，但会议的真正成功需要主席在会议中不断做出努力，使良好的气氛贯穿始终。以下这些会议主持技巧是主席经常使用的：

构造"我群感"

也就是想方设法使与会者有一种对会议群体的强烈归属感。"我群感"对于调动与会者的积极性、承担起其职责、增强会议内聚力和实现会议目标有重要作用。主席可以在讲话中重复使用"我们""我们的""我们这次会议"等术语，使与会者产生我们是一个整体的感觉；同时，尽量避免使用"你们"这样的说法称呼会议成员。另外，可以使用特殊的会议标志（如会议代表出席证、会标等），以明确会议群体与非会议群体之间的界限。

协调会议中的不同意见

在会议中，可能各方会持不同意见，相互争执。如果争论已经达到过火的程度，主持人首先应当制止这种争论。此外，应当就各方的不同意见进行具体分析。看看他们的分歧点究竟在哪里，是否都有充分的依据，是否有协调的可能性。倘若各方的意见都有一定的合理性，那就只能权衡各种方案的利弊大小了，两利相权取其大，两害相权取其小，最终获得一个大家都能同意的方案。如果这种分歧实在过于复杂，难以消除，那么只能留待以后解决。为了保证能将所有的议题都讨论完，会议应当转向下一个议题。

协调宣称目标与潜在目标

要在会议中尽快实现近期目标和较易达到的目标。会议的宣称目标一般是主席在会议开始时明确清楚地向全体与会者宣布的目标；会议的潜在目标是会议未公开宣布，但在实际上却随着会议的进行而逐渐达到的目标。对此，主席应始终保持清醒的头脑，并灵活处理会议中出现的各种情况，以创造良好的会议气氛。同时，会议的目标有近期的、较易达到的目标和远期的、较难实现的目标之分。主席在安排会议时，应使近期的、较易达到的目标尽快实现，这样会使与会者兴趣增加并激发其信心，保证会议顺利进行。

对与会者进行分组和分类

对所有与会者参加会议的目的进行深入、细致的研究，并对这些目的加以分组和归类。主席在掌握会议进行程时，要注意这些目的是否达到。只有使会议既达到了组织者的目的，也达到了全体与会者的目的，会议才可能获得较大的成功。

利用与会者的经验和专长

虽然会议开始时,与会者对于会议的情况还不甚了解,但每个成员都有自己独特的学识、文化、阅历和经验。主席应尽力调动这些潜在因素,使它们充分发挥作用。

对与会者的错误采取宽容态度

与会者有时会有不适当的言谈举止。对此,主席不宜进行严厉的批评,而应尽量宽容。随着会议的进行,相信他们会有所修正和改进,不适当的批评会破坏会议的气氛,使整个会议中的人际关系紧张,从而不利于会议目标的实现。

6.1.3 管理会议

在高耸的、自上而下、命令—控制型的组织中,和下属一起开会是实现这种控制的手段之一。通常这种会议都以单向沟通为主,由经理告知员工组织想要达到的目标。在结构更加扁平的组织中,工作围绕跨职能部门且具备多种技能的团队展开,因此会议的重要性愈发凸显。随着逐渐被应用于更加复杂的多职能部门和多国家问题上,会议变得越来越重要,而且也越来越难管理。

开会从只充当组织运作的一种方式变成了实现组织目标的最重要方法。但是,不管开会的作用变得多么重要,很多会议由于准备工作不足,组织不充分,难以得出有效的结论。

会议的分类

举行会议的目的多种多样,让公司成员了解经营目的,传达一些有关公司经营状况的信息;分配任务,部署阶段性工作重点及每位员工的职责;实现组织信息的有效交流,使经营计划顺利进行;运用群体智慧,解决问题和障碍;脱离陈旧的观念,产生新的创意等组织活动都可以通过会议形式得到推动或解决。

会议性质

谈判会议　用于解决争端或冲突,讨论是"双向"进行的,旨在达成双方的谅解。

报告会议　会议的信息流往往是单向的,不允许讨论,否则会影响信息的有效传递。

解决问题的会议　要求充分发挥小组人员的主观能动性,使问题得以解决。此类会议组织形式灵活多变,可以开展广泛的讨论。

制定决策的会议　只限于特殊人员参与决策制定的会议。制定的决策应当被每一个会议参加者所了解,并为此承担责任。此类会议的组织非常严密。

收集和交换意见的会议　用于发表意见、发布消息、了解对意见的反应。此类会议鼓励广泛讨论和踊跃提问。

与会人数

大型会议　参与人员可以达到成百上千人,如某公司组织的全体员工动员大会等。这类会议实际演讲者不可能太多,只能是有限的几位,大多数人只能是听众。大型会议在告知信息时运用得较多,当然如果涉及一些简单的程序,亦可以进行选举或表决某项议案。大型会议应注意到其组织难度较大,维持秩序不易。大型会议大多会设计会标、会徽，甚至有会议旗帜，这样会营造与会者的群体感受。

中型会议　人数一般在几十人之内。大型、中型会议一般都是例行会议，不可能有太自由的辩论，否则秩序将十分混乱。中型会议的几十位参与者可能都有机会发言，但是也必须有严格的秩序，并且有时间限制，以免会议失控。还有一种进行形式，就是由主导的几个人发言，其余的人加以补充，但是这样不易调动大家的积极性，导致会议气氛沉闷。得不到发言机会的与会者会三五成群地开小会。

小型会议　这类会议应用最广泛，意义也最大，这是因为小型会议沟通非常方便，气氛也相对活跃。大家可以畅所欲言，贡献自己的智慧，因而容易产生很好的创意。由于参与人数较少，一般在十人以内，或者刚刚超过十人，小型会议便于控制。主持人可以随机应变地调控会议的内容和议程，以达到最佳会议效果。

会议频率

例会　常规的日常会议往往定期召开，会议参与者也基本固定，会议的主题和进程基本一致。比如，每周的部门工作会议。这些会议因为都能够遵循既定的规范，人们彼此相识，所以往往比其他类型会更有效率。

年会　企业、行业和学术界经常组织年会，一般在每年的相对固定时期进行，主题多数围绕当年发展或业绩情况进行总结或报告。

会议成员与角色

所有会议的开展都需要相关人员的参与，并担当相应的角色。一般意义上，会议不可缺少的三类主要角色有：

协助者　管理会议流程，控制会议议程，使会议顺利开展，平衡所有与会者的贡献，处理分散与会者注意力的事。

领导者　负责达到会议规定的目标，陈述这些目标，分配行动，制定所有必要的决策。

支援或参与者　带来信息、专业知识和创意，帮助解决问题、完成分配给他们的所有任务，这些角色的参与使会议获得解决问题的能力。

具体来说，为了使会议进行过程中各项功能能得到充分发挥，会议主持者还应该尽可能确定具体组织活动的人选，以协助会议进程中的各个细节。这些人员包括如下几类：

主持人

会议中最为重要的角色当然是主持人。主持人和会议组织者可能并非同一人，但是由于大多数会议，特别是经常发生的内部小型会议，参与人数较少，分工也不是非常细，这两个角色经常是重合的。

会议组织者

会议组织者应对会议的全过程负责，包括确定会议的主题和目标，制订会议活动计划，安排会议议程；还要选择会议的参与者，发放会议通知、布置会场；正式召开会议时，要进行一些介绍，包括主题介绍和会员介绍；继而进行发言和讨论，有可能的话还要进行表决；最后组织者要对会议过程、结果进行总结。

与会人员

与会人员是指那些被会议组织者挑选参加会议的人。一般来说,会议组织者要将会议内容、议程打印在会议通知上,分发给与会者,以便于他们进行一些准备。与会者的准备十分重要,不经过缜密的事先准备,会议常常达不到应有的深度,从而影响最终效果。会议中与会人员的有效参与也非常必要,有效参与包括贡献出有创造性的思想,能冷静地倾听别人的意见,在别人与自己观点有冲突时,要控制自己的情绪,不要发生争吵。自己发言时要简洁、清晰,不要滔滔不绝,说个没完,以免剥夺别人的发言机会。

记录人员

记录人员负责将会议的要点记录下来,包括参加会议的人员、缺席人数、会议时间地点、会议的议程、与会者的意见、最终的决议等,这些信息将为未来的查询和参考提供依据。

服务人员

会议还需要各方服务人员。比较正式的会议,尤其是涉及外部参与者的会议,需要有一定数量的人员从事服务工作,比如分发文件、分发水果和饮料、转接电话等。

会议的节奏

议程决定了会议的形态。有的议程须列明所要展开或讨论的内容,让与会者清楚明白要依次做什么,以及为什么要做这些事或讨论这些问题。

受会议成员的个人因素、客观特征等影响,会议并不是一直都保持着同样的效率。这种效率的变化可通过开会的生产率生命周期图(见图6-1)来展示,其中的能量线可以很清晰地表达这一结果。人们来开会的时候脑子里往往还在想着其他事情,还需要一点时间才能调整到开会的频率上来。当人们逐渐把注意力集中到开会上来时,就会出现一段能量活跃期。20分钟左右过后,人们的注意力开始分散。除非有什么事特别能引起他们的兴趣,否则,与会者的能量水平将逐渐下降。

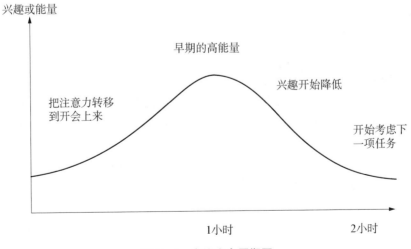

图6-1 会议生命周期图

会议生命周期对会议的组织和管理者是一个很好的启示，它提醒了每日参与各种会议的普通员工应该如何调节自己参与会议的注意力，确保会议能够集中讨论预期解决的问题，并能够在会议中较快地提出一个较好的解决方案。

议程需要安排得妥当，一开始讨论比较直截了当的问题，而把较难和通常比较重要的放在会议的中段讨论。如果一开始就讨论无异议的问题，与会者因此可以更加投入，这也意味着一旦与会者说了"是"之后，他们也就比较容易继续说"是"了。因此，安排会议议程时，应该设法将议程安排得能让会议顺利进行下去，然后再处理更加棘手的问题。把最能引起兴趣的问题留到最后也是有好处的，这样做有助于在与会者感到疲倦的时候，重新引起他们的兴趣，激发他们的能量。

会议的完整过程

我们中的大多数人把会议看作是一次性事件，认为80%的效用在于会议本身，而准备会议和会议的收尾工作平均只占到10%就足够了。然而，要想提高会议的效率，尤其是比较困难、比较重要的会议，我们也许应该转变为另外一种模式：更加强调会前和会后的工作。虽然我们的主要任务还是会议本身，但是对于重要的会议，充分的准备工作和后续工作能大大提高会议的效率。

会议的构成

会议准备（40%）　会前要与所有与会者进行一对一讨论，向他们介绍会议目标、讨论他们的观点和可能遇到的反对意见，和他们一起分析其他与会者可能做出的反应，他们能做什么来帮助应对，以及通过他们的协助预先向相关职能部门中的重要人物通报会议的目的。

会议进行（30%）　此阶段的目的不是要开始讨论，而是要在广泛的准备工作基础上取得积极的一致意见。难点在于，在开会之前必须预测到各种可能的创意，这样，就可以进一步扩展好的创意，阻止不好的创意导致会议偏离航向。

后续工作（30%）　同样，如果是一个重要的会议，就应该单独与每个与会者见面，询问具体情况，看看他们认为什么进行得好、什么进行得不好，问问他们是否明确地理解了决策的意图，请求他们帮助你推动决策的实施，当然还要弄清他们是否对自己在会议中的作用和会议结果感到满意。一个一个地和与会者见面，了解他们的反应、建议和在推动组织采取行动方面能提供的帮助，这样做能省去很多麻烦（见表6-3）。

会议过程的管理

组织一次富有成果的会议需要保证三个阶段的努力，其间应该做什么和不应该做什么，如图6-2所示。内容和过程管理不当，会让糟糕的过程毁掉会议的效果。个性上的冲突或者在会议上占主导地位的人都可能毁掉好的创意。时间控制得不好会使会议任意地进行下去，以至于没有时间实现原定的目标。创意被忽略，或会议流程失控，人们就会变得缄口不语，并不再做出响应。

表6-3 会议的过程管理

筹划会议

明确会议目的	确保会议是达到小组目标的最佳方法
	通过其他媒介公布日常信息
准备有效议程	至少以一个短语确定会议的主题
	明确与会者可能要涉及的内容(讨论、决策)
	为每项议程作时间规定
通知与会者	发布通知单或发送电子邮件
	用会议记录副本作为通知方式
	用电话作为重复性的而非主要的联系方式
预留标注空间	在议程文件上留出足够的记笔记的地方
	阐明与会者的角色
	列出一个行动计划

主持会议

设定基本规则	与会者必须有备而来
	与会者必须对议程负责
	主持人必须明确会议的形式:高效还是深入的讨论,整个小组还是分组

管控会议

意见一致模型还是罗伯特规则	意见一致模型——要么取决于职务,要么建议其他备选方案
	省去针对一些问题进行结构式投票的法律程序
进行小组沟通培训	营造鼓励性还是防御性的沟通
控制沟通量(内容与过程)	遵循议程主题
	提醒与会者重视占用时间的倾向
	如有必要可指派小组委员会负责处理
	防止有人滔滔不绝

后续工作

迅速公布会议记录	需要提醒与会者,他们必须采取的行动
公布有效的会议记录	分清讨论与决策的区别
	列出行动一览表

如果由于技术问题,如缺少信息、合适的人选不在、特殊的设备不能运转等,导致无法完成预定的会议内容,那么当能够找到所有这些必要的条件时,再召集一次会议就不那么困难了。如果会议因为与会者相互倾轧,因为某些人滥用职权发号施令、垄断了时间,或者因为团队出于私利操控会议等原因而失败,那么挽回损失就会很难。因为一旦人们占据了某些职位,就很难让他们让出位置。

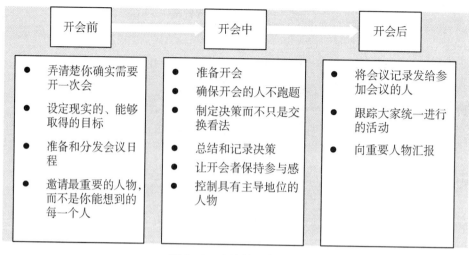

图6-2　会议的三个阶段

会议的筹备

会议议程

会议就像晚宴一样，可以是正式的，也可以是非正式的。

正式会议属于何种类型可由其法定地位来确定，其形式或由一定的规则和条例来确定。不管正式会议的目的何在，其议程内容一般需要包括以下要素：

- 会议的宗旨、日期、时间、地点、与会人员。
- 报告和回顾，总结上次会议以来做了些什么事情。
- 提出新的协议或行动计划。
- 对各种提议进行修正。
- 辩论或讨论新提议的可行性。
- 采纳或拒绝提案。
- 会议记录。
- 其他事务（未列在议程上的问题）。

非正式会议要自由得多，但这并不意味着它们缺乏组织。非正式会议的主持方式和与会者的行为都比较轻松，却仍需确保会议程序安排得当，从而使会议开得卓有成效。非正式会议至少应该具有以下要素：

- 会议议题一览表。
- 主持会议的负责人。
- 会务工作与分工责任人。

有效的会议必须给每个议题安排一定的时间，在会议正式开始之前至少要做一些解释。试着在开会前了解与会者对议程安排的看法。你肯定不希望在会议开始的几分钟之内就被人打断,质问为什么没有把某个对他们很重要的问题安排进去。每一次会议都应该有某种形式的议程,这是保证会议有序开展的基础。

会议时长

不同的主题需要不同的讨论时长。总的来说,会议一旦超过两个小时,生产率就一定会下降。一场两个半小时的会议听上去还比较合理,可是当在各个与会者之间分配这些时间时,实际上每个人只有很少的发言机会。再考虑到耽搁和中断,大多数与会者每人发言的时间很难超过 10 分钟。因此,开会前需要考虑清楚,开会是不是利用人们时间和取得预定目标的最佳方式。

会议时间

在选择会议的举办时间时,首先应考虑的便是会议主席的时间。这种做法并不表示主席是一位以自我为中心的人,因为主席既然是会议成败的关键人物,在选择会议时间时,自然应以适合主席的时间为优先考虑。其次,也应该考虑方便与会者出席的时间,以及与会者所偏好的时间。倘若与会者对会议时间有所不满,则会议目标势必会遭受不利影响。

确定会议时间还应该考虑尽量让所有与会者都能参加会议。如果是外部会议,要避开节假日或有重大社会活动的日子。如果早上开会时间太早,会导致与会人员迟到或忙中出错。如果希望就某一问题迅速达成协议,那么最好把会议时间安排在下班前一个小时。如果想激发创造力,那就上午开会;如果只需要在昏昏欲睡的情况下征得大家的默许,那么刚吃完午饭开会是最好的选择。

会议场所

会议场所的选择首先应考虑会议的内容是机密性还是开放性的,然后运用各种措施,使会议能顺利地进行,并且取得最好的效果。

确定会议地点 一般要遵循交通方便的原则,可能的话,应是离与会者工作或居住地较近的地方,以确保与会者能方便及时地赶到。

确定会场 会场应该能够适应会议的级别和与会者的身份,不能太简陋,当然也不必太奢侈,应符合经济适用的原则。会场应大小适宜,具有良好的通风条件。会场的照明条件要能够使人精神振作,提高会议效率。此外,会场的环境,应宁静而无干扰。会场内应配备一些与会议有关的设施,如电源、银幕、投影仪、幻灯设备等,以便展示会议的一些背景资料和议程大纲;扩音设备在较大型会议中尤显重要,倘若与会者听不清主持人的发言,那将是一次失败的会议。此外,还有其他一些会场的条件,如桌椅、茶水等。倘若举行的是较大型的外部会议,那么还要考虑外来与会者的饮食、住宿问题,以及来回的飞机票、车船票预订、接送等问题。

参会人数

一般来说,应根据会议的类型和规模控制与会人数,会议的参与人数不宜太多。越多人开会,越需要花费力气去掌控会议。要想让与会者充分参与,开会的人一般要少于 10 人。当人数超过 15 人的时候,大多数与会者在大多数时间内的参与感就不会很强,而且不积极参与会议讨论的人会仅仅因为疲倦而使会议主题发生偏离。

根据不同的会议类型,我们有大致的合理人数建议。关键问题解决和决策制定相关的会议 5 人最宜；以问题识别为目的的会议 10 人比较合适；专业研讨培训类的会议 15 人左右有利于实现会议目标；信息研讨型会议可以扩展到 30 人；宣讲报告类会议没有规模限制。对于大型会议，在涉及受到规模限制的活动时，可以通过分组的形式来降低规模对会议效率的影响。

会议组织者应当细心挑选具体由哪些人来参加会议，最起码的要求是对会议内容比较了解的人才可以参加会议。让同一部门或有相同意见的人推选出一个代表参加会议有利于精简人数。如果这样做参加会议的人数仍然较多，那么可以在议程上调整一下，让一部分人在讨论完一个问题后离场。

同时，在确定与会人员时，还要考虑人员构成的结构平衡，以利于得出结论。这些平衡包括同质性和异质性的平衡、竞争性和合作性的平衡、任务导向和过程导向的平衡。

会议通知

会议通知一般应注明会议时间、地点、名称、参与人员、主要议题、主办单位、个人需支付的费用、对方答复是否参加的最后期限及回复的地址、电话，但是很多人可能对这种设定最后期限的方式比较反感，而不愿意回复或允诺。所以组织者应在最后期限前后打电话向各位受邀人征询一下，以确定他们是否参加会议。对于能收集到的回函要进行登记，最后给那些可能参与会议者安排座次、餐宿等。

6.2 ▶ 会见沟通

会见这一术语被定义为"人与人面对面的相会"。会见是一种极为常见的人际活动，它由于不同的原因而出现在各种各样的环境之中。在很多情况下，当我们跟生活和工作的社会环境发生关系时，会见就会发生。例如，当我们申请贷款买房时或打算换工作时，会见会发生；当我们看医生时、想进入学习班学习时，或者当别人想了解我们如何完成工作时等等许许多多的情况下，会见都会发生。

通过会见，我们获取有用的信息，满足我们不同的需求。可以说，会见是日常工作中最普遍、发生频率最高的活动。从本质上讲，会见是一个交流信息的过程，由两个或两个以上个体参加，这是所有会见都具备的共同特征，但是仅仅认识到这一点是远远不够的。会见是一项目的明确、为了达到预定目标而有组织、有计划开展的交换信息活动。管理者借助各种各样的会见能更便捷地传递组织文化，营造积极的组织影响力。

会见的目的各不相同，与管理相关的会见目的大致可以包括以下几个方面：
- 收集或交换信息。
- 选派人员并交付某项具体任务。
- 密切关注工作进展。
- 给予劝告与训导。
- 提供咨询或给予反馈。

管理者都经历过在接见过程中的自我暴露这一过程，尤其在更换工作部门或到其他公司另谋高就的会见过程中,经历过甄选会见的管理者对此并不陌生。同时,对有些管理者来说,会见其他人的过程也是经常性的,甚至是每天的例行工作,因为这是他们管理工作中的一部分,像这种的管理工作还包括市场调研、招收新雇员和管理咨询等,而会见在其中则作为一项以沟通为核心的技巧。这里简单介绍几种常见的、比较重要的会见类型。

调研会见

管理者想要了解市场的真正需求、顾客的偏好、顾客在挑选产品时的关注点以及产品销售群体信息时,往往会采用调研会见的方法。此时,会见双方较多采用简洁、易记录、易分析的封闭性问题来展开交流。由于调研会见的正确性与可靠性主要取决于调查问卷、调查者和被调查者,因此,在这种类型的信息收集会见中,应多采用有组织、有条理的问卷调查方式。

离职性会见

在以信息收集为目的的会见中,员工离职会见是一种比较特殊的会见形式。其特殊性在于获取真实信息的难度。离职会见的目的主要在于了解员工离职的原因。若一定数量的员工因为相同的原因而离职,就说明企业内部在组织安排、激励机制等管理方面中确实存在问题,需要调整,以确保对人才的吸引力。

由于员工已经做了离开企业的决定,因此在这种情况下,员工一般不愿过多批评企业的不足,这种心理就造成了信息收集过程中的障碍,克服这种障碍有赖于会见双方的信任关系。有效的离职前会见可以有效预防人才流失。

求职性会见

求职性会谈是会见中最常见的类型。通过面试官与应聘者面对面的接触和问答式的交谈,招聘单位可以进一步了解应聘者的各方面情况,从而做出正确的录用选择。然而,由于面试不可避免地是一种主观性评价方法,因此,面试的有效性与可信度在很大程度上取决于面试官的经验及技巧。此外,从应聘者的角度来看,面试多多少少与紧张的心情相伴,要克服不稳定的心态,避免表现失真,要求应聘者对面试的目的、内容有一定程度的了解与准备。

6.2.1 会见准备

会见是两个或两个以上个体之间的碰面,本质上说它是社会性的,而且有一定的目的。在这个碰面当中的互动是复杂的,同时也反映了参加碰面的个体在其中的角色。会见同时又是一项正式的安排,它要求参加者严密地组织、有计划地展开。通常会见的过程包括准备阶段、实施阶段与总结阶段,每个阶段都有大量的细节工作,认真、有准备地完成这些工作,才能做好一次有效的会见。

准备工作是面谈成功的关键,因为会见的时间并不能随会谈双方的喜好与需求无休止地拖延下去。大量统计数据表明,会见的时间一般在30分钟左右,时间的约束要求面谈者事先做好准备工作,以充分利用宝贵的时间。

明确会见目的

想要成为一名成功的会见者,就必须首先确定会见的目的,会见的目的是一切相关话题的出发点。凡事都要首先确定目标,只有确定了会见的目标,也就是希望达成的成果,才能决定怎样去实现这个目标。要使目标明确,需做到以下两个方面:

- 确切地知道我们要完成什么工作。
- 清楚地说出我们想要的是什么。

在建立任何关系之前,我们必须确定自己真正想要的东西,然后再用非常简单的措辞清楚地描述想要的结果,并采用一种能判断最终成功或失败的方式。如此我们才能从对方那里获取某些信息或达成某些协议。

明确需要收集的信息

在会见开始之前,会见者通常应该阅读有关的文件,把会见中需要获取的信息列成一览表,这样有助于会见结束后对具体问题做出决策,并避免遗漏,还可以将会见内容记录在册,同时也可以配备与会见对象有关的信息资料作为参考。对于惩戒性会见,采用列表的方式同样可以获取更加客观的书面信息。

准备会见参考资料应做到以下几点:

- 哪些资料是会谈所需的,如有时间可尽量全面地收集。
- 筛选其中重要的资料,进行仔细的推敲。
- 确定哪些资料可以支持我们的观点,找出这些证据,并做记录和整理。

会见谈话内容构思

在确定了会谈的目的并研究了有关资料后,应该对即将实施的会谈进行概括性的排练,这是对准备工作的检查和进一步完善。

会谈前

在日程中安排恰当且充实的时间;确定好会谈的时间及地点并通知对方;提前拟订面谈计划;在做好各种准备工作之后,提前与对方联络,建立有助于会谈的关系。

会谈中

正式会见谈话时,逐一执行会见计划。比如,如何开始,表明目标的切入点;按计划展开主题,充分展示证据,强化你的观点;总结并认可有关结论和所采取的行动;酌情思量是否需要安排下次会谈,明确何时结束会谈;随时监控可能出现的尴尬情况,提前解除;逐步推动会见目标的实现,适时盘整会谈内容,核查会见计划是否完成,是否有必要按备选方案与策略进行会谈而放弃当前计划;选择适宜的形式做好谈话记录等等。

会谈后

结束会谈后进行必要的回顾;对会谈内容、过程按会谈记录进行回忆;整理记录;针对目标和计划评价会谈结果,实施会谈结果;跟踪同意采取的行动;实现承诺。天衣无缝的构思只能是一种奢求,但花一点时间构思,有助于减少疏漏之处,提高成功的可能性。

会见场所

会见场合的选择有时也能决定会见的影响力。一个舒适宽敞、通风明亮的环境有助于会见双方保持清醒的头脑；一个安静、不受噪声侵袭与电话打扰的场所会有效地提高时间的利用效率。

特别需要指出的是，办公室的空间安排也可能对会见的效果产生极大的影响。研究表明大部分办公室都可以分为两个区域：

压力区域 指办公桌周围的那片区域，它的设置主要是为正式交谈服务。它们的特点通常是办公室的主人坐在办公桌的后面，他们是交谈的引导者。

半社会化区域 稍远离办公桌的那一区域，如果是较大的办公室，其中可能还会有舒适的沙发和茶几，在这个区域内的交谈被认为是建立在比较平等的基础之上的。

改变办公室的设置与布局将会使这些区域发生改变。另据研究表明，交谈时，双方座位成直角时交谈要比面对面的交谈要自然六倍，比肩并肩的交谈要自然两倍。

6.2.2 会见过程

会见计划的实施是一次会见的主体，所有准备工作都是为了有效实施而服务的。当会谈按计划展开时，要经历几个紧密相连的行为过程：建立和谐关系、会谈中的提问、倾听、记录和结束会谈。

建立和谐关系

在这一节，我们以员工甄选面试为例，对会见过程的有效组织实施进行说明。对于大多数应聘者而言，会见是一项具有挑战性的经历，其地位的被动性以及被置身尴尬境地的可能性使应聘者总不免有些紧张。因此在会见双方之间建立融洽和谐的关系，营造令人放松的良好气氛至关重要，这有助于使应聘者放松紧张的神经，令信息流顺利通畅地互换，提高成功的概率。一声主动亲切的问候或对共同关心的问题进行简短的讨论都是可选的方案。

作为一个面试官，应尽早与应聘者建立融洽关系，和谐的面试氛围将为你获取应聘者丰富且真实的信息。不过即使在初始阶段一切都进行得相当顺利，面试官也应该为维持良好的氛围而花费必要的精力，因为紧张情绪随时会在偶发的意见分歧下重新禁锢应聘者的言行。

提问

提问是会见中获取信息的主要手段，不同的提问方式会使对同一主题的回答在信息量、侧重点和组织方式上有所不同。

倾听

在所有的交流方式中，积极倾听是一项重要且必备的沟通技能。正像阿拉伯人所说的："如果我倾听别人讲话，我就处于有利地位；如果是我讲话，别人就处于有利地位。"一般来说，一位优秀的会见者用于自己说话的时间不超过整个会见时间的三分之一，这就意味着会见者应当利用三分之二的会见时间去积极地倾听对方谈话。值得注意的是，积极倾听不仅仅让会见者拥有更多的时间去听，更可以通过积极倾听本身带来的影响力获得说话者的好感和信任，促使说话者更乐于表达和陈述。

记录

在多数情况下，把会谈要点记下来是一种明智的做法。但是在会见中埋头做记录往往会分散会见双方的注意力，干扰会见的正常进行。因此，做记录应当做到尽量不引人注目，同时不影响自己积极倾听对方的谈话。要做到这一点，有效的方法之一是使用一张会见前拟好的会见标准格式表，或者请记录员负责记录，也可以依照规定并经允许进行录音，以便在会见结束后抽时间对会见的印象加以评注。

结束会谈

当会见组织者意识到已经实现了会见的目标，获得了所需信息之后，就可以准备结束会谈了。通常，会见组织者会直截了当地说明他的意图并感谢应答者的合作，有时也可以提供应答者了解相关信息的机会。会见的组织者应坦率、简洁、全面地回答对方的提问，比方说下次活动的时间安排等等。

6.2.3 面试沟通

面试过程

求职的面试过程可以分为四个典型的步骤，如图6-3所示。

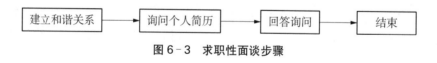

图6-3 求职性面谈步骤

初谈阶段

在此阶段，面试官至少要向应聘者明确此次会见的内容和持续的时间。这个阶段的目的在于引导应聘者自然表达，使面试开始进行，面试双方需要建立和谐关系。这时面试官主要询问一下诸如应聘者的业余爱好等，以慢慢切入正题。为了让应聘者感到轻松，用人单位会尽量创造让参加面试的应聘者放松的情节如："在我们开始之前，你要不要一杯咖啡？"

履历阶段

这个过程包括询问应聘者过去的工作记录等，在此阶段一般使用无时间限制的随便提问、反馈调查和总结等方法。"据我所知你在BZQ计算机公司从事营销工作，那听起来是一项颇具挑战性的工作。""回顾过去，你认为在作为销售经理时你的业绩有哪些？""告诉我你在BZQ公司的工作经验与这项工作有联系的原因。""你有哪些特长？""关于这项工作和本计算机公司你想了解些什么?"

问答阶段

此阶段应聘者要回答面试官所提出的问题,使面试官获取所需信息。一方面,面试官要注意自己提问的语速要适当。提问时话说得太急,容易使对方感到咄咄逼人,引起负效应;说得太慢,对方会着急、不耐烦。另一方面,面试应根据需要解决的问题本身来调整提问节奏。

尾声阶段

面试官和应聘者对今后的行动与进程达成一致意见。"我们将在明天晚上结束对所有应聘者的面试,如果方便,我希望我们能在星期三下午通知你我们的决定。"

面试总结

与应聘者的道别并不标志着会见的任务已经完成,此时,面试官手中掌握的只是一大堆事务性、细节性的材料,必须经过归纳、总结、整理才能为解决问题提供依据,而解决问题才是当初进行会见的原始目的与最终目标。

面试问题

开放式问题与封闭式问题

几乎所有的问题都可以分为两大类,即开放式问题和封闭式问题。开放式问题给应答者提供充分的表现机会,能有效地鼓励应答者做出他认为全面完整的答复,由此为提问者提供了全面的信息。封闭式问题则恰恰相反,它仅要求应答者做简短的回答,有时甚至只需以"是"或"不是"作答。这两种提问方式各有所长。

开放式问题不含有任何有关提问者偏好的暗示,因此应答者的回答真实性很高,所获信息也比较可靠。封闭式问题常常有意无意地将应答者的反应导向提问者希望的方向。在会见中,使用封闭式问题应特别慎重,它虽然有助于证实一些事实性的细节,但运用不得当,极易造成信息的扭曲与偏差(见表6-4)。

表6-4 开放式问题与封闭式问题优缺点比较(以面试为例)

	开放式问题	封闭式问题
优点:	面试官有更好的机会观察应聘者 通常不会给应聘者带来压力和紧张 易揭示面试官的兴趣所在	对面试官的技巧要求不高 花费的时间较少 面试官较易控制会见过程,可以比较不同应聘者的回答情况
缺点:	通常需花费较多的时间 通常较难记录与评价所获得的信息 难以控制会见的过程	能够提供的信息量有限 有时会影响彼此间的沟通 很难为应聘者提供额外展示机会
举例:	请做一下自我介绍。 你希望得到一份怎样的工作? 你如何评价你现在的能力? 你为什么离开那家公司?	你希望与他人合作吗? 你是一个人住吗? 你有汽车驾驶执照,是吗? 你是否像大多数学生一样认为自己的课业负担过于沉重?

追踪性问题

追踪性问题常常是基于应聘者对前一个问题的回答而提出的，目的是更多地了解在前一个回答中涉及的细节。它有助于对应聘者加深认识，有时也有助于辨别应聘者回答的真实性。例如，在一个招聘面试中，应聘者回答道："从现在的工作中我学会了如何承担责任。"面试官就可继续发问："那你是如何承担责任的？你承担了多少责任？你为何要学习承担责任？"

相关性问题

相关性提问是对两件事物间的联系进行提问。此类问题考察应聘者处理具体问题的能力，或者其他有关信息。如"今天发生的几件事情对本公司的声誉有何影响？""你若是总裁，如何看待不称职的部门经理呢？""如果你是营销主管，你如何处理与生产部主管的关系呢？""如果你是人事部经理，如何处理这种事情呢？"这种方式的提问可为应聘者提供在具体环境下处理问题的机会，使其展示他的工作能力和工作方法，也可帮助进一步探究他对某问题的态度或者经验。

明确性问题

要求讲话者给予明确的解释，如"请你把电视机的使用方法说明一下"。明确性提问可以就招聘岗位的关键技能或重要疑问直接向应聘者提出，应聘者对此必须正面做出回应，这类提问能够为面试官评估应聘者资质提供真材实料。

激励性问题

激励性问题的目的是激励对方或给予对方勇气，排除紧张感，敞开心扉，敢于开口直抒胸臆。例如，"如果你在这次测试中表现优秀，接下来的工作你将如何打算？"

咨询性问题

面试官可以询问应聘者对自己观点的意见、建议等。例如，"你认为我们签订的雇佣合同是否存在不明确或需要调整的地方？"

最后需要关注的是面试官提问语气要适宜，应该避免使用盘问式、审问式、命令式、通牒式等不友好、不礼貌的问话方式和语态语气。解决方法之一就是用友好的问句代替"为什么"。简单地问一问"为什么"，易被看成是威胁性的。比如我们可以不用"你为什么没准时到"来责备对方，可以说"由于你没能准时到场，我们误了车。以后如果再有类似情况，事先通知我们一声好吗？"

面试官

要提高面试的效果，面试官必须在面试沟通上做足功夫，以提高与应聘者信息交流的水平，准确考察应聘者各方面情况。

聚焦面试的主题

面试官会见谈话需要围绕面试中心目标，这一点十分重要。面试节奏完全可以由面试官掌握，但有的面试官在面试时偶尔也会偏离主题，这样既浪费时间又干扰了面试目标的实现。所以，作为面试官在面试过程中需要保持全程专注，又或者提前准备一些针对应聘者的提问要点，有序引导面试话题。有的时候应聘者也会主动或无意识地跑偏话题。面试官此时则需要结合现场气氛,适时将话题拉回主题,推进计划进程。

营造和谐的气氛

和谐的气氛是一切会见顺利开展的润滑剂,由于在招聘面试中,应聘者总免不了有些紧张,此时和谐的气氛就显得尤为重要。在一般情况下,尽可能在面试刚开始时,和应聘者聊聊家常,缓解面试的紧张气氛,使应聘者在从容不迫的情况下,表现出其真实的心理素质和实际能力。

掌握面试时间

面试应该规定一个基本的时间界限,不要一打开话匣子就没完没了,这样既影响了排在后面的面试,又使面试的主题发生偏移。这种情况一般可以采用计时器设置时限提醒,或者安排专人适时用手势提示用时情况。

一视同仁

先紧后松或者后紧先松的现象在面试中经常会出现。刚开始时由于面试官精力较旺盛、思想较集中、提问较仔细,对应聘者的评价比较准确。到了傍晚,由于长时间的工作,面试官有可能因为疲倦而草草了事,这样面试的结果就不够理想。

充分重视应聘者

有时面试官在面试中会因为一些主观或客观的原因对应聘者表现出精力不济或漫不经心的态度,这样会使应聘者感觉到自己受冷落,不被重视,就会不积极地反应,从而无法了解其真正的心理素质和潜在能力。

注意非语言行为

人们的语言表达往往经过深思熟虑,尤其在面试的时候,应聘者往往事先做过充分准备,讲话的时候往往把最好的一面展现出来,但是要真正了解应聘者的心理素质,应该仔细观察应聘者的表情、动作、语调与非语言行为,综合起来评估应试者。

避免"投射效应"

这种心理因素就是指当听到应聘者某种背景和自己相似时,就会对他产生好感,产生同情的一种心理活动。如老乡、校友等关系都易于引发这种心理反应,面试官应尽量避免相似背景因素的影响,确保面试的公正性。

防止以偏概全

所谓以偏概全的思维模式,就是指面试官基于对应聘者某一方面的好或坏的印象,进而做出总体判断,这种评价模式是面试官将成见带入面试过程的表现,有损于面试的有效性与可信度。

面试官是一种较考验心理素养和沟通技巧的会见角色。面试过程中,面试官可能触碰的误区会让面试效果大打折扣,具体有以下几种情况:

- 与应聘者争论或者试图评价应聘者的观点,这会影响客观性并浪费宝贵时间。
- 就某一细节问题而浪费过多的时间,以致不能在规定时间完成所有会见计划。
- 被应聘者控制会见局面,如提出过多问题。
- 以严肃的态度对待紧张的应聘者,会让他们的神经绷得更紧。
- 被自吹自擂、喜好夸大的应聘者所蒙蔽。

应聘者

影响面试过程的因素有很多，其中比较重要的是来自面试官和应聘者的个人因素，因此在选拔面试中，双方都应做好充分准备，在面试过程中控制谈话进程，创造一个和谐的面谈过程。

从应聘者的角度来看，面试时难免会感到紧张，因为短短几十分钟的面试表现就可能改变你的人生轨迹。一份好工作能为你带来美好光明的前途，能帮你摆脱经济上的窘境。然而紧张的情绪却可能使你表现失常，要克服紧张情绪，从容不迫地面对面试官，应聘者应对面试的目的、方式有一定程度的了解，并且掌握一定的面试技巧。而面试过程中最重要的技巧莫过于准确预测面试中将遇到的问题并有针对性地做好充分准备。

准备一份出色的简历

首因效应导致面试官往往更加重视那些第一印象较好的应聘者。一份好的简历应当资料充分、重点突出，让人过目不忘。但要注意的是，简历内容切忌自吹自擂，夸大自己的能力，因为即使利用欺骗的手段赢得面试机会，训练有素的面试官也能识破。

收集意向公司的信息

在面试中，那些能展现出对意向公司有一定了解的应聘者，往往会有较高的录用概率，这至少代表了他对公司的关心与应聘的诚意。在面试结束前夕，应聘者往往有提问的机会，一个诸如"你们公司经营些什么"之类的宽泛肤浅的问题显然不如"你们公司是什么时间开始生产新型产品的"这样的问题给面试官留下的印象深刻。而这就需要对公司有一定的了解。

其实，收集意向公司的信息并不如人们想象的那样困难，招聘广告与招聘推荐会是最直接的渠道。招聘广告中常常包括公司的规模、背景资料与经营范围等内容。至于招聘推荐会，若是在校园中举行的，公司往往会派专人做详细的介绍；而大型的多单位参加的招聘会、应聘会，则通常有与招聘人员交谈的机会，公司也会准备小册子。如果招聘单位是最终消费品的生产者，那么去百货公司或者专业商店转一圈，了解一下行情也是一个不错的主意。

事先准备提问和应答

面试中大多数的提问是标准化的，也就是说，面试官提问的意图、需要了解的信息是大致相同的，只是具体的表述与提问的方式有所差异罢了。因此，应聘者完全可以通过预先的准备来扬长避短，以最佳的方式展示自己的才能。

在面谈的过程中，应聘者也许已经明确自己想提的问题，但仍旧需要再回顾一遍，看看自己还想问些什么，或自己还应补充些什么。大部分应聘者都为面谈准备好了自己想了解的信息，例如："我的工作如何接受监督？""公司有哪些福利计划？""公司为员工提供哪些发展和培训计划？"

回避不必要的提问

作为应聘者权利的一部分，应聘者可以拒绝回答面试官提出的某些问题，特别是带有歧视性影响的问题，如宗教、种族等方面的问题。

合适的着装

良好的第一印象在面试中非常重要。一般来说,应聘者着装要得体,讲究线条配置,搭配合理,色调和谐。款式应以稳重为好,过于时髦易引起面试官的排斥心理。同时,服饰也要适应未来工作的需要,根据所应聘的工作特质和类型,确定自己的穿着,招聘单位职员平时所穿的服装,值得应聘者参考。

拓展游戏:健绳房

> ★ 形式:集体参与,分为 3 个小组,分别为 6 人、8 人、16 人(人数可视情况而定)
> ★ 时间:30 分钟
> ★ 材料:三根绳子,长度分别为 20 米、18 米、12 米(或 10.8 米、12 米、7.2 米),30 个眼罩(每人一个)
> ★ 场地:室外或宽敞室内

程序

(1) 先发放材料。

小组 1:一根 18 米(或 10.8 米)长的绳子。

小组 2:一根 20 米(或 12 米)长的绳子。

小组 3:一根 12 米(或 7.2 米)长的绳子。

(2) 每人发一个眼罩,在他们戴上眼罩后,要求各小组用领到的绳子完成各组任务:

小组 1:用绳子建一个封闭三角形 △。

小组 2:用绳子建一个封闭正方形 □。

小组 3:用绳子建一个封闭圆形 ○。

(3) 各组都完成程序(2)的任务后,请 3 个小组的全体人员统一起来建一个绳房,如图所示:

小提示

- 可以将绳子的长度改变,也可以改变需要建造的图形。
- 团队成员必须全部用眼罩蒙住眼睛,三角形必须做成等腰三角形。

组织讨论

(1) 游戏一开始你们是怎样组织筹划的? 是否周全? 又是如何分工合作的?

(2) 对比程序(2)及程序(3),哪一个阶段更为混乱,为什么?

(3) 团队成员之间和团队之间沟通分别是如何进行的?

第 **3** 篇

沟通影响力提升

7 引领沟通

越级沟通

公司背景

小黄的工作单位是一家民营科技公司,由 D 大学的一位教授创立并担任董事长。公司现有 50 多名员工,教育文化水平均在大专以上,公司创立 3 年多以来,身为教授和博士的董事长一直坚持倡导学习型组织的建立和发展,但是碍于种种原因,公司的正常沟通渠道一直没有建立起来,而且员工对公司的考评制度意见颇大。公司有数码防伪技术和教育软件开发两项业务,发展一直不错,业务连年增长。

小黄的职位是教育软件开发部最底层的软件动画工程师,直接上司是教育软件开发项目经理老陈,他是在教育软件项目的原项目经理跳槽而项目到期又出现资金短缺的紧急情况之下被董事长叫来担任这个职位的,在这之前,他一直是担任其他公司的建筑工程项目经理,和董事长的交情甚笃。

老陈的直接上司是公司办公室主任老范,前任总经理跳槽,位置空缺已半年之久,董事长只每周一去公司处理业务,平时事务都交给老范。老范是退休的中学校长,公司创立时就担任这个职务,是董事长的亲信。他的管理方式老化,与项目经理和技术人员的管理沟通存在一定的隔阂,而且和老陈之间的关系也不太好,互相不服气,有时还在办公室吵架。

近年,部门内的工作混乱了半个月之久,一直没有走上正轨,新来的老陈按照他以前的建筑工程的管理模式进行管理,提出加班加点争取时间,但是维持原有的工资水平,没有加班补贴,他的理由是资金不足,等到软件做好,卖出去见了效益再补上,而且对部门内员工的意见是表面上一套背后一套,使得大家对他缺乏信任。部门里研发组的老教授们都是返聘的,不可能去等待这个时间差,软件企业里普遍存在的大流动性也导致了研发组的年轻人对此做法颇有微词,但是公司领导和研发组之间由于没有正常的沟通渠道,在项目上的沟通不畅,相互不清楚各自进展的情况,相互埋怨,再加上新来的项目经理的做法更导致相互之间的矛盾加深,因而在部门内部就存在了三对矛盾。

沟通过程

小黄到公司上班时部门就有些乱,大家各行其是,之间缺乏合作,对于小黄担任的动画工程师这个职位,公司也没有明确的岗位说明,是软件项目动画部分调整临时增加的职位,而项目经理对这个职位也无法做出明确的工作界定和说明,使小黄感觉自己一时无法开展工作,对于小黄这种刚进公司的员工,部门内的每个人都能对他指使和安排工作,弄得小黄也无法知道整个项目的进度和自己承担的工作的轻重缓急,小黄常常不知所措,有时得罪同事自己也不知道。而且小黄那时候准备考研深造,经常去S大学参加研究生入学考试辅导及入学面试等活动,先向项目经理请假,但还要得到办公室主任的批准,办公室主任认为小黄的请假理由不充分,像小黄这么大的事情要得到董事长的批准,但是董事长是一周才到公司一次,根本无法向他请假,在没有办法的情况下,小黄只有向部门经理请假后直接就走。

一次偶然的机会,从同事那里得到了董事长的E-mail,小黄当时想到董事长是个教授,应该是每天要看E-mail的,小黄可以把自己对公司的在管理上的一些想法结合以前在其他公司做市场部副经理的管理经验跟他谈一些想法和建议,而且当时小黄要去S大学参加研究生入学面试,又是出现了请假的难题。因为想到和董事长交流要慎重,而且小黄是刚来公司两个月的新员工,更严重的是这个沟通越过了两级,所以周五的下午他什么事情也没做,而是在仔细考虑如何进行这次沟通。小黄罗列自己对公司的管理的感受,存在的问题和可以改进的建议,但有一个原则就是对事不对人,最后提到自己的面试请假的事情。

周一的上午,董事长来公司,按照常规召集中层开会,而后便到各个部门转了一圈,但对小黄没有什么表现出特别的关注,当时小黄就开始了思想斗争,可能董事长没有收到邮件,或是收到了没有什么反应,但他的那种不关心的表现反而使小黄对自己写的建议有要增强说服力的想法。

周三的下午,董事长反常地来到了办公室,打电话叫小黄去他的办公室和他谈话,去了以后,董事长先和小黄聊了一些关于他个人生活的情况,让小黄很放松,接下去就是现在和以前的工作情况,还问了小黄上学的事情,后来便提到了E-mail的事情,让他先谈谈想法,小黄开始谈了自己所处的处境和困惑,以及自己曾尝试过的改变方法,然后从公司的长远发展出发谈了规范而又灵活管理的重要性,表明自己的态度,是为公司着想,而不是为自己个人或是针对哪个个人,董事长一直在仔细地聆听,而且不给小黄压力,听他讲完之后,帮小黄分析了建议中的一些值得采纳的地方,而且表示公司的管理问题一直是他很头疼的地方,但是因为自己一直很忙,没有精力来仔细想这个问题,而且没有哪个员工和管理层员工提出这个改进的方法。

周五下午办公室主任通知小黄到企划部工作,担任总经理助理职务,配合另一位同事完成公司教育软件项目的融资商业计划书,并编制公司新的管理条例。

7.1 ▶ 授权沟通

授权是一种有效的权力使用方法,很多现代企业都在执行授权计划。组织授权意味着管理者要更多地与员工交流,鼓励员工发表意见和见解,了解员工对问题与决策的判断能力,增加员工参与各层次决策的机会,最终通过深入剖析和传递公司战略精神,使员工实现自我管理。

7.1.1 授权

授权是一种权力的分享,是指上级管理者将权力授予公司中的下级成员。授权不同于组织机构内部成员的职权分工。被授权者有一定的自主权、行动权,但授权者对被授权者仍拥有指挥权、监督权。值得注意的是,由控制向授权的转变是现今管理者逐渐认识到的现实。管理者们正通过"胡萝卜加大棒"的方法,努力实现从把控下级工作向鼓励下属自主工作的转变,给予员工权力、信息及权威,让他们找到工作中更本质的满足感。管理者需要借助授权让追随者们明白,他们的工作对于实现组织的目标有多重要。

实行适当的授权能使管理者从纷繁事务的困扰中解脱出来,集中精力处理重大问题,抓全局,还可以调动下级的积极性、主动性和才干,增强下级的信任感和责任感。此外,授权还可以充分发挥下属的专长,有利于培养后备干部,还可弥补管理者自身的不足,更能发挥管理者的专长。一项研究表明,可以通过授权建立一个具有卓越绩效能力的公司。这个战略的优势在于:授权是一种激励手段,它可以开发雇员们的潜力。如果这种作用扩展到整个公司,可以释放整个公司的发展效能。

管理者若能驾驭授权沟通,在日常组织管理活动中便更能提升自身影响力。

第一,因为授权可以满足个人的高层次需求,因此可以作为有效的激励手段。研究表明人们都有自我效能(self-efficacy)的需求,即具有产生结果的能力,感觉自己是有用的、有贡献的。大部分人都希望做出优异的工作成绩,而授权正好可以将这种内在的激励释放出来。雇员激励是一种内部激励,激励点在于个人控制和自我效能感。增强的责任感激励大部分员工努力做到最好。一位员工在描述完成一个简单任务的感受时说:"一位领导告诉我,'这里的一切都需要贴上标签并打包,装进板条箱,今天下午之前送进车库——当你做完这些后,我还有其他事情让你帮忙'。然后他就离开了。我觉得像是完成了工序中很重要的一个部分,这也表明他信任我,相信我能够做好。我有动力不使他失望,证明自己可以解决问题。"

第二,授权实质上增加了公司中的权力总量。如果说授权是管理者将权力下放,在某种程度上是一种不够准确的解释;实际上,管理者只是跟员工分享了权力,建立了一个更广泛的权力基础,增加了原有权力的覆盖面。简单地说,如果公司中的每个人都拥有权力,公司就会更有执行力。授权让员工的活力从过度控制中释放出来,使得员工可以自由地发挥自身智慧和能力,无需担心会受到限制。获得授权的员工会通过更多地发挥自身能力来完成工作。

第三,管理者可以从雇员参与带给公司的额外能力中受益。管理者可以将更多的时间用在公司的整体规划和前景上。另外,因为雇员现在可以更快和更好地对他们所服务的市场做出反应,授权还可以释放以前的压力。一线员工通常比管理者更理解应该如何改进工作程序,如何使顾客满意,或者解决生产上的问题。

通常,对大多数人来说,增强的权力和责任会带给他们更大的激励。同时,组织可以获得更高的员工工作满意度,提高资金周转率,降低员工的旷工率。例如,在最近的一个调查中发现,向员工授权,包括增强的工作责任感、定义他们工作的权威以及给予做决定的权力,几乎是工作满意度最显著的影响因素。

7.1.2 有效授权

有效授权的第一步是有效招聘和培训,并需要在找到那些既有能力,又能为公司做出真正贡献的有工作激情的员工后,向他们提供激发自主工作的责任和激情的培训。例如,通用电气公司达勒姆工厂对招聘和培训工作很重视,因为公司需要那些能够完成复杂工作的员工。仅仅拥有一个能胜任的员工是远远不够的。要想真正地授权,使员工能成功完成工作,有五个要素是必备的:信息、知识、辨识、意义和奖励。这些要素需要让每一位员工充分理解,并通过有效沟通来支持他们授权。

雇员们应得到有关公司绩效的信息

在完全授权的公司里,没有任何保密的信息。如医疗技术设备制造商 Medtor 花了很大力气来帮助员工了解公司的经营策略,并向他们提供个人及公司的常规信息。

雇员们应得到知识和技能,以便为公司做出贡献

公司应培训员工,使员工具备那些对公司发展有利的知识和技能。知识和技能提高了员工的自信心——相信自己有能力成功完成自己的工作。如克莱斯勒加拿大装配厂实行了日常质量检查,使得公司员工能够自主进行质量改进。

雇员们有权独立做出决定

现代很多最具竞争力的公司都赋予员工影响工作流程和公司发展方向的权力,这种权力主要是通过质量管理环节和自我管理的工作组来实现的。如冶铜公司的员工团队自行确定和解决各种生产问题,自行决定如何完成工作。另外,他们甚至可以自主决定工作的具体时间。例如,一个员工可以选择工作 4 个小时后离开,然后再回来工作剩下的 4 个小时。

雇员们应理解自己工作的意义和产生的影响

得到授权的雇员认为自己的工作是重要的,就个人而言是很有意义的,并且认为自己在工作岗位上是很有影响力的。理解个人的日常工作和公司的整体目标之间的联系,可以给雇员一种方向感,使他们明白自己工作的意义。雇员能将自己的行动与公司的目标相匹配,从而对他们工作的成果产生积极的影响。如施乐复印机公司(Xerox)提供了一种名为"视觉范围"的培训,在这项培训中,雇员们可以了解他们的工作如何与上级和下级的活动相配合以及如何影响顾客。这个培训帮助获得授权的雇员做出对公司的整体目标更为有利的决定。

雇员们得到的奖励以公司绩效为基础

研究显示,公平的奖励和认可系统在支持授权方面扮演着重要角色。通过肯定员工们正朝着目标前进,奖励能使激励的作用保持在高水平。管理者们仔细地检验并重新设立奖励系统来支持授权计划以及团队计划。基于公司绩效对雇员进行的财务奖励有两种方法:利润分享和员工持股计划(ESOPs)。例如,制造商 W. L. Gore & Associates 采取三种方式——工资、利润分享和员工持股计划。与传统的"胡萝卜加大棒"计划相反的是,这些奖励是基于小组的绩效而不是个人的绩效。需要强调的是,奖励只是授权的一个组成部分,而不是激励的唯一组成部分。

7.1.3　授权技巧

授权是管理者成事的分身术,是一种领导艺术。如何才能把授权的工作搞好呢? 授权必须遵循哪些原则呢?

授权要适当

首先,对下属的授权既不能过少,也不能过多。过少,达不到充分激发下属积极性的目的,不利于下属尽职尽责;过多,就会大权旁落,出现难以收拾的局面。下级的权力过大,超出了合理范围,制度法规就不能顺利贯彻执行。其次,不能超负荷授权,要根据下属的承受能力授权。授权者必须向被授权者明确所授事项的目标、任务、职责和范围。所授的工作量不要超过被授权者能力、体力所能承受的限度。最后,视组织大小、任务轻重、业务性质授权。对于那些规模较大、任务繁重、工作地点分散、专业性强的单位,应该实施更多的授权,且管理者要能弄清问题、把握局面,做出正确的授权决策。

授权要可控

正确的授权,不是放任、撒手不管,而是保留某种控制权。通过这种可控性,把管理者与下属有机地联系起来。没有可控性的授权是弃权。这种可控性表现在两个方面:一方面,管理者握有主动性、灵活性,授权的范围、时间由管理者灵活掌握;另一方面,虽然授权应相对稳定,但也可根据实际需要随时调整,做到能放能收,能扩大能缩小。

授权须明确责任

值得一提的是:从授权的本质来看,授权是一种领导活动,在授权过程中出现的任何问题,责任仍应由管理者本身最终承担。因此这里讲的带责只就管理活动本身而言,而非最终责任承担的概念。管理者带责授权时,要注意不能授出最终权力和责任。管理者要明确自己的职责范围,凡是属于自己职权范围的事和涉及有关组织的全局性问题,比如管理全局的集中指挥权,总的经济预算审批,决定组织的目标、任务和发展方向等,不可轻易授权。再比如说,就同一方面的工作,向两个或多个下属授权,必须注意使后果责任落在一个人身上,让其中领受权力较高的那个人承担责任。这样可使下属各司其职、各守其位、各负其责,避免扯皮和争功诿过。

基于信任实施授权

管理者要对将被授权的下属有全面了解和考察。考察的方式可以让他当助理或其他"代理职务"试用一段时间，以此决定是否进行授权，以避免授权后因不合适而造成不必要的损失。对于信任的下属，则用人不疑。一旦信任下属，就不要零零碎碎地授权，应一次授予的权力，就一次授下去。授权后，就不能事无巨细地都去过问或加以干预。贯彻信任原则，要做到下属职权范围内的事，只要不违背大的原则，就应支持下属。对于下属出现的小的失误，要采取宽容态度，允许失败，允许有小的差错。

抓大放小，目标整合

授权的目的在于让下属分担更多的责任。授权后，管理者要尽力发挥统帅整合的才能，协调各方面力量，最大限度地向下级授权，保证指挥全局的权力高度集中，将两者辩证地结合起来。不能把有关全局的最后决策权、管理全局的集中指挥权、主要部门的人事任免权和财权随意授权给下属。否则，管理者就会对整个组织系统失去控制。高明的管理者应做到"大权独揽，小权分散"，在处理大权与小权、集权与分权的关系上，能真正显示出一个管理者的授权艺术的高低。

7.2 ▶ 教练沟通

7.2.1 教练

管理教练（或商业教练）是一种外部或者内部专家，向人们提出个人进步和行为改变的建议。管理教练通过有效的沟通提供各种服务。他们被描述为"一位咨询顾问、建议者、导师、啦啦队长和最好的朋友"的组合。过去，主要是管理心理学家被聘为外部教练，以帮助组织成员变成更为有效的工作人员、管理者或领导者。今天，来自各种背景的人们都有机会成为商业教练。

教练沟通的内容

教练通过以下沟通内容和方式帮助在领导岗位上的员工变成更有影响力的领导者：
- 就员工身上可能妨碍其有效性的弱点进行咨询，比如过分敌意和缺乏耐心。
- 帮助员工理解来自 360 度调查的反馈。
- 当员工面对运营或人力资源问题的复杂决策时，起到咨询师的作用。
- 对于自我提升和形象改善提供具体建议，包括对外表和习惯的建议。
- 帮助员工获得工作和家庭生活之间的平衡，从而能更加集中精力扮演领导角色。
- 帮助员工挖掘自己可能还没有发现的个人财富和力量。
- 作为知己与员工讨论那些他们觉得与其他人讨论可能会感到不舒服的问题。
- 指出员工决策中的盲点，比如忽视某个决定对员工可能产生的各种影响。

– 提出关于职业管理上的建议,比如发展一条新的职业路径。

值得注意的是,作为组织员工的教练,只起着一个行为建议者的作用,而不是明确地帮助员工完成工作细节。

教练沟通的承担者

管理教练常常由组织来雇佣。然而,更好的方式是管理者把自己培养成员工的教练。充当教练的管理者们需要每周花 1 小时和被教练的员工在一起,或者用电话和 E-mail、微信等沟通工具来进行大多数的教练行为。

高层次的员工教练在充当教练式管理者的同时,也与员工及其同事一起工作,向团队成员寻求反馈,同时让他们帮助管理者提升自己。例如,教练可能会告诉团队成员,要在管理者发怒或者提出非理性的要求时坚持自己的权利。一项关于管理者和教练的研究发现,这类教练被认为是有增值作用的。管理者获得了新的技能、能力和观点,常常得到绩效提升的结果,比如更好地激励员工。有利的行为变化也发生了,比如在处理团队成员的个人问题时,管理者变得更为耐心和自在。有证据证明,在"获得结果""建立关系"和"运用整合思维"等方面,接受教练的员工都比对照组的员工表现好得多。

有效的管理者应该是好的教练。教练技术对那些很少与组织成员面对面接触的管理者而言,要求要低一些。但事实上,所有层次的管理者都具备教练身份。福特汽车公司的 CEO 比尔·福特(Bill Ford)说:"我把自己看作一名教练,我的工作就是为公司设定方向、确保我们有合适的'选手',并消除政治活动的影响。"

教练双方的关系

教练和接受教练辅导的人之间的关系性质把教练和其他形式的领导—成员互动区分开来。接受教练的人信任领导者的判断和经验,愿意听取意见和建议。与此类似,教练相信队员有从自己给出的意见中获益的能力。教练是被信任的管理者,接受教练的人是被信任的下属。作为一种管理哲学,教练沟通展现了关于教练和队员间关系性质的更多细节。

7.2.2　有效教练

教练在其作用方式上可以被理解为一种从传统管理迁移形成的力量。传统管理特别强调控制、秩序和服从,相反,教练是一种使他人有能力采取行动、加强他们力量的方法。教练致力于发现那些使得人们能更充分地、更有成效地做出贡献的行为。另外,教练会花时间与受训者建立个人关系,以给予人们足够的关心。人们会比在控制模式下工作感受到更少的疏离感。教练也被看作是一种为达成结果而结成的合作关系。同时,组织也从教练中受益,因为很多员工因受到教练辅导而提高了生产力。它代表对合作实现新未来而不是保持旧结构的承诺。

当教练被提升为一种领导哲学时,它变得比领导者和管理者用来提高和保持绩效的便利技术更为复杂。研究者观察到教练的许多特征,这些特征使得教练与管理者的沟通行为有着紧密联系。

教练是一门艺术

教练是在一个组织中与其他人联系的一种全面且独特的方法。"指导"是这种独特关系的一个例子。指导对象受到鼓舞并获得成就，部分原因就是他们与其导师的关系促成的。工作场所的教练通常可能被解释为"管理艺术"。

教练是一组关系

教练是一种相对关系，也就是说，像领导者/团队成员，或者导演/演员，如果没有至少两个参与者，教练就不会存在。两个人之间的互动影响了教练的结果。例如，一些领导者能够成功地教练某些人，却无法教练其他人。一名财务行政副总裁是公司里公认的优秀教练，然而一个新任命的助理在工作了几个月之后要求调职。她给出的解释是："我与这位领导的工作关系只是平平。"

教练是一种信任

教练要求关系双方承担高度的人际风险并建立深厚的信任。教练有可能给予接受教练的人错误的建议，而接受教练的人也可能拒绝教练的鼓励。想象一下，一名篮球选手向教练求教如何矫正屡投不中的投篮动作时所面临的风险吧，结果可能是选手投篮变得更差，双方都会陷入尴尬境地。与此类似，组织的领导者对团队成员进行教练时，也可能出现相反的结果，例如，造成销售业绩比以往更低。

教练是一项突破

教练的一个关键优势在于，它能够催生新的可能行为，并推动绩效取得突破。例如，一位副总裁可能对一位较低级别的管理者说："你考虑过让你的下属更多地参与到目标设定中去吗？如果你这么做了，或许会发现他们有更高的承诺度和关注度。"于是，中层管理者开始在目标设定时让下属更多地参与进来，绩效也随之得到了提升，在这种情境下，教练就取得了实质性的成果。

尽管有诸多对教练作为一种管理哲学的夸赞式描述，但详细阐述教练的一些具体贡献依然是很有意义的。教练的一个优点体现为能带来更大的激励，一名有效的教练会始终保持热情，并且不断给予赞扬和认可。优秀的教练还能促进个人发展，团队成员会受到鼓励，进而相互培训、彼此支援。好的教练能够提高团队绩效，有效的教练能让团队成员清楚认识到其他人的技能，以及这些技能是如何助力团队目标实现的。

7.2.3 教练技巧

理解教练的技术和要求，我们可以通过剖析对教练的错误看法来进行。下面展示四种常见的误解，相信在对真实的教练沟通做出解释后，我们会对教练的技术有更为深刻的认识。

误解一：教练只适用于"一对一"的工作场景。实际上，小组或者其他团队同样可以接受教练指导。比如，作为一名团队领导者，可能会向团队提出这样的意见："你们为什么对这么重要的一个问题如此草草了事呢?"

误解二:教练主要是传授新的知识和技能。但事实是,人们往往在潜在的习惯方面比在知识和技能方面更需要帮助。例如,在对一个人进行关于工作习惯和时间管理方面的教练时,即便向这个人提供了很多有用的知识和技巧,可如果这个人是个拖延者,那他必须先克服拖延习惯,之后时间管理技能才能真正发挥作用。

误解三:教练在需要教练的方面必须是专家。拿体育教练来类比,一个好的教练并不一定非要自己是或者曾经是一名杰出的运动员。教练的一个重要作用是帮助员工梳理问题,并倾听他们的想法和意见。通过提问和倾听,能够助力其他人设定切实可行的学习目标。

误解四:教练必须通过面对面的方式进行,只有这种面对面的沟通方法才能提升教练效果。然而,当时间和距离成为阻碍时,电话、E-mail 以及网络视频等都是很有用的替代沟通方式。例如,一名正在旅途中的员工可能会给管理者发一封 E-mail 询问:"客户说如果我在这次安装中出错,他将不再和我们做生意。您有什么建议吗?"

教练技能

领导者和管理者本身就具备各种教练能力。若要进一步提升教练技巧,一种方法是学习基本原理和建议并加以练习;另一种方法是参加有关教练的培训课程,包括塑造(通过模仿学习)和角色扮演。在此我们研究了许多关于教练的建议,若能巧妙地执行这些建议,将增加通过教练提升绩效的机会。

与团队成员沟通清晰的期望

为了让人们表现良好且不断学习成长,他们需要清楚地了解期望。对一个职位的期望是未来绩效判断的标准,因此这成为教练的一个基点。假设团队成员每月提供三条关于改进运作的新建议,当平均每月只有一条建议时,就需要进行教练。团队成员和管理者对团队成员工作责任的认识只有 50% 相同,这并不奇怪。

建立关系

有效的教练会与团队成员建立私人关系,并且为提高他们的人际技能而努力。与团队成员建立和谐的关系,有助于促进建立教练关系。主动倾听和给予情绪支持是建立关系的一部分。

在需要具体改进的方面给予反馈

为了引导团队成员迈向更高的绩效水平,领导者应指出需要改进的具体行为、态度或者技能是什么。一个有效的教练可能会说:"我已经读了你提交的扩大生产的建议书。这很好,但是它没有达到你通常的创造力水平。我们的竞争者已经在采用你提到的产品。你是否考虑过……"在给予具体反馈方面,另一个重要因素是避免泛化和夸张,比如"你从来没有提出过关于产品的好点子"或者"你是我遇到过的最没有想象力的产品开发专家"。为了给出好的反馈,领导者或管理者不得不直接和经常性地去观察绩效和行为,比如观察一个主管如何处理一个安全问题。

积极倾听

倾听是任何教练活动中最重要的一部分。一个积极的倾听者会努力同时抓住事实和情感，观察团队成员的非言语沟通是积极倾听的另一方面。领导者还必须耐心，但不是犹豫地对待自己与团队成员之间任何不一致的观点。在每次教练活动的开始提问，有助于为积极倾听做准备，问题也将刺激员工的思维，框定讨论的内容。例如，"我们可以如何利用新的计算机系统来帮助员工创造更多的销售量？"成为一名优秀的倾听者，其中一部分就是鼓励人们接受教练指导，畅谈自身的绩效表现。开放式的问题有利于会谈的开展。例如，"关于你昨天处理市场团队冲突的方式，你有什么感受？"一个关于同一内容的封闭式问题可以是："你认为你昨天可以以一种更好的方式来处理市场团队的冲突吗？"

帮助去除障碍

为了最大限度地发挥工作能力，个体可能需要有人帮助他们消除障碍，比如混乱的规则和规定、严格的预算等。于是，组织单位中领导者所扮演的一个重要角色便是"障碍扫除机"。领导者或管理者在获得高层管理者的赞同、从另一笔预算中拿到钱、催促一个采购订单或者批准雇用一个临时工以协助工作等方面，常常比团队成员更有优势。然而知名管理学者威廉·希特（William Hitt）警告人们：决定何时进行干预，需要管理者的周到判断。他对管理者的建议是："当事情的责任明显在你的下属时，不要替他们担责任。"

给予情绪支持

领导者通过有益且富有建设性的方式，向没有表现最佳的团队成员提供情绪支持。一次教练活动不应当是一次审讯。给予情绪支持的一个有效方法是利用积极的而不是消极的激励因素。例如，领导者可以说："我喜欢你昨天做的一些事情，但是我有一些建议可能会使你更接近最高绩效。"给予情绪支持的另一方面是，领导者或管理者要成为一个问题驾驭者，承载团队成员的悲伤、挫折、苦闷、愤怒和绝望情绪，那样人们才能高效工作。成为一个富有同情心、能感同深受的倾听者，是作为问题驾驭者的主要部分，而用创造性的方法解决令人烦恼的问题也是有帮助的。表现同情心是给予情绪支持的有效方法。用一些话来表示你理解团队成员所面临的挑战，比如可以说"我能理解，现在员工减少使得你处在很大的时间压力下"。你表现出真正的关注会有助于营造和谐氛围，有利于一起解决问题。

反馈你的理解

一个有效方法是简练地概述和总结团队成员所说的内容。不合标准的绩效表现者也许会说："我落后这么多的原因在于我们公司转变成可怕的官僚政治形式。我们正好撞上需要填客户满意表。我还有 50 封 E-mail 信息还没有阅读。"你可能回答说："你落后那么多是因为你有那么多表格和信息需要注意。"这个团队成员可能会这么回答："这就是我的意思。我很高兴你理解我的问题。"需要注意的是，领导者此时也在给团队成员一个沟通机会来表达他背后的情绪感受。

给出温和的建议和指导

给出太多的指导会妨碍双向的沟通，而适当的建议能够提高绩效。管理者应当帮助组员回答"对于解决这个问题我能做什么"的问题。以提问或者假定陈述的方式给出建议常常是有效的。一个例子是"你的问题的根本是否可能是计划不够呢？"一个直接陈述——比如"你的问题的根本显然是计划不足"——常常使人产生怨恨和抵触。通过回答问题,接受教练的人很可能感到应该更加投入到改进工作中去。

给出温和的改进指导,其中有部分是利用"可能"这个词,而不是"应当"这个词。说"你应当做这个"意味着这个人目前做错了,这会激发抵触情绪。说"你可以做这个"则留给这个人一种选择,他可以接受或者拒绝你的建议,并衡量相应的结果。

允许对期望绩效和行为进行塑造

一种有效的教练技术是向团队成员呈现包含期望行为的例子。假定一个管理者向客户说一些超出事实的话,比如错误地宣称产品达到零缺陷标准。在训练他时,管理者的老板可能会让这名管理者观看他是如何在一个相似的情境中应对客户的。这名管理者的老板可能给客户打电话说:"你曾问过,我们是否已经对激光打印机采用了零缺陷标准。我们正在尽力生产无缺陷的产品。然而,至今我们还未启动正式的零缺陷项目。但我们会修理任何缺陷,不需要你支付任何成本。"

获取变革承诺

团队成员可能无法实现更高的绩效,除非领导者获得来自团队成员的承诺,执行经提议产生的问题解决方法。一个有经验的管理者对员工何时会认真对待绩效提升有一种直觉感受。缺乏变革承诺的两条线索是:过分同意需要变革和没有情绪地同意变革。

称赞好结果

运动场上和工作场所中的有效教练都是啦啦队长。他们通过赞扬好的结果来给予鼓励和正向强化。一些有效教练在个人或团队获得杰出结果时会欢快地大喊,还有些则会赞赏地鼓掌。

7.3 ▶ 训导沟通

7.3.1 训导

行为矫正(behavior modification),一个有名的激励系统,即通过操纵奖赏和惩罚来尝试改变行为。行为矫正直接来自强化理论。鉴于很多读者已经熟悉强化理论和行为矫正,我们将把讨论限定在行为矫正基础上的简单总结,主要聚焦它在领导工作中的运用。

行为矫正的一个潜在原则是效果法则:导致个体正向结果的行为倾向于重复。相反,导致负向结果的行为倾向于不再重复。领导者通常强调行为与正向结果之间的联系,比如对一项完成出色的工作表现出欢迎。

7.3.2 训导策略

行为矫正技术可被应用于组织学习和动机激励,它们可以分为四种策略。

传递正向的强化信息

也就是对正确的反应给予奖赏，能增加行为重复的概率。"增加概率"这个词的意思是正向强化能提高学习动力，但不是百分之百有效。"正确的反应"这个词也是值得注意的。当正向强化得到正确使用时，奖赏是根据一个人做对某事的情况而定的。如果公司设立一个表彰高质量工作的奖项，公司总裁会通过给每一位高质量完成工作的员工发放一份奖金来认可这种工作成就。但是，如果没有特定理由就批准一份奖金发放给每一位员工，虽然员工可能很高兴，但这并不是正向强化，不能发挥激励高质量工作的作用。

施加规避性激励

规避性激励又称负向强化，是对消减了自身不佳行为的员工进行奖赏，也就是消减或避免一个不好的行为结果发生。当一个领导者说"我们表现得那么好，所以工资冻结现在取消"时，他就给出了规避性激励。工资冻结这样一种不想要的结果被取消是为了奖励工作绩效不再下滑，而不是惩罚绩效下滑。负向强化不是惩罚，它是通过去掉一个惩罚或者令人不舒服的情境来奖赏某人。

实施惩戒

惩罚是对不满意行为的一种回应，它会导致一个不希望出现的结果，或者剥夺一个期望的结果。一个团队成员违反伦理道德，比如向客户撒谎，领导者或管理者可以通过降职来惩罚这个人，或者这个团队成员可能受到失去参加一次管理发展项目的机会这样的惩罚。

消退调控

消退是一种通过消除不期望行为的后果来减少这些行为发生频率的方法。公司领导可能通过停止对员工提出的轻率节约成本建议给予奖励来应用消退策略。消退有时被用来消除烦人的行为。假定有一个团队成员不停地讲关于种族的笑话，领导者和其他团队成员可以一直忽视这种笑话，于是压制了这个人讲这种笑话。

通过行为矫正来激励人们有一个指导性的原则是"强化什么，得到什么"。如果领导者或管理者想要员工做出特定行为，比如在 24 小时内通过互联网回答客户的问题，那么必须强化这种行为。比如，在一家银行的行为矫正计划中，管理者当着同事的面给表现出某种客户服务行为的员工以积极反馈和认同，这些行为包括叫客户的名字、提供银行账户账单并且保持眼神的接触。当这些客户服务行为得到强化后，通过调查测量，客户满意度也提高了。

7.3.3 训导技术

组织内的行为矫正常常被称为组织行为矫正,是由人力资源部门组织开展的全公司范围的计划。这里,我们的焦点是领导者在日常工作中对行为矫正的运用,且重点在于正向强化。虽然利用奖赏和惩罚来激励人们看起来很直白,但是行为矫正实际需要一种系统的方法。这里提出的规则是从想要激励个人或团队的领导者或管理者的角度来设定的。

以想要的行为作为目标

一个有效的行为矫正计划始于设定那些将会受到奖励的期望行为。选择的目标或者关键行为是那些对绩效有重要影响的行为,比如要求遵守秩序、及时进行绩效评价、解决客户问题纠纷等。关键行为虽然只占5%～10%,但是解释了该领域中70%或80%的绩效成因。

恰当的奖励或惩罚

一种恰当的奖赏或惩罚,一方面能有效激励某个团队成员或某个团队;另一方面从公司角度来说是可行的。如果一种奖赏不起作用,那么换一种试试。可行的奖赏包括金钱、认可、挑战新的任务和身份象征,比如一个私人工作空间。股票期权被广泛用于激励管理者,有时也用于各个层次的员工。诸如星巴克、思科等这些公司向所有员工提供股票期权。期望每一个获得股票期权的人会努力工作来提高公司绩效,这样股票价格就会上升,他也会得到个人收益。

上面提到的大多数奖赏都是外在的。内部奖赏也可能成为行为矫正的一部分。一个表现好的人可能被提供更多令人兴奋或有趣的工作机会,比如成为一次贸易展览会上的公司代表。当正向激励因素都不起作用时,可能就有必要采用负向激励因子(惩罚)了。采用温和形式的惩罚通常是最好的,可以激励个体或团队。例如,如果有个团队成员在上班时间看报纸,可能采取的措施是让这个人把报纸放在一边。这个场景中就出现了激励,因为花费在读报纸上的时间可以投入到公司工作中。如果最温和的惩罚不起作用,可以选择一个更重的负向惩罚。以书面文件形式在员工的个人档案中加以记录是比仅仅提出问题更重的一项惩罚。

提供充分的反馈

除非时常向个人和团队提供反馈,否则行为矫正并不能起作用。反馈可以采取在人们做对或做错了某事后告诉他们的方式。简单的书面或者电子信息也是一种反馈形式。然而,许多员工讨厌看到负向反馈信息在他们的视频显示器终端上闪现。

杜绝平均化奖励

当所有形式的成绩得到相同的奖赏时,鼓励的是平均绩效。比方说一个团队成员在一个战略计划的导入中推动了实质性进展,他应当比其他只是对解决问题做出一些贡献的团队成员得到更多认可或其他奖赏。

塑造并强化建设性行为

这条规则来自行为塑造,也就是对朝着正确方向的任何行为予以奖赏,然后只奖赏最接近期望的行为。利用这个方法,最后能够获得想要的行为。行为塑造对于管理者是有用的,因为这种技术意味着在教员工一种新技术或激励员工做出一个大改变时,你必须从某个地方开始。例如,尝试激励一个团队成员做出令人兴奋的计算机制图,就要从一页有创意的策划宣讲 PPT 开始加以祝贺,然后你才能更有选择地决定对哪种类型的行为表现给予奖赏。

间歇性奖励的时间表

不应当每次有好绩效就奖赏。间歇性的奖赏能够更为持久地保持想要的行为,也能够在不受奖赏之后减缓行为衰退的过程。如果一个人在每次有好绩效表现时都得到奖赏,他就可能只在奖赏之前保持绩效水平,之后就松懈了。另一个问题是持续的奖赏可能会失去影响力。间歇强化的实践价值在于它节省时间,很少有领导者有足够的时间为组织成员每一个可能出现的好行为分配奖赏。

奖励和惩罚紧跟行为

为了达到最大效能,人们应当在做了正确的事之后立刻得到奖赏,在做了错事之后立刻受到惩罚。很多有效的领导者与员工紧密接触,当员工获得突出成就时就予以祝贺。

周期性地改变奖励形式

奖赏并不能永远保持有效性。团队成员会对努力获取过去曾多次得到过的奖赏失去兴趣。重复性的评价比如"做得好"或者"祝贺你"就是如此。当一组人获得了很多对于突出绩效的表彰之后,这种奖赏也就失去了它们的激励魅力。领导者或管理者设计一系列可行的奖赏并且每次都更换一些奖赏,这是有益的。

奖励可见化,惩处规则公开化

有效奖赏的另一个重要特点是它对其他员工的可见性或明显性。当其他员工注意到这个奖赏时,它的影响力会增强,因为其他人看到什么类型的行为会受到奖赏。假定有人告诉你,一个同事由于高绩效表现而获得了一项令人兴奋的工作,你可能会努力去达到同样的绩效水平。大多数人知道当众惩罚会导致不良的人际关系。然而当同事们知道什么样的行为受到惩罚时,他们就得到了重要信息。一个很好的例子是,在一个安全系统办公室里,团队的一个新成员通过 E-mail 向同事散布一系列性骚扰笑话,这个人立刻受到处罚,同时同事们也得到了一个信息,了解到什么样的行为属于不被接受的。

拓展游戏：黑暗指引

★ 形式:集体参与,2 人一组。
★ 时间:10 分钟。
★ 材料:无。
★ 场地:室外。

程序

(1) 培训师将大家分成 2 人一组。

(2) 让 A 先闭上眼睛,将手交给 B,B 可以虚构任何地形或路线,口述注意事项指引 A 行走,如:"向前走……迈台阶……跨过一条小沟……向左手拐……"

(3) 然后变换角色,B 闭眼,A 指引 B 走路。

小提示

- 如果时间允许,可以再做几次。
- 可将现场环境设置得复杂一些,以增强趣味性,加深游戏者的感受,但要注意安全。

组织讨论

(1) 在生活中,你是否有过这种无助的感觉? 你会主动寻求他人的帮助吗?

(2) 当别人如此需要你关心的时候,你是一种什么感觉? 你会对他伸出援手吗?

(3) 如果对方指令错了一次,你还会继续信任他吗? 为什么?

(4) 你们在游戏前进行过沟通吗? B 对你进行语言指引,你会有不理解的地方吗?

活动中的辅导要诀

(1) 作为被牵引的一方,应全身心信赖对方,大胆遵照对方的指引行事。而作为牵引者,应对伙伴的安全负起全部的责任,所下达的每个指令均应保证准确、清晰。

(2) 万一指令有错,信任受到怀疑后很难重建。所以在游戏的过程中,两个人必须要加强彼此之间的沟通和合作。

(3) 在复杂的环境与强大的压力下,人们往往会感到茫然不知所措。这就需要一个强有力的领导者明确目标、指明方向,引领这个团队不断前进。

(4) 作为领导者要建立起自己的诚信,让下属可以安心地为你效力,要做到言必行、行必果,不要失信于人,一旦下属不再信任你,想要重新获得他们的忠心是很难的。

8 协商沟通

面对控制欲强的上司

小曹在C软件公司任职软件项目主管。C公司是一家台湾独资的软件开发和服务提供商,其主要业务是向大中型生产制造企业提供信息管理系统和相应的技术支持服务。C公司的产品在上海已经有了相当高的市场份额,世界500强在上海投资的企业中有23%使用了C公司的信息管理系统。

从进入C公司伊始,小曹的任务就很明确,即带领一个软件开发小组把C公司的拳头产品改写成网络版本,以适应日益突出的市场需要。公司十分重视这个小组的工作,配备了较好的硬件设施和开发人员,包括小曹一共有6名开发人员,并且由上海地区的负责人Tina(女)直接领导他们小组。值得一提的是,Tina几乎没有任何的技术背景,她是由于在销售和行政管理方面的出色表现,于一年前被提升为上海地区经理的。在进入C公司不久就有一些同事对小曹讲了不少Tina的事情,许多都是由于她"外行领导内行"而发生的问题。

发生冲突

这个世界上的很多事情都不会以人们良好的主观意志为转移,大概两周之后问题就来了。一天,小曹被叫到了Tina的办公室,她要小曹向她汇报一下这两周以来的工作进展,于是小曹把目前整个系统的进展状况向她讲了一下。之后她又表示想知道小组里面每个人的工作进展情况,于是小曹又把小组里每个人具体负责哪些功能模块以及大概开发到怎样一个程度告诉了她。最后她说:"你们小组的组建和工作是这一时期公司的战略选择,你们的重要性是不言自明的。以我之前在销售和管理方面的经验,以及公司的一贯做法,我觉得十分有必要加强对你们开发小组的过程控制。从今天起,你们小组里的每个人在完成每天的工作之后,必须再提交给我一份当天的工作小结,详细说明当天的工作情况。"小曹当时就觉得这种做法与通常经历的完全不一样,很可能会有问题,但是由于小曹刚进公司并且Tina的态度也很坚决,小曹便答应了。

随后一个月时间发生的事情证明小曹的担心绝对不是多余的。在小曹把这个任务布置下去的时候,组里的所有人一片哗然,都觉得这样做既浪费时间,又很难做好。小曹重申了这项任务是没有讨价还价的余地的,他们就勉强地接受了。

从那以后,包括小曹在内的6个人每天都要花上大量的时间来完成这份小结。即便这样,小曹的小组还是不断受到Tina这样那样的指责。举几个例子来说明一下小曹的小组和 Tina 之间的冲突：

冲突一：小曹的组里6个人都是软件开发人员，教育背景和职业背景决定了他们的工作小结当中必然充满了专业词汇。要改变这样的情况很难，因为他们既没有接受过专业的写作培训，也不可能有时间来揣摩怎样的写法能让一个外行的领导看懂。Tina 对工作小结中出现了太多的专业词汇表示了相当的不满，一开始的时候她甚至直接质问小曹，这样的做法是不是就是为了不让她看懂。在小曹的一再解释之下，她慢慢理解了小结中的专业词汇是难以避免的，但是经常被她要求解释一些专业问题也是让人十分痛苦的，在看不懂他们的工作小结的时候，他们就会被叫到她的办公室去解释，这样的解释有时会占用很长的时间，直接影响了他们的开发进度。

冲突二：软件开发工作中有许多的特点，Tina 都难以理解。譬如对一名开发人员来说，开发一个功能模块如果需要5天的时间，而在这5天当中，很可能有3天时间在构思，2天的时间在写代码。这样的时间安排在软件业内是很正常的，因为很多的高手都这样说过："每时每刻都在写代码的程序员肯定不是好的程序员，在3天的工作时间中至少应该有1天半的时间在思考，这样既对你的水平提高有利，也是对你所写的程序负责。"当他们的工作小结中出现"构思某某模块"的时候，Tina 就肯定会觉得这是在浪费时间，不想再看到类似的小结，跟她解释也是无济于事。

显然 Tina 的做法严重影响了他们小组的士气，此起彼伏的抱怨不绝于耳，这种情绪也不可避免地被带到了工作中，开发的进度不如刚开始时那么快了。更糟糕的是有两个骨干开发人员犹豫着要离开公司，他们的开发小组和网络化版本的项目都处在风雨飘摇之中。

最后解决

小曹觉得不能再这样下去了，经过几天的冥思苦想，终于有了一个解决的办法。

小曹找到 Tina，给了她这样一个建议："我本人作为开发小组的主管，十分理解公司对我们的殷切期望以及过程控制的重要性。但是能不能把过程控制的步骤改成这样，工作小结中的描述性文字减少，取而代之的是当天完成的关键性代码。这样一来，既可以减少开发人员用在工作小结上的时间，因为相对于写描述性文字，他们更擅长写代码，同时又能够更加有效地进行过程控制，因为代码是最实在的东西，而文字中的内容可能和实际情况有出入。关于你对工作小结的理解问题，我也已经有了一个比较成熟的构思。从周一到周五，每天都会有一个不同的开发人员负责向你解释所有人的工作小结，这样的话，一来你可以对整个过程有一个有效的控制，二来每一个开发人员每周都有一次机会来熟悉所有人的工作进度，增强他们的团队合作精神。"小曹自己都觉得很少有人会拒绝这样的好建议，Tina 欣然同意了。

此后，小曹的开发组情况有了一个较大的改善，首先大家每天在工作小结上花的时间明显少了，对于解释工作，每人每周只需要做一天的"值日生"就可以了，用于开发工作的时间有了很大程度的保证。

　　领导者和管理者需要花费相当多的时间来解决各种冲突,并进行各种谈判。通常的估计是他们投入了 20% 的时间来应对冲突。例如,根据统计,管理者每年大约花费 9 个工作周来化解员工的抵触情绪。冲突如果来自高层执行官之间,可能会在组织中产生重大后果。如果这种冲突被忽略,结果可能使企业会卷入更为激烈的内耗之中。一个常见的内耗的例子就是两个部门为了资源而相互竞争。与研究领导技能相比,更为全面地描述冲突的来源和去处,以及冲突有效的解决路径,对于发挥领导者的沟通影响力尤为重要,因为建立平衡是帮助组织达到新高度的基础工作。

8.1 ▶ 冲突沟通

8.1.1 冲突

　　人们在交往、沟通过程中,由于意见相左或思想上的差异,难免会产生摩擦,这通常被称为人际冲突。冲突是两种事物之间关系的一种紧张状态,冲突产生的原因很多,其协调的方法也很多。管理者需要熟悉它们,缓和对组织不利的冲突,利用对组织有益的冲突。

冲突的类型

　　因为冲突总是会让人不舒服,所以人们一般将其视为坏事情。但是,事实上有些冲突也可能是有利于组织的。这些有利性强调了在某种情况下组织发展中需要被突出的差异。如果组织中的员工能够通过开发创造性的解决方法来突出与当前组织行为方向的差别,那么他们会使该组织或他们自己在现有的情况下大步向前。因此,对于一个组织而言,冲突可以分为建设性冲突和破坏性冲突。

建设性冲突

　　建设性冲突是对群体或个人的绩效有贡献的冲突。一般说来,建设性冲突往往会激发人们的积极性、主动性和创造性,提高人们的主人翁意识和参与责任,这种良性竞争的结果会给组织带来活力,形成生动活泼、朝气蓬勃的局面。在群体协作的环境中,它是集体思考的对立面。一些公司通过工作安排导入建设性冲突,让每个人有足够的自主权对自己的工作负责,然而各部门整合的利润目标则激发了员工之间发表更多的建设性意见,促进了公司内部的健康发展。

　　到目前为止的研究表明,在群体处理非日常任务时,冲突最有可能是建设性的。为了成功,处理这类任务的群体必须改革创新,而冲突可能帮助他们达到该目的。帕特·敏斯创办自己的杂志过程中,经历了很多建设性的冲突。对新杂志来说,失败的概率很高;为了摆脱这种命运,敏斯必须不断改革创新。经营初创杂志的要求与个人需求相冲突,敏斯曾经跟她的一位朋友抱怨说她感到精疲力竭。她的朋友说:"你没有时间感到累。必须明确自己要什么,该怎么得到它。"这个朋友的忠告激励了她,并帮助评估她的目标和资源。她决定竭尽所能,坚持不懈地"冒险",并学会在帮助出现的时候接受它。

破坏性冲突

破坏性冲突又称机能失调的冲突。它会导致个人主义和本位主义膨胀，造成才智、物资的浪费和工作的受损。它干扰群体或个人的表现。从个人的角度来看，机能失调的冲突让人分心、疲劳及感到困惑。当人们用侮辱性、攻击性和破坏性的政治手腕表达人与人之间以及社会群体间的冲突时，通常伤害了组织及其一些成员。有价值的员工可能会离开组织以躲避机能失调的冲突，而且在这里合作和资源分享更是不可能的。

在实际生活中，这两类冲突相互渗透、相互包含，所以要善于识别和处理。请注意，建设性冲突和破坏性冲突的差别基于它们所产生的影响，而不是它们的强度或所涉及的特殊问题。所以有时很难决定一次特定的冲突究竟是建设性的还是破坏性的。诊断冲突要求将重点放在其影响上，这将为减少破坏性的冲突或使其对组织更有利扫平道路。卷入其中的人可以将他们的重点从个人所得转移到使群体和组织受益上。在这样做的时候，他们没有排除冲突，而是将其重新塑造成建设性的力量。

冲突原理

要想有效地协调人际冲突，必须对人际冲突进行深入分析。这里主要介绍一种分析人际冲突常用的方法——约哈里窗（Johari Window），它可以帮助我们理解人与人之间的冲突是如何产生的。而人与人之间的冲突模式又可以映射到组织部门之间、群体之间的冲突模式上。

约哈里窗是由约瑟夫·勒夫特（Joseph Luft）和哈林顿·英格拉姆（Harrington Ingram）提出来的。根据这种方法，两个人在相互作用时，自我可以看成是"我"，其他人可以看成是"你"。关于个体的事，有些本人知道，有些本人不知道，有些他人知道，还有些他人不知道。所以可以分为公开的自我、隐蔽的自我、盲目的自我和未发现的自我（见表8-1）。

表8-1 约哈里窗

他人/自己	自知	不自知
人知	公开区域	盲目区域
人不知	隐蔽区域	未知区域

在公开的自我情境下，自己了解自己，并且别人也了解自己，交往时具有开放性和一致性，没有理由要去防卫，这种人际沟通几乎不会产生冲突。在隐蔽的自我状态下，本人了解自己，而别人却不了解自己，本人在沟通中需向他人隐藏自己，害怕别人了解自己后会受到伤害，在此种状态下，个人可能会将自己真实的想法与情感隐藏起来，由此会导致一种潜在的人际冲突。在盲目的自我情境下，本人不了解自己，而别人却了解自己。有时个体会无意中激怒别人，别人可以告诉他，但又怕会伤害他的感情，因此也会有一种潜在的人际冲突。最后一种情境，即未发现的自我，本人不了解自己，别人也不了解自己，会产生许多误会，所以极易产生人际冲突。

8.1.2 缓冲策略

通过约哈里窗的解释,我们能够了解人际冲突产生的心理学原因,即沟通双方可以通过自我披露,扩大公开的自我来减少隐蔽的自我,避免沟通发生在容易产生冲突的未知区域。然而,组织与群体以及个人之间总存在一定的未知成分,即冲突总会在一定程度上发生。协调冲突、冲突管理因此成为管理者必不可少的沟通与管理活动。

如何对冲突进行管理,通过沟通将冲突顺利地化解掉?表 8-2 是根据冲突解决的结果不同制定的协调人际冲突的三种基本策略,即"输—输"法、"输—赢"法和"赢—赢"法。其中"赢—赢"法是沟通中解决人际冲突最为有效的方法,也就是我们平常所提的双赢战略。

表 8-2 三种策略的比较

策略	特征	具体表现	结果
"输—输"	在解决冲突的过程中,双方均受损失	沟通中相互妥协,采取折中的方案; 给冲突的一方提供不合理的补偿; 无法沟通而求助于第三方或仲裁人; 求助于现有的规章制度	双方关系破裂
"输—赢"	在解决冲突的过程中,一方利用各种手段获胜,另一方受损	沟通双方都十分明白双方利益的界限; 双方在沟通中相互攻击; 沟通双方都是从自己的角度讨论问题; 争论的重点放在解决方法上而不是去协调理解对方的价值观; 沟通双方对问题持短期观点	胜者为王,败者为寇; 双方关系破裂
"赢—赢"	双方都充分运用自己的能力和创造性去解决问题,而不是为了攻击对方,双方的需求均得到满足	双方都十分明白自己的需求; 双方尽量挖掘对方的需求; 分析己方和对方的需求,找出共同点,并为实现共同点而努力	双方维持融洽的关系,为以后进一步接触创造良好的基础

良好的沟通环境是协调人际冲突的有效手段。这种良好的沟通环境必须是肯定的自我认知和从他人那里得到的肯定评价占主流。任何沟通环境一旦让否认响应或非证实响应占了主导,就将导致沟通的失败和冲突的产生。

8.1.3 缓冲风格

美国行为科学家肯尼斯·托马斯(Kenneth Thomas)确定了五种主要的冲突管理风格:竞争型、妥协型、调和型、合作型和规避型。每种风格都以同时满足个人自己的关注点(坚定自信)和他人的关注点(合作)为基础,如图 8-1 所示。

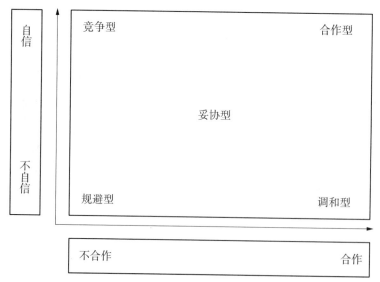

图 8-1　冲突管理风格

竞争型风格

竞争型风格表现为希望通过牺牲其他群体的利益来满足自身的关注点，因而具有支配性。持竞争取向的人更倾向于参与到输赢较量的权力争斗中。当迅速的决策行为至关重要，且需要执行推行难度较大的问题时，如削减成本、推行反映强烈的规定或纪律等，竞争型的风格会很有效；此外，当问题对组织利益非常重要且自己知道是正确时，尤其是面对那些采用非竞争型行为的人，竞争型风格会有独到的效果。

调和型风格

调和型风格的人喜欢平息矛盾，或者为了满足他人的关注点而忽视自己的需求。存在这种取向的人会很慷慨，甚至会通过自我牺牲来维持一种关系。一个发怒的客户可能在接到全额退款之后就会平静下来，这种调和意图还能维持客户的忠诚度。

调和型风格适用于如下情形：当发现自己错了，为了让人们能够听到、学到更好的立场并传达出自己的理由时；当问题对于别人比对自己更为重要时，为了满足他人并保持合作关系时；需要为以后的问题建立社会信誉时；当自己无论胜出或失败，都想让对方损失最小化时；当融洽和稳定特别重要时；为了让群体成员从错误中学习并得到发展时。

妥协型风格

妥协型风格处于竞争型和调和型风格之间。妥协者喜欢调和但并不完全满足双方需要，这样便会产生妥协的办法。"折中"一词反映了这种取向，它经常在购买住房或汽车等活动中得到运用。

妥协型的处理风格很适用于当目标很重要,但是不值得承受更武断的方法所带来的危害时;当具有同样权力的对方答应成全各自互不矛盾的目标时;为了在复杂问题上达成和解时;为了在时间压力下达成权宜的解决办法时;尤其是当合作或竞争都行不通时,妥协型风格都可以作为备用方法。

合作型风格

合作型风格反映出完全满足双方需要的意愿。它的根本哲学就是冲突解决的双赢途径,即相信在冲突解决之后,双方都能得到一些有价值的东西。双赢途径的使用者切实地关心满足双方需要的方法,或者至少不要严重损害另一方的利益。当使用合作型方法来解决冲突时,很容易建立并发展各方的关系。

冲突管理的合作型风格有很多变型,其中之一就是赞同批评你的人。当接受批评时,你往往表现出在寻求解决方法,而不是阐述你如何正确。如果赞同批评的内容,你表现出对环境有清醒的认识,并且准备好去做最有助于解决问题的事情。例如,如果一个群体成员批评你对他的评价过于严厉,你可以说:"我同意自己的评价有些严厉,但是我严厉是有目的的。我希望坦率地与你相处,所以如果能做到我所想到的必要改进,你将会得到鼓励。"你的赞同就像点燃进一步交流的火花,你们可以继续讨论这个群体成员如何得到改善。合作型风格是高效领导者最常用的一种方法,因为它会带来生产率和满意度的提升。

当双方关注的事情都太重要而无法进行妥协,为了找到一种整合式的解决方案时;当你的目标是学习时;当希望对持有不同观点的人的见解进行整合时;当希望将各方关心的事情整合为一致意见来获得承诺时;当为了弥补关系被破坏的感觉时,应当更多地使用合作型风格的处理办法。

规避型风格

规避者既缺乏合作精神又缺少坚定的自信,对任何一方的需求都漠不关心。这类人实际上会从冲突中抽身或者听天由命。一个规避者的例子就是一名管理者置身于两组团队成员的冲突之外,让他们自己解决彼此间的差异。

规避性风格适用于如下情况:当问题很琐碎或者还有更重要的事情急需处理时;当感到无法满足自己的需要时;当潜在的破坏超出问题解决所带来的益处时;为了让人们冷静下来并重新思考观点时;当收集信息的目的取代了做出迅速的决策时;当其他人能够更有效地解决冲突时。

卷入冲突解决中的人们通常会同时使用五种解决风格中的几种来达到他们的目的。使用这些冲突控制方法,有赖于对冲突问题的具体形势和冲突双方进行周密的分析。

8.2 ▶ 谈判沟通

8.2.1 谈判

冲突可以被视为一种需要进行谈判和交涉的情形,或者是与另一个人协商以解决某个问题。当为自己争取公正的工资而谈判时,就是在试图解决一个冲突。起初双方的需求似乎是不可调和的,但是通过谈判可能会出现双方都能满意的结果。

在实际工作中,谈判通常是指雇主与雇员之间就工资或工作条件问题而进行的谈判;商品经销代理人与买方之间就价格和合同问题而进行的谈判;各部门之间就资源配置问题而进行的谈判等各种各样的协商活动。它们虽然内容有别,但都有相似的特点。

谈判,是解决人类纠纷的文明手段。谈判事件范围可大可小,大至国家间的领土与政策的纠纷,小至邻里间的权益争执,组织中群体间或个人间的纠葛均可借助谈判而求得解决。

谈判是一种高深的沟通艺术。沟通策略与原理的应用在谈判中显得特别重要。事先进行充分、准确的主体和客体分析,正确选择沟通方式和沟通策略往往会带来可喜的谈判结果。尤其以下两点对谈判的成功举足轻重。

谈判并非是为了一决雌雄,没有赢家和输家之分。每一次谈判都是创造性地表现社交能力和运用有效沟通技能的机会,旨在促使双方和解并达成符合双方利益的协议。

美国谈判学会在谈判结果的研究中,针对两方谈判的结果概括为四种模式,如表8-3所示:

表8-3 谈判的模式

谈判模式	A方	B方
1	胜利	失败
2	胜利	胜利
3	失败	失败
4	失败	胜利

对于任何一位谈判者来说,至少要确保自己获得利益,即自己感到有利。所以对谈判者A来说,可选择的结果只有1、2,而3、4是自己绝对排斥的。对于双方来说,最能取得谈判成功的谈判结果是2,"双赢"模式是所有的组织和个人都欢迎的结果。

合作性谈判

合作性谈判是指谈判双方不但希望在谈判中得到各自所期望的利益,还希望通过这次谈判开拓长期的合作关系。谈判结果往往对谈判双方都有利,所以又叫作"双赢"谈判。为了达成双赢结局,谈判双方会充分沟通、互换信息,让彼此了解真实的目标和要求。在合作性谈判中,谈判双方都需要认知自身的目标及对手的目标,然后与对手共同探寻满足对方需要的各个可行途径,最后再决定是否接纳其中的一个(或几个)途径。合作性谈判与竞争性谈判的对比,如表8-4所示。

表8-4 竞争性谈判与合作性谈判比较

	竞争性谈判	合作性谈判
预期的目标	短期,双方目标不相协调,都在竞取眼下的实利,无视长期关系的发展	长期,同时强调眼下实利和长期合作
对方的观感	不信任,怀疑,相互提防	开诚布公,倾向于相信对方
谈判的导向	强调己方的要求和谈判的实力地位,无视与对方的关系,甚至利用这种关系达到眼前的成果	设法满足对方的要求,认为这样对达到自己的目标更有利,努力增进或至少不损害双方的关系
让步妥协的做法	让步越小越好	如果必需的话,愿意妥协让步,旨在促进关系
谈判时间	把时间用作谈判手段,压迫对方让步	把时间看作是解决问题的手段,尽量和对方沟通,留给对方考虑的余地

竞争性谈判

竞争性谈判是谈判双方非常重视眼前的竞争所带来的利益,而不在意以后的关系,因此竭力争取己方最大利益。竞争性谈判又叫"零和"谈判、对抗性谈判。在竞争性谈判中,双方的目标通常没有妥协的余地,大家都追求同一实质利益;谈判双方后续交往的机会很小。双方首先各自表明立场,然后一方面维护自己的立场,另一方面设法让对方做出让步,最后在妥协的情形下达成协议,若妥协不成,则谈判会随之趋于破裂。

促成合作性谈判

随着管理者工作的主要部分已经从纵向的职能导向转向更加水平的跨职能导向,那种老套的、施加在顺从的下属身上且行之有效的权威行为不得不被替代为支持职能部门间合作的行为。当管理者打算与员工和同僚们建立和保持长期关系时,就不得不收敛自身的竞争本性。在这种情况下,管理者必须尽力将局势从分割既定大小蛋糕的竞争性冲突转变为一起合作、努力做大蛋糕的趋势。以下四种主要方法可以促使谈判向合作性的转变。

将人与议题分隔开来

谈判很容易迅速地从对议题的讨论转向谈判者个性之间的冲突。毕竟你们是对立的两个阵营。一旦人的个性与正在讨论的议题纠缠在一起,那么即使再理性的讨论也不能将它们分开。如果冒犯了某人的自尊心、公正感或价值观,他们的谈判立场会变得更加坚定。

一旦开始指责他们,否定他们的意见、回绝他们的提议,他们就会感觉到正在被攻击,他们会怀恨在心并且实施报复性企图。在整个谈判中,要尽力建设性地讨论议题,同时保持与谈判对手的积极关系。

满足利益而不是立场

无论人们在谈判中所宣称的立场是什么,他们只不过是表达了对如何满足一些基本需要的看法而已。一位购买者可能会坚持某个价格，是因为他希望确保自己的产品能够达到盈利目标；一位雇员可能会要求某个薪金水平，因为他认为这是他所提供服务的正常价值；一位项目管理者可能会向一位职能经理索要某种关键资源，因为他认为，如果没有这些关键资源他就不可能在某项重要任务中取得成功。一旦深入这些直接需求的背后，试图去满足潜藏的利益诉求，就能够发现其他可以满足这些利益的途径，而并不是必须做出让步。

提出一系列备选解决方案

如果能够使讨论中的议题变成双方共同的难题，就可以让谈判对手进入一个旨在解决问题的过程中。一旦同对方一起进入了这个过程的第二个阶段，即提出一系列备选解决方案，就能够迅速地将本来相互冲突的局势扭转为相互协作的局势。这时，谈判对手不再仅仅盘算着从你身上能够得到多少好处，而是被推动着去考虑哪一个备选的解决方案是最好的（见表 8-5）。

表 8-5 提炼备选方案

阶段	思维方式	主要目标
定义问题	综合性	确保双方对问题的性质和主要的影响因素有共同认识
找出解决方案	发散性	找出若干可供选择的方案——不要只是合乎逻辑地找出最有可能的解决方案
选择解决方案	收敛性	共同努力，将选择范围缩小至一或两个可行的解决方案

对许多管理者来说，从惯用的竞争性谈判到开展合作性谈判的转变是非常困难的。尽管他们在等级制度的位置上获得了很大的成功，但他们作为跨职能的谈判者却是失败的，因为他们缺少作为新型谈判者所需要的极为不同的技能。这常常会使组织处于很困难的境地——组织会感觉到应当感谢管理者在过去的忠诚和优异的表现，但是又看到管理者无法适应新的要求。经常会出现的情况是，这样的管理者被留了下来，继续做着无望的努力，树敌越来越多，由于自身糟糕的表现而变得越来越绝望。

竞争性谈判与合作性谈判在谈判策略和技巧上都有特殊的要求。对于所有的谈判来说，还有很多具有共性的策略与技巧，可以帮助谈判顺利推进。以下两方面内容总结了谈判实践中常用的谈判策略和技巧。

8.2.2 谈判策略

避免争论

谈判人员在开启谈判之前，要明确自己的谈判意图，在思想上做好必要的准备，以创造融洽、活跃的谈判气氛。然而，谈判双方为了谋求各自的利益，必然会在一些问题上发生分歧。分歧出现以后，要防止感情冲动，保持冷静，尽可能地避免争论。因为，争论不仅于事无补，而且只能使事情变得更糟糕。最好的方法是采取下列态度进行协商。

冷静地倾听对方意见

在谈判中,听往往比讲更重要。它不仅体现了谈判者的素质和修养,也表现了对对方的尊重。多听少说可以把握材料,探索并洞悉对方的动机,预测对方的行动意向。谈判的要点就是要掌握对方的动机,调整自己的行为。在倾听的过程中,即使对方讲出你不愿听的话,或对你方不利的话,也不要立即打断或反驳。因为真正赢得优势、取得胜利的方法绝对不是争论。反驳可能偶尔会带来优越感,却永远得不到对方的好感。所以,最好的方法是让他陈述完毕之后,先表示同意对方的意见,承认自己在某些方面的疏忽,然后提出对其意见进行重新讨论。这样一来,在重新讨论问题时,双方就会心平气和,从而使谈判达到令双方都比较满意的结果。

婉转地提出不同意见

在谈判中,当不同意对方的意见时,切忌直接提出自己的否定意见。这样做会使对方在心理上产生抵触情绪,反而促使他千方百计来维护自己的观点。如果要提不同意见,最好的方法是先同意对方的意见,然后再进行探索性的提议。

果断地打断分歧和僵持

分歧产生之后谈判无法进行,应马上休会。如果在洽谈中,某个问题成了绊脚石,使洽谈无法正常进行,这时候,聪明的办法是在双方对立起来之前,马上休会。如果继续下去,双方为了捍卫自己的原则和利益,就会各持己见,使谈判陷入僵局。休会的策略为那种固执型谈判者提供了请示上级的机会,同时,也为自己创造了养精蓄锐的机会。

谈判实践证明,休会策略不仅可以避免出现僵持局面和激烈争论,而且可以使双方保持冷静,调整思绪,平心静气地考虑彼此的意见,达到顺利解决问题的目的。休会是国内外谈判人员经常采用的基本策略。

注意忍耐

在谈判中,占主动地位的一方会以一种咄咄逼人的姿态表现自己。这时如果表示反抗或不满,对方会更加骄横,甚至退出谈判。在这种情况下,对另一方的态度不做出反应,采取忍耐的策略,以我之静待"敌"之动,以我方的忍耐磨对方的棱角,挫其锐气,待其筋疲力尽之后,我方再做出反应,以柔克刚,反弱为强。如果被动的一方忍耐下来,对方得到默认和满足后,反而可能会变得通情达理,转而公平合理地与你谈判。同时,对自己的目标和要求也要忍耐,如果急于求成,反而会更加暴露自己的心理,进一步被对方利用。

忍耐的作用是复杂的,它可以使对方最终无计可施,也可以赢得同情和支持;可以等待时机,也可以感动他人。总之,只要忍耐,奇迹就有可能发生。

情感沟通

如果与对方直接谈判的希望不大,就应采取迂回策略。所谓迂回策略,就是先通过其他途径接近对方,增进彼此了解,联络感情,沟通了感情之后,再进行谈判。人都有七情六欲,感情和欲望是人的一种基本需要。因此,在谈判中利用感情因素去影响对手是一种可取的策略。

灵活运用该策略的方法很多，可以有意识地利用空闲时间，主动与谈判对手聊天、娱乐、谈论对方感兴趣的话题，也可以馈赠小礼品，邀请对方一起吃饭，为对方提供交通食宿的便利；还可以通过帮助解决一些私人的疑难问题，从而达到增进了解、联系感情、建立友谊的效果，从侧面促进谈判的顺利进行。

沉默是金

谈判开始就保持沉默，迫使对方先发言，这是处于被动地位的谈判者常用的一种策略。从涉外经济谈判的实践看，大部分美国人较难忍受沉默寡言，在死一般的沉寂中，他们会感到不安、心乱，最后唠叨起来。这种策略主要是给对方造成心理压力，使之失去冷静，不知所措，甚至乱了方寸，发言时就有可能言不由衷，泄露对方想急于获得的信息。同时还会干扰对方的谈判计划，从而达到削弱对方力量的目的。

运用沉默策略要注意审时度势，运用不当，谈判效果会适得其反。例如，在还价时沉默，对方会认为你方是默认。又如，沉默的时间较短，对方会认为你是被威慑住了，反而增添了对手的谈判底气。所以，运用这一策略的前提是，头脑要清醒，忍耐力要强，情绪要平稳。

多听少讲

一个处于被动地位的谈判者，除了忍耐外，还要多听少讲。让对方尽可能多地发言，充分表明他的观点，说明他的问题，这样做既表现出对谈判对手的尊重，也使自己可以根据对方的要求，确定对付他的具体策略。比如，一个推销员为了说明自己产品的特性、用途，对其产品特性夸夸其谈，殊不知这样做的效果适得其反。因为类似的话人们听得太多了，即使是你的产品优点很多，很具有特色，人们也会认为你是在自卖自夸，从而引发负面效应，引起对方的逆反心理。因此这种方法是不足取的。

最好的办法是让对方先讲，以满足对方的要求为前提，尽量调动对方的积极性，尽可能让对方多谈自己的观点和要求，待对方陈述完毕后，再将自己的产品进行介绍，阐述产品的特点和优点，以及能给对方带来的好处和便利。这样，可以大大减少对方的逆反心理和戒备心理。同时让对方多谈，对方就会暴露较多，回旋余地变小。而我方很少暴露，可塑性变大。两者的处境，犹如一个站在灯光下，一个站在暗处。他看过来一团模糊，你看过去一清二楚，我方自然就更为主动了。

抛砖引玉

所谓抛砖引玉的策略，就是在谈判中，一方主动地摆出各种问题，但不提解决的办法，让对方去解决。这种策略一方面可以达到尊重对方的目的，使对方感觉自己是谈判的主角和中心；另一方面，自己又可以摸清对方的底细，赢得主动。

但是，这种策略在两种情况下不适用。第一种情况是在谈判出现分歧时不适用，因为在双方意见不一致时，使用此策略对方会认为是故意给他出难题，觉得你没有诚意，从而使谈判不能成功。第二种情况是在了解到对方是一个自私自利、寸利必争的人时不宜适用，因为对方会趁机抓住对他有利的因素，使我方处于被动地位。

避实就虚

该策略是指为了达到某种目的和需要,有意识地将洽谈的议题引向无关紧要的问题上故作声势,转移对方的注意力,以求实现自己的谈判目标。具体做法是在无关紧要的事情上纠缠不休,或在自己不成问题的方面大做文章,以分散对方对关键问题的注意力,从而在对方毫无警觉的情况下,顺利实现自己的谈判意图。比如,对方最关心的是价格问题,而我方最关心的是交货时间。这时候,谈判的焦点不要直接放在价格和交货时间上,而是放在价格和运输方式上。在讨价还价时,我方可以在运输方式上做出让步,作为交换,要求对方要在交货时间上做出较大的让步。这样一来,对方满意了,我方的目的也达到了。

留有余地

这种策略实际上是"留一手"的做法。它要求谈判人员对所要陈述的内容留有余地,以备讨价还价之用。在实际谈判中,不管是否留有余地,对方总认为你会留一手,你的报价即使是分文不赚,他也会认为你会赚一笔大钱,总要与你讨价还价,你不做出让步,他不会满意。因此,为了使双方利益都不受到损失,报价时必须留有让步余地。同样,对方提出任何要求,即使能百分之百地满足对方,也不要一口承诺,要让对方觉得你是在做出让步后满足他的要求的。这样可以增加自己要求对方在其他方面做出让步的筹码。

这一策略在表面上看似与开诚布公相抵触,但实际上,两者的目标是一致的,都是为了达成协议,使双方都满意,只是实现的途径不同而已。不可忽视的是,该策略如何运用要因人而异。一般说来,在两种情况下使用该策略:对付自私狡猾、见利忘义的谈判对手;在不了解对手或开诚布公失效的情况下。如果对方对情况都很熟悉,使用此策略,反而会造成失信。

最后期限

处于被动地位的谈判者,总怀着希望谈判成功并达成协议的心理。当谈判双方各持己见、争执不下时,处于主动地位的一方可以利用这一心理,提出解决问题的最后期限和解决条件。期限是一种时间性通牒,它可以使对方感到如不迅速做出决定,他会失去这个机会。因为从心理学角度讲,人们对得到的东西并不十分珍惜,而对即将失去的、本来在他们看来并不重要的某种东西,却一下子觉得很有价值,在谈判中采用最后期限的策略,就是借助了人的这种心理定势来发挥作用。

最后期限既给对方造成压力,又给对方一定的时间考虑。随着最后期限的到来,对方的焦虑会与日俱增。因为,要是谈判不成,损失最大的还是自己。因此,最后期限带来的压力,迫使人们快速做出决策。一旦他们接受了这个最后期限,交易就会很快且顺利地完成了。

时间就是力量,就是压力,它使我们在商务谈判时无法忽视这种压力。所以,我们总是全神贯注于对方的最后期限,它有一种无形的催促力量,即使我们不需要,往往也会不自觉地接受它。这就是为什么它的效果如此之大,它常会促使对方做出你希望他做的决定。所以，只要处在谈判的主动地位，就不要忘记使用该策略。

先苦后甜

在日常生活中，人们对于来自外界的刺激信号，总会把先入的信号作为标准来衡量后入的信号。如果先入的信号是甜，再加上一点苦为极苦；如果先入信号是苦，稍加一点甜就是极甜。先苦后甜的策略正是建立在人们的这种心理变化基础上的。在谈判中先给对方提出全面苛刻的条件，造成一种艰苦的局面，恰似给对方一个苦的信号，在这一先决条件下再做出让步，使对方感到欣慰和满足，这就是该策略的基本含义。

先苦后甜的策略在商务谈判中经常被人们运用。比如，买方想要卖方在价格上多打些折扣，但估计到如果自己不增加数量，对方难以接受这个要求，而自己又不想在购买数量上做出让步。于是买方在价格、数量、包装、运输条件、交货等一系列问题上提出了一个较为苛刻的方案，并将其作为谈判的蓝本。在讨价还价的过程中，再逐步让步。卖方鉴于买方的慷慨表现，在比较满意的情况下往往同意买方在价格上多打些折扣的要求。而事实上，这些"让步"是买方本来就打算给予卖方的。所以，先苦后甜的策略可以使自己获得更多的利益，也使对方感到互有得失、公平合理，使主要目标不受丝毫损失。

这里需要指出的是，先苦后甜的策略只有在谈判中处于主动地位的一方才有资格使用。同时，在具体运用该策略时，开始向对方提出的方案不要过于苛刻，否则，对方会退出谈判。

8.2.3　谈判技术

谈判是需要技巧的，其中有很多沟通技巧的应用。俗语说"兵不厌诈"，此句话用于谈判桌上的交涉情形，亦复如此。不论是外交谈判，还是商场上的签约，其最终目的无非是在确保自身的权益罢了。而面临着错综复杂的人际关系，及对手的刁难争辩，要想顺利达成谈判任务，除了仰赖谈判者个人学识经验及临场反应机智和辩才外，更要讲究一些技巧。

运用道具

运用道具表示不满或愤怒。突然停住记录中的笔或者突然合上笔记本，抬头，睁大眼睛盯住对方的脸或眼睛可以较好地表示出不满；突然停住笔，抬头注视对手，目光有神，将笔一扔或将记录纸一撕，即反映愤怒；将笔杆在头发上快速擦几下，猛地抽回在桌子上敲两下，双目圆瞪，注视对方，做深呼吸使胸部表现明显的起伏，也使对手感到你的愤怒；将笔记本往一边或桌前一甩，闭紧嘴唇，咬着牙，眼睛正视对方，双手紧握，则凶相毕露。

运用道具表示兴趣。双目注视对手的眼睛，时而用笔记点什么，即使因时间久而变换坐姿，也是轻手轻脚，表示对对方的话感兴趣。埋头不停地做笔记也是感兴趣的表现。

运用道具表示无意。拿着笔在空白纸上画圈圈或写数字、字母，说明已厌倦了；拿着打火机，打着火观其火苗，也是一脸烦相；放下手中物品，双手撑着桌子，头向两边瞧，暗示对方,自己没有多少爱听的,随你讲吧,反正没有关系;将桌子上的笔收起、本合上,女士则照照镜子或拢拢头发、整整衣裙,表明:没有我发言机会就算了,你爱讲就讲。

运用道具表示结束。扫一眼室内的挂钟或手腕上的表,扣上笔帽或收进圆珠笔芯,合起笔记本,抬眼看着对手,似乎在问:"可以结束了吧?"给助手使个眼色或做个手势,不收桌上的东西,起身离开会议室或在外面打电话,也表明所云无望,可以暂时中止谈判,以后再谈。

红脸白脸都要唱

在谈判开始打头阵者,往往被视为扮红脸人士。因其日后不会继续承担双方沟通的任务,故可直来直往,不怕得罪对方。而扮演白脸者,则以好好先生角色自居,如果发现因讨论问题太深入或态度太过强硬,无回旋余地时,可适时出现打圆场,在双方争得面红耳赤之际,此时和事佬的出现,常会有意想不到的效果。例如,警察在审讯嫌犯时,就常常采用此种方法诱使嫌犯招供。

交换条件

在谈判过程中,不外乎运用"我能给你些什么""你能给我些什么"之类的交换条件,但交换手段要谨慎使用。那么,什么时候才是使用交换手段的恰当时机呢?譬如,当谈判代表准备同意对方的要求,或者权衡形势,除了同意对方的要求外,别无选择余地时,才可采用交换手段。为了使损失最小,此时提出交换要求的一方,应重新回头查看有无以前尚未了结的悬案,如果有的话,则趁此时机提出,以作为让步的交换条件。

察言观色

谈判气氛瞬息变化。在双方情绪化的争执下,所有言辞往往极为刺耳。对于这种意气用事的言语,不可太挂记于心,而应把握住双方意见趋于一致的时刻,重新建立友谊。

代理人技巧

如何运用代理人策略是谈判中一个重要的技巧,有时请一位代理人出面谈判会带来很多便利。一般来说,对谈判的代理人只赋予有限的授权,正因授权有限,到了要承诺的时候,可以推诿延宕;而对方意识到你授权有限时,提出的条件就会比较有分寸。代理人策略是一项极其有效的方法,正因如此,我们要尽量避免同对方的代理人交手,不到万不得已,应牢牢盯住对方谈判的关键决策人。

退出谈判

若在某个特定事项上,始终无法突破现状达成协议,则不妨退出谈判,而将议题搁置至下一个议期再议。此种状况,有两种可能结局,一是成为悬案而不了了之;二是在经历一段时间后,会发现解决的方案。在下一轮谈判前,应该努力做到:

－调整情绪,保持冷静。

－梳理已经达成一致的观点,并重新考虑关键事项。

— 对谈判局势做出判断。

— 进一步调查谈判对手的情况。

— 请求进一步授予所需权限。

寻找转变时机

有时候暂时停止谈判以做好进一步谈判的准备，会比停留在原处做交涉佳。如果谈判面临破裂，或者双方意见差距太大，而一时又无法找出妥善的解决方案，则不妨提出转换契机的要求，譬如休息一下，或者喝杯咖啡、吃顿午饭之类的，让双方暂时分开，也许会有一方态度软化而呈现新的契机。

另备腹案

"狡兔三窟"用在情势逆转时，往往能将所受损失降到最低。当对方舍我而去时，我方永远有第二条路可走，即使状况较差，也比张皇失措束手无策好。如果对方能提供多种选择方案，我方也可顺便测试自身的腹案，以作相互协调之用。为了使谈判更具效率，当对方不愿签合同，或者无法达到合约的要求时，谈判首席代表有权做决定转向与第三方谈判。

8.3 ▶ 说服沟通

说服的一种途径就是借助关于如何说服他人的科学证据。美国心理学家罗伯特·西奥德尼（Robert Cialdini）综合了实验和社会心理学中关于如何让人们让步、服从或改变行为的方法。这些方法也能够作为影响他人的参考依据来使用，它们主要关注的是说服力，可以帮助我们说服员工。

喜欢

人们喜欢那些喜欢他们的人。作为一名管理者，在说服和影响那些喜欢你的群体成员时更有优势。强调与其他人之间的相似性以及赞扬他人，是令他人喜欢你的两种最可靠的技术。因此管理者应该强调相似性，比如群体成员间共同的兴趣。赞扬他人是一种强有力的影响手段，即使管理者发现可以赞扬的事件相对很少且细微，它仍然能够被有效地加以使用。真诚的赞扬往往是最有效的方法。

互惠

人们通常会做出回报。经理们通常可以通过率先垂范来影响群体成员以某种特定的方式来行动。管理者因而可以成为展现信任、良好道德，或者高度致力于公司目标的模范。简言之，付出你想要得到的东西。

社交证据

人们更容易认同与自己相似的人的意见或做法。当说服来自同伴时,它会具有很高的影响力。如果你作为一名管理者想要影响一个群体去采用新的工作程序,例如,在办公室里真正消除纸质文本记录,应该让一位普通员工身份的认同者在会议上或通过电子邮件将自己对于该想法的支持讲出来,而不是通过纸质文件传达。

一致性

人们与其清晰的承诺保持一致。让人们感到需要兑现你要求他们所做出的承诺。在人们选择了一种态度或倾向之后,他们更喜欢保持这种承诺。设想你是团队管理者并且希望团队成员在团队中变得更加活跃,以期为公司营造一个良好的形象。如果团队成员讨论他们参与的计划并写下他们的计划,他们就会更倾向于去实施。如果参与其中的人们还能互相阅读彼此的行动计划,这种承诺就会变得更为牢固。

权威性

正如我们在对专家权力和可信度的研究中所解释的那样,人们的确非常服从专家意见。管理者通过推行富有前景且严密周全的战略计划,彰显自己的专业性,以提升说服下属的可能性。管理者也可借助主要相关技术领域的证书展示自己的专业地位。例如,一位管理者尝试说服团队成员使用统计数据来改进质量,那么这位管理者就会提到他获得了六西格玛质量管理认证。

匮乏性

人们希望更多地得到可能会变少或者本来就不多的东西。匮乏性说服的一种应用就是如果成员们认为争论所涉及的资源正急剧减少,管理者就能够说服群体成员朝着特定方向行动。例如,如果员工被告知在很长一段时间内都不会再开设培训课程,他们受此影响,极有可能去参加一个培训课程。另一种途径就是通过使用他人并不容易得到的信息来展开说服。管理者可以说:"我有一些初步的销售数据。如果我们在本季度最后一个月能将销售额提高 10%,我们就会是整个公司业绩最好的部门。"

这六项说服性沟通方法如果能够综合这两种应用方法一起使用,就能够取得更强的说服效果。例如,当树立自身专业性时,同时赞赏成员所取得的成绩,并指出通过你们共同的努力,业绩存在进一步提升的空间。结合了"喜欢""权威性""互惠",如果有员工此时站出来主动地说自己也认同,就可以加上"社交证据"一共四种方法的说服力。其他员工在这种说服力的促动下很容易受到你的影响,认同继续努力,从而获得下一次业绩的超越。

拓展游戏:词语选择

★ 形式:集体参与,2 人一组。
★ 时间:5 分钟。
★ 材料:计数器。
★ 场地:室内。

程序

把大家分成若干小组,2 人一组,A、B 为一组,每组有一分钟时间一起安排他们的假期。

第一轮:

(1) A 提出一个建议,例如,"我们去什么地方好好玩一下吧。"

(2) B 用"好吧,但是……"的句式回答。例如,"好吧,但是我想整天都躺在沙发上。"

(3) A 也用"好吧,但是……"这样的句式表达自己针对 B 的想法的意见。

(4) 对话按这种方式进行,直到时间到了为止。

第二轮:

(1) 用同样的度假建议开始这次对话。

(2) 这次双方采用"好的,而且……"这样的句式回复对方的建议。例如,"我们出去好好玩一下吧。""好吧,而且我们要去一个从没有去过的地方。"

(3) 一分钟后叫停。

规则

– 要严格按照规定的句式回答,不能因为情绪的改变而使回答的句式改变。

小提示

– 可以让学员自己试着想出一些类似的回答句式进行游戏。

组织讨论

(1) 第一轮中,是否发现对方的回答有几次确实使你很生气? 最后的假期计划有进展吗?

(2) 第二轮中,新的回应有不同效果吗? 最后的假期计划是否有进展了呢? 为什么?

(3) 在现实生活中,是否遇到过类似的例子? 人们经常使用哪种方式来回应别人的意见? 你认为哪一种会更好一些呢?

(4) 人们会不会说一些具有否定性的词语来否定对方的意见? 会造成什么后果? 人们有没有意识到呢?

9 协同沟通

>>>

"空降兵"的成功着陆

小田被某连锁集团的CEO聘任为华东区总经理。两人曾是某投资发展银行的同事,经常交流工作经验,相互之间有相当牢固的信任基础。小田替代的前任总经理是CEO的姨表弟,而新任的副总经理是CEO的亲侄子,也是该集团销售业务的创业功臣,曾任浙江、安徽区域经理,其未婚妻是华东区重要部门的经理。小田是这个集团的第一位"空降兵",着陆目的地荆棘丛生。

入职后,副总经理与小田严重不和,在各种方面表露出对小田的不满,在公开场合,尤其是在中层管理人员会议上经常提出与小田持对立倾向的见解,使各级下属诚惶诚恐,在上级领导之间吃力地周旋。小田的职务和性格决定了他不能也不会就此放弃,决心第一步,先解决与副总间不和的问题,形成高层管理的团结核心。而这一切都是从沟通开始。

初期

小田每次在开中层会议前把议题和预选方案先与副总和总助一起商量。这样做的目的有两个:第一,小田缺乏从事国内零售业管理的经验,希望能尊重副总的意见并发挥副总的作用;第二,希望在小范围内解决意见冲突,给中层一个高层团结的印象,建立团队意识。然而,副总在会前常表示无异议,一到正式的会议上就反对。因此平时工作中,小田为避免这种不好的影响,几乎不与副总交流,各做各的事。在这种环境中,小田心力交瘁,工作业绩也未见明显起色。

由于小田一直没有找到好方法,情况变得越来越严重,甚至无法正常召开工作会议。经过反复思考,小田给CEO如实反映了情况,请求他的帮助。CEO十分重视,亲自到华东区了解情况,最后决定给他的侄子一条出路:如果不能配合总经理工作就离开公司。

中期

自从CEO正式通知了当事人之后,情况发生了微妙的变化。在交往中,两人照面时副总的表情不再像以前那样如同对手,有时也会主动跟小田汇报一下工作。其实副总无论是在零售环节的经验上,还是市场敏感度上都胜小田一筹。虽然公司缺少了当中的任何一个都还会正常运作下去,但无疑如果能够共同努力,一定会有1+1>2的结果。感到这种变化后,小田马上给CEO报告,表示自己愿意努力尝试一下与副总合作。

经历副总的变化，小田感到自己需要加强对新环境的深入了解，根据下属特点开展工作沟通，同时自己也需要自我沟通，不时地检查自己的不足。接下去小田一直思考用什么方法才能建立起彼此真正的和谐。

根据对自己和副总的情况，小田采用了如下几种方式改进他的沟通：

（1）首先是让副总有更多的决策参与感。比如小田心里早就准备好了答案，却以尚无结论的方式认真地征求副总的意见，使他感觉自身参与了决定，以便他对目标有更多的认同，执行时他就会起积极的正向作用，而不是像以往那样由小田提出方案，让他表态。

（2）选在晚上工作之余，就某一项现存问题与副总进行单独沟通，而不是加上总助三人在一起。这样做不仅减少了很多干扰，还使双方能够有机会进行更为宽泛自由的交流。

（3）经常和副总探讨集团现状和发展问题，向他传递集团其他地区的管理信息，从战略上激发他对提升华东区管理水平的兴趣，暗示他的前途远大以提高其自我提升的动力。

（4）对副总的个人不足借助旁人的例子进行剖析，而不是直接指出，起到暗示或启发的作用，给他充分保留面子。

（5）对副总擅长的领域给予充分的授权。这样做不仅提高了工作效率，还充分调动了他的工作热情，小田也能有更多的时间去投入其他方面的工作。

（6）对有比较大分歧的问题，先暂时回避，再私下调整，然后对外达成共识。

（7）经常选择适当的公开场合就适当的事情对副总的某项工作或建议表示真心的赞赏。

（8）在工作会议上，争取每次都由副总主持一部分内容，淡化小田一人主持的格局。

现状

由于有了良性的沟通，小田和副总经理发现彼此的管理目标实际上非常接近，在能力结构上，也有着比较明显的互补性。

当总结这几年的工作时，小田感触最深的是：良好的沟通能最有效地发挥集体的智慧，整合每个人的优势，产生无穷的团队力量。众人拾柴火焰高！对于"空降兵"，要想成功着落，首先要攻破的就是沟通关。而真诚待人则是沟通的法宝。

尽管对于一个以团队为基础的组织，一项重要的目标是使团队成员参与到领导和管理活动中，但是管理者仍然扮演着重要的角色。管理者的工作并没有消失，而是需要他们学习新的管理和沟通方式。一个组织需要那些对团队充分了解的管理者，从而帮助处理团队中人际方面的问题。例如，提供反馈和解决冲突对于一个团队结构来说是至关重要的。通常情况下，管理者会同时督促2~3个团队，帮助团队保持团结，解决个性和工作方式的不同所带来的问题。如果缺乏有效的沟通，团队就会偏离正确方向，做得过火或无所作为，失去对使命的憧憬，并受到人际冲突的阻碍。

在一个群体的早期阶段,有效沟通尤为重要,因为管理者需要通过沟通帮助群体发挥出潜能。管理者在基于群体的组织中扮演的角色包括建立信任和鼓励群体合作、指导群体成员达到更高的绩效水平、促进和支持群体的决策、开发群体能力、营造群体一致性、参与和影响变革、鼓励群体向更高的绩效水平努力、授予权力或方法使群体成员完成他们的工作、鼓励群体成员消除没有价值的工作。这些角色要求管理者与群体成员之间进行大量的沟通,使群体成员之间紧密协同,让群体效率尽早显示出来。

9.1 ▶ 协同模式

工作群体中的沟通方式对生产力来说极为重要。比方说,如果每件事都要经过领导把关,就会降低决策速度,限制成员们交换意见。或者,会出现一些小集团,其内部沟通很多,但很少与团队的其他成员沟通。显然,管理者希望所有成员之间均衡而开放地沟通,但由于个性问题和组织问题,有相同利益的成员或者来自同一职能部门的成员很可能总是在一起。图9-1描述了可能会遇到的沟通模式。显然,群体内部的沟通模式越接近"开放、全频道"的沟通模式,这个群体的生产力就越高。

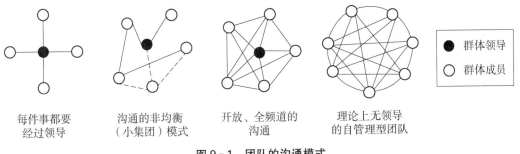

每件事都要　　沟通的非均衡　　开放、全频道的　　理论上无领导　　● 群体领导
经过领导　　　（小集团）模式　　　沟通　　　的自管理型团队　　○ 群体成员

图9-1　团队的沟通模式

组织部门正式沟通的结构形式关系着信息交流的效率,它对群体行为和群体活动的效率都有不同的影响。关于不同的组织沟通网络如何影响个体和群体的行为,以及各种网络结构的优缺点,美国社会心理学家亚历山大·巴维拉斯(Alexander Bavelas)等概括总结了五种主要的沟通结构形式,如图9-2所示,图中每一个圆圈可看成是一个成员或组织的同等物,每一种网络形式相当于一定的组织部门结构形式和其间的信息沟通渠道,箭头表示信息传递的方向。

链条式沟通

在一个组织系统中,链条式沟通相当于一个纵向沟通渠道,信息按高低层次逐级传递,信息可以自上而下或自下而上地流动。在这个模式中,有五级层次,居于两端的传递者只能与内侧的每一个传递者相联系,居中的则可以分别与上下互通信息。各个信息传递者所接收的信息差异较大。该模式的最大优点是信息传递速度快,它适用于班子庞大、实行分层授权控制的项目信息传递及沟通。

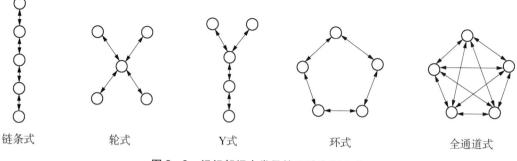

图9-2　组织部门中常见的五种沟通方式

轮式沟通

在这一模式中,主管人员分别同下属或部门发生联系,成为信息的汇集点和传递中心。在组织中,这种模式大体类似于一个主管领导直接管理若干部门或权威控制系统。只有处于领导地位的主管人员了解全面情况,并由他向下属发出指令,而下级部门和基层公众之间没有沟通联系,他们只分别掌握本部门的情况。轮式是加强控制、争时间和抢速度的有效方法和沟通模式。

Y式沟通

Y式沟通是组织内部的纵向沟通渠道,其中只有一个成员位于沟通活动中心,成为中间媒介与中间环节。沟通的结构包括四个层次:第二层主管与两个上级联系,下面还有两个层次的工作联系。这种沟通模式适用于主管人员工作任务繁重的情况,此时主管需要有人筛选信息并提供决策依据,以提高决策效率,同时,当有两位管理者或部门各自负责不同的职能方面,共同对组织实行有效控制时,这种沟通模式也能发挥作用。Y式沟通模式适用于企业规模较大而管理水平不高的大中型企业。

环式沟通

这种组织内部的信息沟通是指不同成员之间依次联系沟通。这种模式结构可能产生于一个多层次的组织系统之中。第一级主管人员与第二级建立纵向联系。第二级主管人员与底层建立联系,基层工作人员之间与基层主管人员之间建立横向的沟通联系。这种沟通模式的上下级沟通相对以上三种群体沟通模式更为充分,有利于提高群体成员的士气,使大家都感到满意。

全通道式沟通

全通道式沟通是一种开放式的信息沟通系统,其中每一个成员之间都有一定的联系,成员彼此之间十分了解。民主气氛浓厚、合作精神很强的组织一般采取这种沟通渠道模式。

巴维拉斯等人就不同沟通模式的沟通效率进行了研究,其结果如图9-3所示,不同性质的工作需要选择不同类型的沟通框架,以实现有效且便捷的沟通。

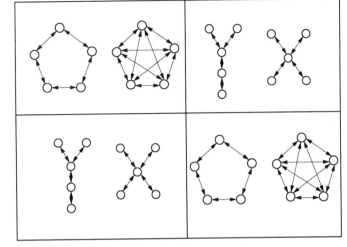

图9-3 沟通方式的效率比较

每个部门或群体都有自己的结构,有自己的工作任务和沟通条件等具体情况。为了达到有效管理的目的,应视各群体的不同情况,采取不同的沟通模式(见表9-1),以保证上下与左右部门之间的信息能得到顺利的流通。

表9-1 五种沟通方式的沟通特点

比较内容	沟通方式				
评价标准	链条式	轮式	Y式	环式	全通道式
信息精确度	较高	高	较低	低	最高
信息集中性	中等	较高	高	低	最低
解决问题的速度	中等	快:(简单任务) 慢:(复杂任务)	较快	慢	最慢
工作变化弹性	慢	较慢	较快	快	最快
正确性	高	高:(简单任务) 低:(复杂任务)	较高	低	适中
领导的能力要求	中等	很高	高	低	很低
领导者的突出性	相当显著	非常显著	会发生易位	不发生	不发生
成员士气	低	低	较低	高	很高
各成员满意度	中等	高	高	低	最低

对组织而言,除了以上五种基本沟通方式外,还存在多种多样的沟通方式,比如,典型的"秘书专政"沟通模式。在这种模式中,各部门的汇报都要经过总经理的秘书或助理转交给总经理,而总经理的指示也要通过秘书或助理传达给各个部门,如图9-4所示。在这个模型中,秘书或助理就是沟通的中心。

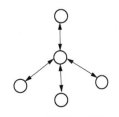

图9-4 "秘书专政"方式

9.2 ▶ 协作促进

有时,管理者富有鼓舞力的人格特质本身就可以促进群体合作。团队是一种内部成员较为稳定、成员协作要求比较高的群体。本小节下文列出了提高团队合作的行为。为了方便起见,这些行为被划分为两类:领导者可以利用自身资源的行为,即协同基因;需要借助组织结构和政策的行为,即协同技巧。以部门或工作任务为依据划分出来的工作群体虽然相对团队较为松散,但在内部协同方面仍然具有一致的需求。协作不仅仅是团队需求,每一个或大或小的群体也同样需要。

9.2.1 协同基因

确定群体使命

培养群体合作的起点是使每一位成员都清楚地了解群体的使命。一个清晰的使命承诺被认为是高效率群体的一种关键行为。向群体描述使命可以回答这样的问题:"我们为什么这么做?"为了回答这个问题,使命陈述必须包含一个具体的目标、计划以及哲学基调。使命陈述中所包含的任何目标都必须与组织的目标相一致。

建立合作的标准

组织的合作文化基础

培养群体合作的一个主要策略是在群体成员中培养这样一种共识,即认为在一起有效率地工作是管理者期望的标准。当一个公司存在强烈的个体主义文化时,建立群体合作的规范对领导者来说是一项挑战。然而,当组织推崇的合作文化的一部分可以追溯到人格特质时,一起工作并消除观点上的差异是很自然的事情。合作理论认为群体成员应该关注合作与协同,而不是竞争。那些已经习惯就赏识、薪水提升以及资源与其他人竞争的个体,在群体中必须学会合作。

管理者的合作规范渗透

在通常情况下,管理者用口头或文字的方式能够清晰地阐述对群体合作的期望。有些管理者会频繁使用与群体团队合作相关的词语和句子来传达群体合作的规范,强调诸如"群体成员"或"队友"一类的词,淡化诸如"下属"和"雇员"一类的词,从而使群体合作规范更有效地向下渗透。

成员的合作认同

由具有影响力的群体成员对群体合作进行正式陈述,也有助于强化群体合作的规范。例如,一位群体成员可以向合作者这样陈述,从而担当这个群体规范的领导者角色:"我很高兴这个项目是共同努力的结果。我知道是什么让我们在这里赢得了赞誉。"

信任合作的情绪智力

在建立群体合作的过程中,管理者的沟通角色也可被描述为帮助群体发展情绪智力。管理者可通过在成员之中营造彼此信任的氛围,为群体的情绪智力提供帮助,并在群体或"一对一"的会议中将情绪事件摆到桌面上，促进群体智力的提升，还可以就这些情绪会怎样影响群体的工作进行讨论。例如，群体成员可以讨论他们所察觉到的自身对于组织的重要性。一个维修小组说，除非关键设备出现故障，否则他们总是觉得自己不被重视，这种不被赏识的感觉对士气产生了不良影响。因此，群体管理者帮助他们开展了一项内部公共关系活动，使大家认识到他们对于生产的贡献。另一个有关情绪的例子是鼓励群体成员在感觉群体生产力低下或高涨时都大声说出来，对积极情绪的表达可以称作"情绪兴奋剂"。

强调因为出色而骄傲

除了群体合作，一种建立群体文化的标准方式是帮助群体成员认识到他们为什么要为自身取得的成就而骄傲。市场营销学大师威廉·科恩（William Cohen）指出，大多数群体有某些特别擅长的任务。例如，一个航运部门可能持有该地区最佳的准时航运纪录；一个索赔处理部门可能是一家保险公司中额外支出最少的。

举行聚会

为了给那些将在同一个群体中工作的人员的合作打下基础，一种非正式的方法是举行聚会，迪士尼就采用了这种方法。当问及沃尔特·迪士尼（Walt Disney）是否会召开头脑风暴会议时，他说更喜欢召开聚会，这样人们可以"待在一起，敲锣打鼓，点燃篝火，吸支香烟，进行社交活动"。如迪士尼所做的，聚会被特意设计为非正式、友好且无结构的形式，其目的是为即将被分配到新项目的群体成员之间建立合作关系打下基础。

每个聚会都包括三部分：技能清单环节是给予每位群体成员一个机会来描述他和任务相关的技能、经验及资质；在兴趣清单环节，每个群体成员有机会描述他们工作以外的兴趣爱好，这些公开的兴趣可以成为群体成员之间关系的纽带；在数据转储（data dump）阶段，每个群体成员表达他对于项目的想法和感觉，其他成员认真倾听，而不要打断这位成员的倾吐，一个有效的数据转储可以减少抱怨，因为群体中的每个成员都有机会来表达他们对于项目的想法。聚会为每位群体成员提供了倾听他人想法的机会，由此建立起了开放的沟通渠道，而那些即将被分派任务的群体成员也借此迈出了走向团队的重要一步。

合作的榜样

对于管理者而言，促进群体合作的一条有效途径就是充当群体活动的积极榜样。为群体合作充当榜样的一种方法是公开那些有关群体工作的重要想法和态度信息，这样群体成员会加以跟随。自我公开能促进理解和分享关心，因此会促进群体合作。和群体成员进行广泛的沟通也可以成为群体合作的范例，因为这可以展示群体发展的机制——通常是一种非正式的沟通。当与群体成员沟通时，群体领导者可以强调他也是群体的一员。例如，他可能会说："记住最后的期限。我们必须在周四之前通过电子邮件提交我们的计划。"一种较低群体成员取向的表述则可能是："记住最后的期限。我需要你们在周四之前用电子邮件提交计划。"

一致型沟通风格

当管理者采用一致型的沟通与决策方式时，群体合作程度会得到提高。为重要决策提供信息会使群体成员感觉自身是有价值的群体成员。一致型决策还可以促进群体之间的思想交流，群体成员可以支持和改进他人的建议。这样的结果提高了针对一个问题展开合作的意愿。构建一致型领导风格的另一条途径在于它反映了一种对于分享统治和合伙工作的信念，而不是家长式的监管。群体，而不是层级制的部门，成为组织活动的焦点。至于其他一些促进群体合作的策略和技术，人们需要参与到文化转变中，从而充分接受分享管理。

强调紧要与挑战

群体成员需要相信群体拥有紧急且具有建设性的计划。群体成员还需要对期望进行一系列明确的表述。计划阐述得越紧急、越相关，群体就越有可能发挥出其潜能。一个客户服务群体被告知，如果不能在给客户提供的服务上进行重大改进，公司就不可能有更长远的发展。在这一信息的激励下，这个群体接受了挑战。

为了进行督促，管理者可以挑战群体常规，这是有帮助的。当管理者向群体提供有效的事实和信息，鼓励群体成员一起合作来改变常规时，就可以提高群体合作程度。新的信息可以促使群体重新定义并丰富他们对当前所面临挑战的理解。结果，群体可以更好地关注共同意图，建立更清晰的目标，并更顺畅地协同工作。向群体提供相关的事实和信息，其价值还体现在它有助于抵抗群体思维。

鼓励和其他群体的竞争

鼓励群体合作的一种常见方法是鼓励群体共同应对一个外在的真实或假想的威胁。当竞争发生在组织外部时，为了竞争而奋斗就显得更有意义。而如果这个敌人出现在内部，那么群体的士气就可能会遭到损害，甚至危及整个组织，这时就出现了"我们—他们"的问题。

当鼓励和其他群体展开竞争时，领导需要倡导公平竞赛，而不能纵容采用不道德的商业手段来竞争的行为。土星（Saturn）汽车公司取得成功的一个因素在于竞赛创造了富有竞争力的品牌。一位市场经理多次对员工提出这样的疑问："为什么美国人不能制造低价位的世界水准的汽车呢？你们还打算背负这种耻辱多长时间呢？日本人的确是伟大的汽车制造者，但是我知道你们这些田纳西人可以做得同样好。"从中可以看到，这位经理人鼓励了和强大对手的对抗，但并没有诋毁这种竞争。

鼓励使用行话

群体中符号化和仪式化的模式对群体合作具有重大贡献。在这种模式中，特殊化语言是重要组成部分，这种语言可以促进和谐与承诺。本质上，这种特殊化的语言就是群体中的行话。行话在群体成员和其他外部成员之间划出了界线。它也强化了独特的价值观和信仰，因此有助于形成合作文化。行话也使得群体成员可以更轻松地交流，减少误会的产生。

征求群体有效性的反馈

另一个培养群体合作的途径是接收有关群体表现的反馈。与培养群体合作的其他建议一样，绩效标准要在一开始就设定。这样群体会建立起一套评价程序，包括群体的自我评价和使用群体成果人员的评定，比如其他的单位或客户。每月一次、每次一小时的时间要留出来用于群体评估进程，并将其与绩效标准进行比较。当反馈是积极时，群体可能会受到激励，继续在一起良好地工作。消极的反馈只要没有敌意，也能让群体聚到一起，制订寻求改进的行动计划。一家核电厂的维修群体领导者这样告诉他的群体："我收到的评估显示我们在准时维修方面的绩效评估被评为公司的倒数第二名。你们是否愿意和我一起努力进行改善呢？"他提出的挑战得到了大家的拥护。

9.2.2 协同技巧

设计利于沟通的物理结构

当群体成员被安排得彼此靠近，且能够经常、轻松地交流时，群体和谐及进一步的群体合作就可以得到实现。相反，那些把大部分时间花在私人办公室或者小书房里的人则不太可能与他人互动。频繁的接触通常可以带来友谊的产生和归属感。达到物理亲近的一条有效策略是建立共享的物理设施，比如一间会议室、图书馆或咖啡吧。这些地方的布置要和大楼中的其他地方不同，同时要添置一些宜人的设施，比如咖啡壶、微波炉和冰箱。群体成员可以利用这些地方来补充精力，并进行群体互动。

由于认识到这些共享物理设施对提升团队合作的贡献，当今许多组织在工作场所中设置了更多开放性工作空间，取消了私人办公室。许多人对于现代办公室缺乏私密性表示不满。然而，到目前为止，还没有任何有关由于无法在工作中进行安静思考而导致生产力丧失和士气问题的消息公布。

强调群体的奖励

对群体成就给予奖励能强化群体合作，因为人们所获得的奖励是他们集体合作的成果。伴随奖励的认同应强调群体对组织的价值而非聚焦个人。由于认同能让群体对自身贡献和进展感到骄傲，所以会提升群体的认同感。管理者可以通过多种方式提高群体认同感，比如设立一面展示墙，陈列群体成就证书、日程、各种通知；在 T 恤衫、运动帽、咖啡杯、夹克衫、钥匙环或名片上印团队标志；把设备漆成团队颜色；举行一些田径比赛，如垒球、排球、保龄球等；给团队成员或整个团队发放来自组织的礼物。

一项关于高绩效工作群体的大型研究结果表明，群体的财务奖励可以采取以下形式：为技能培训付费、设立团队绩效奖、实行收益分享以及利润分享。最后两条需要组织对传统的强调个体成就的奖励系统进行修改。值得警醒的是，由于以群体为基础的工薪计划会给员工工资带来不确定性，员工可能会将这种转换视为一种可怕的建议。另一项研究表明，群体奖励与出色的群体自我管理有关，而在个体奖励和群体奖励之间进行平分的奖励系统效果欠佳。

举办仪式和典礼

另一条提高群体合作的途径是举办仪式和典礼。仪式和典礼能够提供强化价值观、激发活力的机会，使员工之间以及员工与组织之间的联系更加紧密。当群体达成一个重大里程碑时，比如在一项重大合同的投标中获胜，就可以举办一场群体晚宴。另一种更为正规的仪式是将群体送往休养所，进一步培养他们的使命和目标，建立友谊。当群体在休养过程中变得更加紧密、更加社会化时，哪怕只有一天，群体合作也会得到强化。

实践透明化管理

如今，一种越来越流行的、促使公司像一个群体那样协同工作的方法，就是与大多数雇员分享公司的财务和战略信息。在透明化管理模式下，每位雇员都会接受相应的训练，被赋予权力，同时受到激励，从而去理解并积极追求公司的商业目标。通过这样的方式，员工就转变成了商业合作者，并且会感觉自己是同一个群体中的一员。在较为彻底的透明化管理形式中，员工不仅会共享战略和财务信息，还会共同分担责任。与此同时，公司也需要兑现相应的结果，也就是分担风险或者给予奖励，如此一来，员工们就更有可能心往一处想、劲往一处使，进而保障公司取得成功。这种做法的目的在于构建一个信息传递顺畅、秉持合伙人理念、具备高绩效水平的公司。为了确保能向员工提供足够的信息，公司领导可以组织圆桌会议，围绕公司的财务信息展开讨论。另外，通过电子邮件通报公司财务进程也是一种常见的信息散播方法。

采用利于群体合作的沟通技术

员工在使用那些促进合作的信息技术时，比如线上工作群时合作成效尤为显著。例如，频繁交换电子邮件信息和即时信息的简单行为就可以促进合作。电子头脑风暴是群件的另一个例子。网站是另一个重要的新发展，通过它们可以使员工们彼此合作，从而节省各种产品设计和开发活动所需的时间和金钱。现在公司可以通过网络与供应商一起整合设计的各个方面，从而使生产变得更为廉价和快捷。例如，通用汽车的工厂采用了一套合作软件系统，制造完成一辆汽车模型所需的管理时间已经从 12 周缩短到了 2 周。

9.3 ▶ 协同激励

9.3.1 激励框架

我们大多数人每天早上起床后去工作或去学校，并且按照自己预想的方式来行动和生活。我们通常会对周围环境和其中的人们做出相应的反应，但却很少思考我们为什么要努力工作,为什么会喜欢某些课程,为什么会觉得某些娱乐活动很有意思。然而,这些行为其实都是由某些因素激励的。激励是指引起人们采取某种行动的热情和毅力的内部或外部的力量。对员工的激励会影响产量,因此领导者的部分工作就是将员工的激励和公司目标的实现统一起来。对激励的研究可以使领导者明确,是什么使员工采取某种行动,是什么影响他们如何采取这种行动,以及为什么他们可以长时间地坚持这种行动。

图9-5展示了员工激励的一个简单模型。人们具有最基本的需求,如对食物、认同感或者赚钱的需求,这些都转化成了人们的内部压力,激励特定的行为来满足这些需求。这些行为的成功也就意味着人们的需求得到了满足,人们以此作为奖励。这种奖励还使人们明白所采取的行为是正确和合适的,并且可以在将来再次采用。

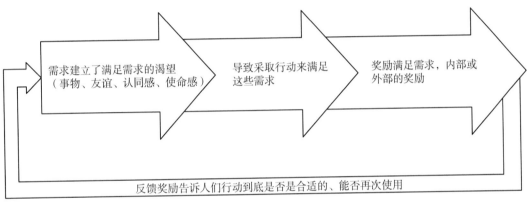

图9-5 激励的一个简单模型

激励的重要性在于它可以提高员工的工作绩效。最近的一项研究表明,高效的员工激励、高效的组织绩效和公司盈利通常是相辅相成的。领导者可以使用激励理论来满足员工的需求,同时鼓励员工取得更优异的工作绩效。当员工没有被激励来达成公司的目标时,公司的领导者通常要为此负责。

9.3.2 激励选择

奖励可以是内部的也可以是外部的

内部奖励是一个人在特定的行动中所得到的满足感。解决一个对他人有益的问题会使一个人获得一种满足,完成一件复杂的工作也会产生一种成就感。内部奖励是内在的,是在个人的控制之下的,比如为了满足一种资格、能力自我肯定的需求而专注于某种工作的激励就是内部奖励。

外部奖励是由其他人给予的,通常是自己的上级主管,包括升职和加薪。外部奖励给人以愉悦感,它主要产生于外部,因此通常会驱使个人为了满足自身需求的某种外部因素而从事某种工作。这种外部因素很多,如在现代的社会中人们为了生存而对金钱的需求。考虑两种不同情况下洗车的激励因素,一种情况是自己的车,另一种情况是在洗车行工作。你将自己的车擦得干净光亮所得到的喜悦是内部奖励;而在洗车行的擦车工作就需要薪金的外部奖励了。

奖励可能是公司范围的或只是基于个人的

公司范围的奖励是对整个公司或某个部门的人员给予同样的奖励。外部的、公司范围的奖励可能是保险收益或充裕的休假时间;而内部的、公司范围的奖励可能来自自己对公司成功所做贡献的一种自豪感。

个人的奖励可能会对整个公司内或部门内的人员产生不同的激励效果。外部的、个人的奖励可能是一次升职或者是一次分红;内部的、个人的奖励可以是个人从自己的工作中所获得的满足和成就感。外部奖励对每一位员工而言,激励的触发点和程度是不相同的。运用内部和外部激励需要先了解员工的特质和精神面貌,通过深入且持续的工作交流,分析员工的情绪和工作投入的支撑点,设计适合本组织员工的激励方法和方式,以提升员工满意度。长期深入的沟通是了解和分析员工的前期过程,领导者有义务联合人力资源部门共同开展和坚持整个沟通过程。

9.3.3 赞赏激励

通过给予他人赞赏和表扬来激励他们,可以被认为是正向强化的一个直接运用。然而,赞赏是一种潜在的强激励因子,值得特别关注。同时,通过赞赏方式来奖赏和激励员工是商业和非营利公司的一项标准实践措施。例如,用一个刻有公司标识的水晶花瓶来奖赏高绩效的员工,或者授予他们"本月之星"的称号。

个人层面的赞赏

在充满安全感的关系里,人们才感到自在、舒适,倾向于维系此种关系。亲和的需要乃是人类极为基本的社会性需求,人类有依赖别人的需要,有获得伴侣或友谊的需要。

接纳与赏识

人类需要别人真正的关怀和真正地寄予兴趣,人们大多不喜欢别人常以评估和判断相对待,如表9-2从两个角度展示了不同沟通的特点与激励结果。

表9-2　接纳与不接纳的沟通

接纳的特质	不接纳的特质
倾听	批评
对个人思想的接纳	不公平的比较
共享情报	回避
对别人的真正兴趣	劝诫
表达对别人的赞赏	拒绝别人的想法、意见
	嘲笑与反对
	伪装倾听与关怀

续　表

接纳的结果	不接纳的结果
共享情报	绝少共享情报
合作	不合作
亲密感	敌视感
相互依赖	互相回避
个人归队将受到期待与欢迎	不顺从忠告或建议
	终止此关系乃是一种解脱

平等地位

人生而平等,每一个人都有自己的人格尊严,并且需要得到肯定,不因性别、地位、年龄、财富、学识等而有所差别。每个人的生命与重要性都应受到应有的重视。优越性造成防卫性的沟通气氛,平等性则塑造出支持性的沟通气氛。

尊重个人自由

对于别人的权利,不单要欣赏,而且要尊重,不要妨碍或侵犯别人的权利。每一个人在行为上、抉择上、态度上、兴趣上和生活上的自由都应受到尊重,这也是对其人格尊严的尊重。

尊重异己

个人的独特性不仅受到欣赏,而且受到尊重。所谓独特性就是指每一个人跟别人不一样的地方,对这种独特性的欣赏与尊重,也暗含着当发现了别人跟自己不一样时,仍能够尊重他。在这个世界上,每个人都是独一无二的,都值得被欣赏。每个人的意见、观点尽管不同,都应受到尊重而非排斥。

真诚无为

在真诚无为的关系中,个人才能感到自由自在,可以展现自己的本色,无需耍心机或相互防备,而是佳趣天成,如沐春风。

多赞许,少责难

喜欢被赞许,不喜欢被批评责难,这是人之常情。个人在组织中面对主管、上司以及同事,都无一例外地希望受到赞许与欣赏。每个人都应该多发现别人的长处并给予赞扬,这有利于人际关系的进一步融洽。

组织层面的赞赏

赞赏是一种强激励因子,因为渴望赞赏是人的正常需求。同时,赞赏是有效的,因为大多数员工感觉他们没有得到足够的赞赏。横跨50多年的几个研究表明,员工喜欢因为工作做得好而受到表扬,如同他们喜欢定期发放的薪水一样。这一发现不能解释为表扬足以替代薪水。员工喜欢把薪水看作一种资格,而把赞赏看作一种礼物。员工,包括你的同事,想希望知道他们的工作成果对某些人是有用的。

如何通过沟通进行赞赏,为了满足他人的赞赏需求,就要识别有用行为,并通过口头、书面或者物质奖励来认可这种行为。训导的使用规则是直接可以应用的。

书面形式的赞赏

这里有一个书面形式的赞赏的例子：作为一个团队领导者，你收到一封来自客户的热情洋溢的信，表扬了你的组员解决了客户的问题。你把这封信塑封起来，并把它作为礼物交给这位组员。

口头表扬

它作为激励物的一个突出优势是，它是无成本或者低成本的，但又是有用的。因此，和金钱奖励相比，赞赏有着巨大的回报。有效利用赞赏的一个挑战在于，不是每个人都会对同一形式的赞赏反应良好。一个绝好的例子是高技术的人不喜欢一般性的表扬，如"做得好"或者"好样的，宝贝"。相反，他们喜欢一种对他们工作贡献的轻松、实在的描述。例如，"如果机械工程师没有协助办公楼的建造，今天我当然不会坐在这个办公楼里"。

正式的组织活动

除了在领导过程中运用赞赏之外，领导者和管理者也依赖正式的赞赏活动。一个有效的赞赏奖赏至少拥有下列特点之一：

赞赏具有象征意义　美国银行的 CEO 奖赏给表现好的员工水晶制的手榴弹，代表银行对他们的优异工作成果的高度评价，以及表彰员工们奉献给公司的价值。

赞赏能刺激主人翁的自豪感　玫琳凯化妆品公司允许那些实现规定目标的销售顾问购买特别的服装。一旦一位销售顾问成为一个主管，她被邀请参加 Mary Kay 的管理会议。在那里，销售顾问能穿上管理者的衣服（Kay 已经去世了，但这种传统保留了下来）。

赞赏有助于强化给予者的价值观　一家实践六西格玛的公司在强调产品质量的战略中给出的奖赏一定带有突出产品质量的描述，以通过赞赏广而告之，让六西格玛精神植入每个员工的行为中。

拓展游戏：赞美与分享

★ 形式：集体参与，2 人一组。
★ 时间：15 分钟。
★ 材料：无。
★ 场地：室内。

程序

（1）以 2 人一组将学员分成若干组并介绍游戏，强调每一个人都渴望他人的认同和赞扬。
（2）让每位参与者都给他的组员以下几方面的评价：
- 长相方面特别漂亮的地方。
- 1 个或 2 个特别令人欣赏的性格特征。
- 1 个或 2 个特别的才能。
（3）建议每位参与者仔细记录下组员的感受、想法和反应。

规则

- 任何人都要按照要求对对方进行评价，罗列出对方的优点。

小提示

- 可以分别将两个相互熟悉的学员和两个互不认识的学员分到一组，看一下他们的感受。

组织讨论

（1）在赞扬他人的时候，你有没有感觉到困难？或者对此有抵触情绪？
（2）为什么我们在和别人接触的时候，很难将自己的注意力很快地集中到对方的优点上？
（3）现实中我们怎样做才能更好地防止我们将自己的眼光片面地落在别人的缺点上？

活动中的辅导要诀

（1）有时候赞美一个人会比批评一个人更加困难，甚至在我们想赞美某个人或某个事物的时候，我们的头脑里却想不出合适的词语。因为大多数人习惯于对自己宽容、对他人严格，因此更容易注意到别人的缺点，而忽略了他们的优点，这点需要改变。
（2）我们每个人都是乐于接受赞扬的，这从我们的组员表现中可以很好地体现出来。

第 4 篇

领导沟通影响力

10 权力沟通

岗位调动申请

背景介绍

三家电信公司合并为上海××股份有限公司，由法国××集团公司控股，目前面临资源重组。张强所在的部门在三家公司合并之后显得职能不清、结构不明，将面临职能重新定位、结构重新划分；张强工作四年，两年售后技术支持，两年售前技术支持，现在想借公司和部门重组的契机，主动把握机会，寻求从事项目管理工作。

经理

您好！

想了很久，还是下定决心给您写这封信，希望您能给我一些时间，听我说完，好吗？

关于我离开部门的事情，我们已经交流过两次，所以我知道您在处理此事时所遇到的难处，也特别理解您为什么不愿意让我离开。来到部门一年多的时间里，您在工作上给予了我很多帮助，包括工作方法、思路、态度等方面。与大家的合作也一直很愉快，这一年多的经历是我从售后工程技术人员向一个售前销售技术人员转变的基础，我深感获益匪浅，也发自内心地感激。所以，从感情上讲，我也不愿意离开我们的部门和这些并肩奋斗的同事们。

但是我仍然不得不向您提出离开请求，这是因为我非常珍惜读书深造的机会。九月初就开学了，为了既不耽误工作又能兼顾学习，我只能选择一个不需要经常出差的岗位，希望您能理解。

一直以来，我都在认真地工作，因为我很喜欢现在这份工作的性质、工作内容和工作氛围，通过努力和大家的帮助，我也很好地完成了本职工作。我曾希望能够一直跟着您干，但是由于个人读书发展的问题，我感觉工作和学习之间确实难以协调。

去年从重庆分公司回来，很重要的一个原因就是我想读书。为了读书，我付出了很大的精力和财力，所以，在近期来说，读书对我的确很重要。如不是确实有困难，我也不会在现在部门正需要人的时候提出这个要求，给您增添麻烦。

事实上，从向您提出离开请求以来，我也一直认真地在做自己的本职工作，竭尽全力完成您交给我的工作任务。但是，由于您未同意我离开，所以一想到近期工作和学习的时间安排，就很着急，真的是吃不好也睡不着。9月6日就要报到了，特别希望能在此之前办理好调动事宜。请您相信,我肯定会在相当长一段时间内,对现在手头的工作负责,对我们的部门负责,我会将手头上的事情处理完并移交给其他同事后再到新的岗位去,衷心希望得到您的支持!

再次恳请您能理解我的不得已,希望您能同意我的离开请求,谢谢!

经理

您好!

您肯定也已经知道,从下周开始,我就正式离开我们部门到其他部门工作了。

首先,非常感谢在这一年多的时间里,您对我工作上的指导。真的,可能对于您来说,这只是您工作的一部分,但对于我来说,却意义重大。记得在技术路演之前的强化训练中,您曾经对我说:不要在乎讲什么,关键在于怎么讲。这句话给我很大的启发,并且今后也会继续为我的工作指引方向。还有很多其他好的工作思路及方法都让我获益匪浅。

当然,我自己也认为,在这一年多的时间里,我一直积极努力地投入工作,以尽快尽好地达到工作岗位的要求。尤其是上半年出差过于频繁,使我对下半年的读书时间产生了怀疑。所以才希望能够更换部门。

实事求是地说,在近两个月中,您对我在读书的时间上给予了极大的支持和理解,很有可能今后都再也没有这么方便了。

另外,公司内部调动现在都不进行资产转移,所以我没有将电脑转给部门其他同事,如果有什么变化,我会尽快按照规定执行。

关于江西项目,所有的文档都已按照要求放到网上,若有需要,我会尽力协助。

希望今后工作中能继续得到您的支持和指导。

尊敬的滕总

您好!

我是近期在积极办理内部调动、即将前往您所主管的 MPM 的张强。

首先,非常高兴即将能正式调到 MPM 工作。虽然由于中国联通二期项目的影响,我一再推迟了调动时间。很感谢您和吴经理对我调动工作一事的促进和理解,在我迟迟不能调动,电信运营商总部项目相关工作又很繁多的情况下,等了我这么久。谢谢!我唯有在今后尽快尽好地达到岗位要求来证明你们的选择是正确的。

另外,就如在您面试时,我曾深信并说过的那样,MPM 的工作能做好、做强,一方面在于您的个人威信和魅力来掌舵;另一方面项目管理对我们的要求是相当高的。所以,我肯定需要提高自己的工作能力,这也正是当初我选择 MPM 的重要原因之一,我相信可以学到更多的东西,得到更多的锻炼。希望在今后的工作中能得到您殷切的指导。

祝您工作顺利!

关于领导的定义,管理学教授阿夫萨内·纳哈万迪(Afsaneh Nahavandi)认为,领导者是对一个组织内的个人和群体施加影响、帮助他们确立目标,并引导他们实现所确立目标的人。从这个定义来看,凡是领导者,都应该具备这种影响力。领导者的领导过程,就是一个人通过激励精神、指导工作活动,进而对他人施加影响的过程。而且,凡是具备这种影响力的人,不论是一般员工还是管理者,都可被视为领导者。不过,具备影响力的管理者才是真正意义上的优秀管理者。他们与具有影响力的一般员工的区别在于,优秀的管理者不仅具备影响力,还拥有组织正式赋予的权力。因此,优秀的管理者行使的领导职能,对所有各类群体行动都具有相当高的影响力。

彼得·德鲁克这样描述领导:"领导不是地位、头衔或金钱,它是责任。"实际上,无论是在过去、现在还是未来,领导的成功、经营的成功与生活的成功,都体现在人们能否很好地在一起工作和生活。与 20 年前相比,我们如今更加确信领导者的这一价值。领导的成功取决于人们能否建立和维持某种人际关系,使人们在日常工作中做出杰出的贡献。可以说,领导是一种人与人的关系,是领导者与其追随者之间的关系。

在那些备受尊敬且非常成功的公司中,领导者和其他员工之间的有效沟通是普遍存在的特征。研究证据也支持了"有效领导者同样也是有效沟通者"这一传统认识。心理学家伯纳德·巴斯(Bernard Bass)基于对一系列研究的总结,发现了有力的证据,即沟通胜任力与令人满意的领导力以及管理绩效之间存在正相关关系。一项针对 200 名成功组织领导者的访谈研究显示,他们具有相似的沟通模式:领导者会主动定期地征求员工的新见解和反馈意见,以此扩展自己的想法;此外,他们还会持续不断地寻求新信息,同时必须掌握必要的说服技能,以便让他人信服自己的观点。

由此可见,有效沟通能力是领导力开发的第一步。领导者首先应理解领导沟通的特殊之处,并掌握有利于领导力建设的重要技能;然后,通过自我提升和修炼来强化自己的领导力。

另外,良好的人际关系始于且止于有效的沟通。杰出的领导者应该采用更加有效的领导力构建手段,即建设一个与领导力相协调的组织文化,以便在更长的时间里,稳定持久地发挥领导力的效力。

10.1 ▶ 权力体系

领导者们获得信息、做出决策和行使权力的方式并不总是一样的。图 10-1 中的四级台阶表明了组织中影响力实施的四个体系:结构、人员、政治、信号。领导者们通常以一个带有局限性的形式开始,然后依据他们的个人经历和在组织中的经验,发展出其他的权力体系。一项研究发现,60%的时间里领导者会运用结构体系,20%的时间里会运用信号体系。

每一个应用体系都有其优势和弱点。有效的领导者会力求在各个体系之间取得平衡,使组织的所有需求都得到满足。有效的领导者能够通过了解每一个形式的重要性,学会如何利用多重的体系来帮助自己更好地了解组织的需求和问题,从而权衡他们对组织的管理活动。

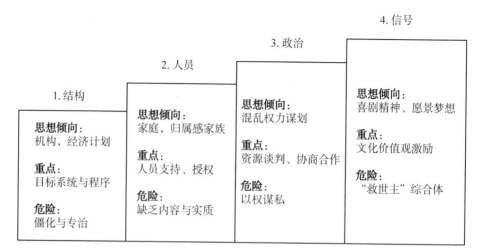

图 10-1　组织中存在权力实施的四个体系

组织框架

组织就像机器一样,在所参考的结构体系中具有支配作用。领导者努力实现机器般的效率,并根据经济效率制定决策。计划和目标是管理的首要工具,领导者逐渐依赖他们的职位权力来影响其他人。

组织的结构体系重点在于把目标的设置和工作职位的明确作为保证正常秩序、效率和连续性的方式。领导者将组织看成是一个理性的系统,强调对工作职位的清楚描述,并制定明确的政策和程序。领导者重视硬数据并加以分析,密切关注关键之处,强调遵守广泛接受的标准,与规则保持一致,将管理系统方面的创新看成是为组织引入指令和逻辑。确定方向和控制结果是这个体系最重要的特征。任务导向型的领导风格代表了结构参考体系,业务型领导也非常依赖结构参考体系。结构、计划和理性是所有组织都需要的,但是其他体系也不可缺少。若是走极端的话,领导者提出规则并坚持要求追随者严格遵守以至细到每个环节,那么结构参考体系就会导致组织的僵化和领导者的专制。

人员动力

依据人力资源体系,人员是组织领导者最宝贵的资源。这个体系详细说明了问题,并以人与人之间的关系为基础,寻找调整组织的方法以满足人员的需求。领导者不仅仅依赖其职位的权力来发挥影响力,还关注人员关系和感受,通过授权和支持来领导和部署。领导者还鼓励开放的交流、群体合作和培养多元化的雇员。

有效的领导者运用人力资源的视角来吸引其他员工,给他们创造个人和职业的发展机会。这样的领导者重视人才,并且通情达理、平易近人、愿意为其他人服务。这种观点将组织看成是一个家族,具有家庭感和归属感。但是,如果领导者软弱无力、缺乏决断力,总是屈服于其他人的意愿,实质上采用人情和参与式管理来逃避领导的责任,那么这个参考体系会导致无效。

权力格局

政治体系将组织看作是一个因分配稀缺资源而引发矛盾和摩擦的平台。领导者将他们的时间花费在沟通工作和建立合作与联盟上，从而影响决策。领导者有意识地建立权力基础，并且经常行使个人和组织的权力以达到他们想要的结果。若是走极端的话，政治参考体系会导致欺骗，人们会用权力来满足个人的利益需求。但是，有效的政治领导者会利用其谈判协商能力和达成合作的技能来为组织的需求服务。

尽管经常被掩盖起来，权力和政治仍是组织中一个非常重要的部分。政治体系的思想倾向于认为组织是混乱的，权力是真实存在的，政治计划是组织生活中自然的一部分。接受政治参考体系，但并不排除其他的参考体系，是大部分组织中有效领导的一个重要部分。我们将在余下几节中详细研究领导中的政治方法。

价值结构

信号体系研究领导者如何通过远见卓识、文化背景以及价值观念来影响其他人。为了充分发挥领导潜能，领导者需要发展第四个参考形式——信号体系。在这种观点下，领导者将组织看作是一个共享目标和价值观的系统。信号参考体系并不单纯依赖正式权力和政治作用，而是利用共享的见识、文化背景和价值观念来影响其他人并领导整个组织。信号体系的领导者经常激励员工达到更高的绩效水平和投入程度，但是，当只使用这个参考体系时，也可能会发生问题。过分信赖信号参考体系的一个危险就是领导者发展成了一个"救世主"式的综合体，这将导致关注的重点从整个组织及其所有成员转移到领导者身上，信号可能被用于欺骗、不道德和私利的目的。若能建立几个完全共有的、充分理解的空间，并且支持最大化价值和关心下级员工，信号体系的领导者才算是有效的。领导者们认为组织的形式是一场戏剧，他们关注精神和意义，强调以人们的梦想和愿望为动力来满足组织内所有人的利益。

这四个参考体系为提高领导者影响力及其有效性提供了很好的方法，但每一个都是不完美的。领导者可以了解自己原有的参考体系，认识到它的局限性。另外，领导者可以通过整个多重的体系来充分发挥自己的领导潜能和影响力。并非每个领导者都能够在所有领域提升能力，但是，有效的领导者能够了解自己的优势并努力发扬它，组建工作团队，获得所有四个参考体系的影响力。

10.2 ▶ 权力本源

回顾领导的定义，其中的一个关键因素就是影响力。作为关系建立者的领导者，关心的一个焦点就是让其他人去做那些为了达成目标需要做的事情。领导者获得领导力和影响力的一个重要途径就是权力。这一节我们分析了领导力和影响力的定义，并研究权力的来源和作用形式，帮助大家了解如何通过权力获得领导力。这一节与上一节介绍的四个参考框架的一个不同之处在于这一节关注领导者如何获得和使用权力和影响力。

权力可能是领导学中最重要的一个概念,但是要想真正领会权力和影响力的意义是非常困难的。权力是组织中一种无形的力量。它是不可见的,但是它的效果却可以让人感觉到。权力经常用来定义一个人或一个部门所拥有的影响其他人或其他部门并使其实施指令,或做一些他们本不会做的事情的能力。另一个定义强调权力是达成权力持有者的目标或他们希望看到的结果的能力。达成所希望的结果是权力这一定义的基础。权力是组织中某个人或某个部门影响其他人并得到其所希望的结果的能力。能够在组织内部影响其他人并达到权力持有者所希望的结果是一种潜在的能力。在政治和影响施加的过程中,潜在的权力得以实现。

有时候,名词"权力"和"影响力"被当作同义词,但是这两个词是有区别的。简单地讲,影响力是一个人的行动对他人的态度、价值观、信仰或者行动产生的效果;而权力是能够引起一个人改变的能力。影响力也可以被看成是实际改变的程度。虽然我们经常认为权力和影响力属于领导者,实际上,它们是在特定的情况下,领导者和下级员工之间相互作用的结果。追随者在没有职权时也可以具备影响力,也可以以多种方式影响领导者的行为,使其变得更好或更坏。领导者可以通过了解各种权力来源来提高自己的领导效果,就像他们或下级员工使用的影响力手段一样。由此我们认定,领导力是权力和影响力的综合体,是实现某种策略和活动的能力。虽然普通员工也可以拥有这种领导力,但是同时拥有职权和领导力的管理者更能够通过领导力的综合力量来实施组织战略,影响并左右整个组织行动的方向。

要施加影响,一个管理者必须拥有能影响决策和控制资源的权力。普通员工要想施展自己的影响力也同样需要这些,不过其中的"权力"只能是非职权的力量,比如经验或专业素质。这是因为权力与影响力是相互结合的,高效领导者可以更恰当地运用权力方式,他们知道何时以及如何发挥指导作用,向员工授权。同时,他们也知道如何做一个顾问,向他人提供建议而不是发布命令。

10.2.1　权力核心

组织中权力的来源是多方面的,一个人获得权力的方式在很大程度上取决于他所追求的权力类型。因此,要理解获得权力的技巧,就必须先明晰有哪些类型的权力以及这些权力的来源。人们通常根据权力是来自组织还是个人,对其进行分类。我们也将权力分为两类来讨论,来自组织职位的权力和来自领导者个人的权力。

职位权力的影响方式

来自一个人在组织中的职位的权力有四种,即合法权力、奖励权力、强制权力、信息权力。这些权力的影响力大小与职位相对应的组织分工权限息息相关。

合法权力

合法权力是指由组织职位所赋予的、能够做出决策并使他人遵守的合法权限。在组织架构中,处于最高位置的人相较于其下属成员,拥有更大的合法权力。当一个人拥有正式的领导职位时,就会相应地获得特定的权力、责任以及一些特权。员工通常会认可并接受正式领导者所拥有的设定目标、制定决策和指导工作的合法权力。

奖励权力

因雇员遵从决策而给予奖赏的权力被称为奖励权力。这种奖励既包括物质层面的,如奖金、奖品等,也包括精神层面的,像晋升、荣誉等。奖赏权的发挥作用基于交换原则,领导者通过提供心理或经济上的奖励,来换取下属的遵从和积极性。奖励能够增强领导者对下属的影响力和说服力,提升员工的满意度并提高工作效率。然而,奖励发挥效用的前提是领导者所提供的奖励必须是下属所需要的,否则就无法产生激励作用。例如,一位负责运营的副总裁有权直接给实现质量目标的主管奖金,这就体现了副总裁的奖励权力相当大。当然,只有当有意义的奖励能被领导者自由支配时,领导者才能有效地运用奖励权力。

强制权力

强制权力是对不服从行为进行惩罚的权力,其基础是畏惧心理。比如,经理若因下属不执行变革计划而将其降职,这就是常见的强制手段。不过,强制权力是受到限制的,因为把惩罚和畏惧心理当作激励手段,所造成的后果难以预料。领导者一旦滥用强制权力,就可能面临权力被剥夺的危险。值得注意的是,强调组织精简,尤其是企业合并后的组织精简,会使经理人有更多机会、更大程度地使用强制权力。

信息权力

因正式控制了人们工作所需的信息而拥有的权力,被称为信息权力。当前各类组织都设置了各种高大上的管理信息系统,并为不同级别和职能部门员工开放了不同口径和操作权限的管理信息空间。例如,能更多控制顾客需求信息的销售经理,就拥有更大的权力。正如一位房地产公司分区经理所说:"自从我能直接收到重要的业务信息,我的代理人变得合作多了,以前他们只不过把我当成一个业务经理。"可以看出,组织内外获取信息的权力极大地影响了当前员工的工作便利程度和效率。

个人权力的影响方式

领导者个人的性格特点和技能特长会产生三种类型的权力:专家权力、参照权力和名誉权力。这些权力都属于个人权力,它们全部来自个人而非组织。

专家权力

专家权力是凭借专业知识、技能和才干来影响他人的能力。比如,汽车制造业的决策人鲍勃·鲁茨(Bob Lutz)就是一位具有很强专家权力的领导。他曾在克莱斯勒公司从事多年汽车开发的先锋工作,69 岁时,又被通用汽车公司聘为负责产品开发的副总裁,其任务是与设计师、工程师合作,让通用汽车的新车型更具吸引力。

参照权力

参照权力是指凭借一些令人欣赏的特质和性格来影响他人的能力。像自信满满、阳光真诚、自律进取、谦虚忠厚、睿智成功之类的个人特质,往往容易让他人产生追随的愿望。众多的领导特质理论也很好地印证了这种影响力的存在。比如鲍勃,他是业内公认的"一个卓越的汽车人",就拥有这种强大的参照权力,而这在一定程度上得益于他极具感染力的人格魅力。

名誉权力

另一种重要的个人权力是名誉权力,它源于一个人的地位和声望。当一个经理人不断取得事业成功时,他便自然而然地获得了名誉权力。人们高尚的品格也会增强名誉权力,提升个人声望。招聘经理能识别出一个可居高位的经理人,很大程度上是因为他们的履历表明其声望非常出色。

权力使用的反应差异

领导者使用各种各样的权力去影响他人,促使他们完成那些为实现组织目标而必须做的事情。任何试图施加影响的行为,其成功与否都是一个"度"的问题,但是权力的使用主要带来三类不同的结果:顺从、抵抗和承诺,如图 10-2 所示。

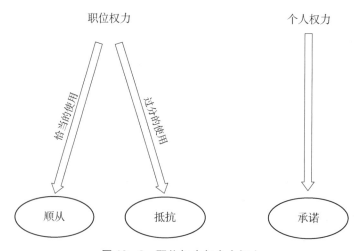

图 10-2　职位权力与个人权力

当人们成功运用职位权力,如合法权力、奖励权力、强制权力、信息权力时,受权力影响的员工会做出顺从反应。顺从意味着不管是否认同领导者的指挥,他们都会遵循指令,执行任务。尽管他们可能并不喜欢这样做,但他们还是会服从命令。然而,员工们会把这种感受保留下来,长此以往,这些情绪积累起来,可能会在某一天爆发,对领导者或组织产生不利影响。

在很多情况下,下级员工做了足够多的工作来让领导者满意,但并没有充分发挥他们的潜能。而且,如果职位权力,尤其是强制权力的使用超出了人们认为合理的范围,那么人们可能会抵抗领导者的影响力。抵抗意味着雇员会故意地、努力地避免执行指令,甚至试图违背命令。所以,一个仅仅依靠职位权力的领导者,其影响力是有限的。

下级员工对个人权力,比如专家权力、参照权力和名誉权力的反应通常是承诺。承诺意味着下级员工会采纳领导者的观点,并且热情、忠诚地执行指令。显然,承诺要比顺从和抵抗更理想。虽然顺从对于日常工作来说已经足够,但在领导者推行变革时,承诺就显得尤为重要。变革会带来风险和不确定性,下级员工的承诺能够帮助领导者克服因变革而产生的恐惧和抵抗。成功的领导者会同时行使职位权力和个人权力来影响他人。

10.2.2 权力依赖

干扰因权力而产生的影响力发挥的一个重要方面就是权力的依赖功能。这就是说,一位员工对一位领导者越依赖,领导者对这位员工就拥有越大的权力。从个人的经历中可以得知,当一个人可以把控别人想要得到的东西时,他就拥有了权力。一个简单的例子就是,在热衷橄榄球运动的国家,中学生群体里很少会有优秀的四分卫脱颖而出,当一个高中的明星四分卫毕业时,他就会被很多大学追捧。这些大学就会争着给出具有吸引力的条件,希望他与自己的球队签约。

依赖性的产生

组织中的成员拥有权力是因为其他人在信息、资源、合作等方面依赖他们。依赖的人越多,这个人的权力就越大。

组织中领导者和追随者间的依赖关系的特性会因为较低的失业率和供不应求的劳动力市场而发生变化。当出现大量的好工作时,人们就不愿再忍受傲慢无礼或是能力欠佳的老板,因为他们觉得可以找到另外一份工作。这就是说,他们对主管人员的依赖性越来越低。

例如,一个知名银行的几个行政人员,在忍受了几年习惯于发布苛刻命令的控制型上司之后,向管理层提出抱怨。尽管管理层认为这个主管是组织中很有前途的新星,但是仍然告诫他改变与追随者交流的方式。如果他拒绝,银行就会给他一笔遣散费令其离开。在这种情况下,雇员比他们的主管有更强的权力。否则,情况却相反,在工作很难找且失业率很高的情况下,组织的领导者会拥有更强的权力,因为大多数人为了生计依赖组织。他们知道如果失去了这个工作,就很难再找到另外的工作了。这种类型的依赖性从根本上削弱或加强了领导者的职位权力,影响了其基于组织的正式权力以及给予报酬与处罚的资格。

因此,领导者发现,他们必须在更大程度上获得并使用个人权力。那些坚持长期在一个地方工作的人们大多羡慕并尊敬其领导者,即使他们能够在其他地方获得更高的收入。这些个人权力发挥的影响力远远胜过职位带来的权力。

资源的依赖性

组织中的依赖性主要与一个人所控制的资源相关。如图 10 - 3 所示,当资源具有三个特性,即重要性、稀缺性和不可替代性时,依赖性最强。

组织中的人们一定会认识到资源的重要性。也就是说,如果人们不指望获得领导者驾驭的资源,那么就不会产生依赖性。资源之所以非常重要,有很多原因。例如,它们可能是一个关键产品的关键要素,它们可能直接创造销量,或者它们可能减少或避免决策

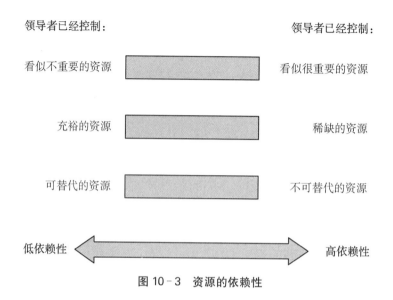

图 10-3 资源的依赖性

层的不确定性。由于信息技术在当今商业世界中的作用越来越重要,因而组织中 CIO(首席信息官)可以获得大量的权力。

稀缺性指的是获得这种资源的难易程度。与能够广泛获得的资源相比,一个很难获得或是很昂贵的资源会更有价值,并能创造出更多的依赖性。领导者和具有高级专业知识的雇员就能够说明依赖性的这一特性。在公司转向电子商务的战略中,年轻的计算机专业管理者通常比没有计算机经验的高层领导者拥有更多的权力。对于很多公司来说,新兴的电子商务会成为公司一个重要的发展方向,这样一来,那些拥有互联网技术的人比那些未能获得这些技术的高级管理者会获得更多的权力,从而使组织在新的竞争环境中保持竞争力。

不可替代性意味着那些控制着无法替代资源的领导者或是雇员会拥有更多的权力。这些资源可能包括知识和专门技术,以及与一些拥有高度权力的人员的关系。例如,一个每天都陪同首席执行官工作的秘书会比每天只参与高层领导工作几分钟的中层管理者拥有更多的权力。

10.2.3 权力引力

一种可理解的依赖性为组织中领导者权力的几种来源提供了根据。我们前面讨论的权力是源自领导者的正式职位或是个人的才能。这些来源决定了领导者影响力的大小,但是在组织中,还有一种权力和影响力的来源已经得到了证实。很多情况下,权力来源并非与特定的个人或是职位联系在一起,而是与领导者在整个组织中所扮演的角色相关。在这个方面,权力的来源主要有各部门之间的依赖性、对信息的控制、中心性和对不确定性的处理。

各部门间的依赖性

在许多组织中,领导者权力的一个重要来源就是各部门之间的依赖性。物料、资源以及信息都会在一个系统内部的各个部门之间流动。在这种情况下,接收资源的领导者的权力就会比提供资源的领导者的权力要小。大家可能都会认为,生产部门的领导要比维护部门的领导更有权力,但是在一家工厂却不一定是这种情形。这家工厂的产品制造工艺是一个程序化的流程,机器是全自动运转的。维护部门的工人和他们的领导负责维修全自动的生产设备,这是一项极为复杂的工作,需要维修工人很多年的工作经验积累。因为维护部门可以修复生产装配线中难以预计的故障,因此,这家工厂的生产部门的管理者对于维护部门有很大的依赖性,而维护部门的管理者则掌控着机器的维修和生产装配线的维护。

对信息的控制

尽管向追随者授权的趋势越来越流行,信息的共享也越来越广泛,但是一些领导者大多数时候仍然能够比其他员工得到更多的信息。对信息的控制,包括获得信息的渠道、如何分配信息以及向谁分配信息的权力,是领导者一个主要权力来源。大多数领导者意识到,信息是一种重要的资源,通过控制收集哪些信息、如何解释这些信息以及如何分享这些信息,可以影响决策的制定。从某种程度上讲,一个人在组织中的职位决定了他获取信息的途径。高层领导者通常会比低层管理者或雇员获得更多的信息,他们可以有选择地公开一些信息来影响其他人,并且影响决策的制定和措施的实施。但是,对信息的控制也可以成为一些低层管理者或雇员们权力的来源。那些能够获得领导者制定决策所需信息的雇员必然会拥有一定的权力。例如,高层领导者很可能会依赖于运营经理对复杂的运营数据所做的分析和解释。

一些领导者通过获得对信息的控制来增加他们的权力。在一个负责整个地区书展的非营利组织中,书展的协调员与出版社签订合同,提前向他们提供新书的消息以及作者在全国巡回的信息;同时,她还可以有选择地为那些执行董事和筹划指导委员会提供一些信息,以此来影响计划的内容。有些时候,委员会批准协调员推荐的作者,甚至是那些委员会知道的、具有不良记录的、原本不会被选中的作者。

组织的中心性

组织的中心性反映出一个领导者或是一个部门在组织的活动中所占据的地位或所发挥的作用。衡量中心性的一个指标就是领导者所在部门的工作对于整个组织最终产出的影响程度。在英特尔这类高科技导向型的公司中,工程师有着较强的权力,因为组织需要他们来确保公司产品在技术方面保持领先优势。与之相反,在像宝洁这样的市场导向型公司里,工程师所拥有的权力程度相对较低。在这类组织中,市场营销人员往往权力最大,因为中心性反映出领导者对组织所做出的贡献,贡献越大,相应地也就享有更多权力。例如,在大学里,学术研究基金、学生以及教师的质量都是极为重要的资源。能为学校提供最多资源的院系会被赋予最高权力。同样,那些争取到较多研究基金的院系通常也拥有较大权力,这是因为基金当中包含了一定规模的日常管理费用。

对不确定性的处理

环境发生的细微变化会给领导者带来不确定性和复杂性,同时改变原有组织权力的分布，一些领导者原有权力的影响力可能提升或削减。面对不确定事件，领导者在制订方案时，很难从以往的管理经验中获得参考和启发。部门经理若能妥善处理突发的不确定事件，就会拥有更多权力。当市场研究人员准确预测出新产品的市场需求变化时，他们会获得权力和威望，因为他们减少了一个关键的不确定性。在接下来的工作中，这位市场研究员的策划或建言会比以往产生更大的影响力。这种影响力的变化并非源于职权、个人特质或能力的改变，而是取决于领导者对减少不确定性或复杂性的贡献。

10.3 ▶ 权力博弈

领导者获得领导力和影响力的另一个途径就是通过政治活动，如建立一个联盟。这一节我们列出了领导者通过政治活动实现领导力和影响力的方法。

10.3.1　权力政治

期望获得突出影响力的领导者仅仅负责中心任务或处理不确定性是不够的，他们所做的努力必须让其他人觉得非常重要。想要增强权力的人必须确保自己所做的工作得到他人的认可。获取并使用权力在很大程度上是一个政治过程。当存在不确定性和分歧时，可运用政治策略，包括获得和发展影响力、运用权力和其他资源，以实现未来所需的结果。这里所提到的"政治"并非"政治斗争"，而是一种合法合理的权力获取与应用的博弈技术。我们尤其强调个人方面的权力，基本不涉及国家政治或组织的分工。这里讨论的政治行为所发挥的积极作用，与人们日常理解的"政治"的消极作用大不相同。在组织中出现不确定事件或分歧是很自然的事，对于那些无法通过正式政策和职位权力处理的事务来说，政治策略就是完成这类任务的有效方法。

领导者能够借助一系列政治策略来提升自身的个人权力。

首先，领导者可以通过为其他人做一些能让对方觉得需要报答的事，来获取一定的权力。他们会积极寻找各种方式去帮助他人，比如帮忙完成一件令人厌烦的工作，或者对追随者的个人问题给予同情与关注等。总之，他们会尽己所能地帮助别人，从而让别人对自己感恩戴德。

其次，领导者增强自身权力的另一种方法是主动争取承担更大的责任，例如，为委员会服务，或者主动申请参与有难度的项目。通过这样的方式，他们能够与组织里有权力的人建立起联系，进而在众人当中树立起威信。当低层领导者被大家认为"有高层朋友"或者得到高层支持时，其自身的权力也会相应地得到增强。

再次，领导者还能够通过培养追随者的友谊感和忠诚度来强化个人权力。倘若领导者为人友好、体贴，善于关注他人，能够表现出信任和尊敬，并且公平地对待每一个人，那么他就能获得指示权力。而且，领导者往往倾向于聘用那些与自己观点一致的员工，如此一来，便增加了自身的指示权力。

最后一种政治方法被称作"印象管理"，指的是领导者尽力去把控其他人对自己形成的印象,涵盖了从穿着得体的衣服,到保持挺直的身形、展现利落的举止等各个细节方面。印象管理包含多种多样的策略,其中逢迎(也就是奉承、迎合)便是印象管理的一种形式,它能够助力一个人显得颇具洞察力且讨人喜欢。

这些政治策略在助力追随者充分认识到领导者对于组织的价值方面,有着很大的用处。不过,倘若领导者的这些行为一旦被察觉出是不真诚、带有欺骗性或者表现得傲慢无礼,那么这些策略就会产生相反的效果,领导者的影响力将会遭到极大的削弱。所以说,政治技巧在有效运用时,能够促使权力得到扩张,而在运用不当时,则会带来消极影响,这是每一位领导者都最不愿看到的结果。

接下来,我们要探讨的是领导者如何有效地提升权力的影响力,进而推动决策、促进变革,实现组织的目标。这意味着,领导者运用权力去影响其他人是需要讲究一定技巧的。在组织内部,领导者会运用各种各样的政治策略来处理各类事务。所有的这些策略都涉及个人权力的运用,而并非仅仅依靠合法权力或者奖惩手段。领导者们常常会组合使用影响力策略,而且通常情况下,使用策略数量越多的人,往往会被认为拥有更大的权力。

政治策略技巧

通过示范来领导

一种简单且有效的影响群体成员的方式,就是通过示范来领导,或者作为正面的角色榜样。最理想的模式是成为一名"按自己言行来行动"的管理者,即做到言行一致。言谈和举止相互肯定、相互支持,有时还相互澄清。对于完成工作而言,成为一名优秀的团队行动者是一项重要的影响策略。

以一位 CEO 为例,他就是通过示范来领导的极端例子。他早上 5 点起床,6 点 15 分到达办公室,经常至少工作到晚上 9 点。周六和周日对他来说都是工作日,并且他召集高层管理者们周末开会。他说:"这不是工作,这是生活。"

使用理性说服

理性说服是影响人们的重要策略。它包括运用符合逻辑的讨论和事实证据,让他人相信某个建议或要求是可行的且能达成目标。无论是向上影响上级、向下影响追随者,还是平级之间的影响,理性说服都十分有效。大多数人相信事实和分析,当领导者具备技术知识和相关专业技能时,理性说服效果最佳。例如,首席执行官们通常运用理性说服策略,让董事会相信产品多元化等事业是必要的。

理性说服的一个主要调节变量是发言人的可信度。因为说服对象更容易被他们信任的人影响,所以可信度与被说服之间存在显著关系。当被信赖对象被认为具有更高的社会权力时,可信度的调节作用会降低。简而言之,可信度从两个方面有助于使个体更具说服力:一方面,它让个体变得更有信服力;另一方面,可信度有助于提高个体被感知到的权力,当一个人因为可信而被认为更有权力时,说服对象就更容易受到影响。

发展专家声望

成为组织某个重要领域内的专业专家是获取影响力的有效策略。这可看作是理性说服的一部分,在某一领域拥有专业知识且不断拓展知识的管理者,能在帮助他人完成工作方面发挥影响。

交换支持

若他人能协助完成工作目标,交换支持便成为一项重要的影响策略。通过交换,领导者会与另一群人达成协议。这种交换通常会转化为日后的回报。同时这也意味着如果其他人帮助完成任务,你要给予利益上的回报或许诺。比如,许诺如果某人帮助分析数据并且准备表格的话,你将会把他的名字写在一份呈递给高层管理者的报告上。一个寻求支持的推荐途径是,给予其他人尽可能多的时间来完成任务,诸如说,"能不能从现在起到这个月末为止,每天花十分钟来帮助我?"不要急切地寻求即刻的帮助,这样会降低要求被拒绝的可能性。

相关人士的支持

对于管理职业发展和成为一名有影响力的人而言,人际网络是一项重要的策略。当需要时,建立一个人际网络和召集人际网络成员的能力,将帮助你发挥影响力。有资格的人物所支持的立场将会增强他人对此立场的信赖。下面的例子描述了这种策略:一名工厂总经理希望让高管层相信工厂运作的连续性对于公司而言是有利可图的。所以他找到两个人来支持他。第一位是另一家连续运作工厂的总经理;第二位是生产管理学教授。这位受质疑的管理者组织了一场早餐会,与会者包括他的老板、制造副总裁,以及两位人际网络中的成员,大家一起讨论工厂的连续运作事宜。关于三班倒潜在优势的非正式讨论促使制造副总裁尝试实施连续运作。

合法化要求

合法是指在自己的权限范围以内施展与职务相关的影响力。合法性的另一面是,所展示的要求与组织政策、实践以及专业人士的期望相一致。因为大部分员工都乐于遵照规则,所以提出合法要求是一项有效的影响策略。能够确立要求的合法性的行为包括如下几个方面:

- 提供先例。
- 说明要求与公司相关政策的一致性。
- 说明与员工职位或角色期望相一致的职责。
- 提出的要求是被更高的管理层或相关人士的老板认可的。

合法性有的时候会以精细化的公司政策的形式呈现。一个工人也许会争取让他的倡议得到采纳,因为它符合更高管理层的理念或策略。例如,在福特汽车公司,大家都知道比尔·福特是一名提倡保护外部环境的"绿色环保主义者"。因此工厂管理者会鼓励员工把所有的边角料放入回收箱,因为"这是福特期望我们做的"。

鼓舞性的号召

领导者的使命之一便是鼓舞他人,由此进行鼓舞性号召是一项重要的影响策略。这种策略经常被具有特殊领导气质的领导者采用。领导者试图通过激发强烈的情感,将建议或请求与追随者的需求、理想、希望和梦想联系在一起,从而获得热情和承诺。任何领导者都能学会在情感层面上要求别人。领导者可以让其他人感到他们要求的重要性及有用性,让他们充分利用自己的技术和能力,或是让他们参与一些令人兴奋或发人深省的事情。这种影响力对于领导者来说非常重要,因为领导者主要就是依靠理想、价值和情感的要求来召集周围的人。显然,这种策略在很大程度上依赖领导者积极的倾听和敏锐的洞察力,因为领导者必须了解追随者的希望、价值观和愿望。鼓舞性号召通常包括展示情感和对群体成员情感的触动。

展示个人吸引力

影响他人的途径之一是展现自身魅力并发出鼓舞性号召。个人吸引力是指具备迷人、鼓舞人心、具有感召力等类似魅力品质的人格。有吸引力的个体确实会把其他人吸引到他周围,进而影响他人。个人吸引力包括各种类型的人格特征和行为,并且可以通过培养魅力来进一步提升。

咨询感召

在作决策前咨询他人,既是领导风格,也是一种影响技巧。因为咨询对象被纳入决策过程中,他们会更愿意遵照咨询人的要求。当咨询对象的目标与领导者的目标相一致时,咨询是最有效的影响策略。类似的目标一致性的例子发生在一家美国大公司,为了与少量的高品质卖主建立更紧密的伙伴关系,公司决定缩小供货商队伍。为了促使其他人接受这个决策,一位制造副总裁告诉他的下属:"我们的策略是减少与众多的供货商打交道的现状,以提升品质并且降低花费。请告诉我,我们该如何实施这项策略。"这位副总裁的咨询希望收到非常积极的反馈,部分是因为下属们也想有一套更简化的供应商关系。

结成联盟

建立联盟是指花费时间与追随者们交谈,向其他领导者解释存在的问题以及叙述领导的观点。实际上,大多数决策不是在正式的会议中得出的。领导者们彼此交换意见,就提议的变革、决策或策略的达成共识。有效的领导者是那些经常与其他人打成一片的人,愿意以两人或三人的小组形式会面,从而解决关键问题。

建立联盟的一个重要方面就是建立积极的社交联系。社交联系建立在爱好、信任和尊敬的基础上。具备信任感、可信赖性以及促进与其他人合作以达成期望成果,正是我们希望看到的策略使用。当单独影响某个个人或者群体变得很困难的时候,领导者必须和其他人结成联盟以创造必要的突破。商业中的联盟是人数的游戏,你这边的人越多越好。可是,领导者越有权力,结成联盟的需求就越低,这一点领导者自己需要特别注意做好平衡。

政治策略的适用性

权力政治策略是领导力的主要组成部分,关于它们相对效果的研究值得关注。由蒂莫西·辛金(Timothy Hinkin)和布鲁斯·特雷西(Bruce Tracey)完成的研究提供了关于政治策略相对有效性的考察结果,效果最好的影响策略是理性说服、鼓舞性要求和咨询,这些有效策略是能够促使人们对任务作出承诺,并且被各类评估者认定为是有效管理者所使用的策略。与此相反,最无效的策略包括施压、结盟和向合法权威提要求。

逢迎和交换对于影响群体成员和同事有中等程度的效力,但是这些策略对于影响上级没有效果。鼓舞性要求、逢迎和施压被主要用于向下的方向上,即针对低阶层的人士。个人请求、交换和合法化主要被用于横向的方向。结盟最常被用于横向和向上方向,而理性说服最有可能被用于向上方向。

不同政治策略的特定影响力的效果可能会由影响力本身以外的因素决定,诸如对象的动机和组织的文化。同样,如果在不适合的情境中或被拙劣使用的话,任何策略都会引发对象的抵抗。领导者若要有效选择和使用影响策略,需要具备机智、交际手段和洞察力。

管理者认为哪些影响策略有效,进而选用这些策略,在一定程度上取决于有多少群体成员是可被信任的。当我们不信任他人时,更倾向于控制他们的行为。卡罗·威尔斯(Carole Wells)和大卫·基普尼斯(David Kipnis)开展了一项关于信任的研究,调查对象包括275名管理者和267名员工。管理者填写关于下属的问卷,下属回答关于上级的问卷,且两个群体之间相互不知情。一项主要发现是,当管理者和员工彼此不信任对方时,他们会采用较强的影响策略,这些策略包括向更高权威要求、自持、结盟和制裁。

政治策略选择

使用政治策略的顺序

一般而言,在选择影响策略时,应当从最积极或者消极因素较少的策略入手。要是当前正在实施的策略没能达到预期效果,那就更换为一个更强有力的策略。例如,要是觉得工资涨幅不尽如人意,一开始可以先尝试运用理性说服的方法;要是这种方式没有成功,再改用交换策略;最后才考虑采用更为强硬粗暴的策略,比如向上级通报情况,但这只能作为迫不得已的最后手段。因为这类粗暴的策略很可能会招致对方的报复。有不少人会向外部机构,像政府机关之类的,抱怨自己在组织内的发展前景受到了限制。虽说从法律层面来讲,这样做并无不妥,但从策略运用的角度看,却并非明智之举。

此外,策略的先后顺序还需要把花费和风险因素考虑进去。比较明智的做法是先从那些花费低、风险小的策略开始尝试。倘若最终结果对影响力的施加者来说十分重要,那之后可以更换为成本高、风险大的影响策略。像开玩笑和哄骗这类手段,就是低成本、低风险策略的例子。比如,某位对本部门预算感到失望的财务经理,可能会跟他的老板打趣说:"难道新的预算意味着我们团队得自己掏钱买优盘和鼠标了?"而从所耗费的时间以及潜在的报复风险等方面来看,为了扩大预算,与另一个同样预算不足的群体结成联盟,其成本就要高得多了。所以,这位财务经理会把通过结盟向上级施压这种方式作为最后的策略选择。

使用政治策略的方向

除了要考虑策略的先后顺序以外,领导者还必须将影响力的方向当作一个可能影响结果的因素纳入考量范围。职位权力是一种影响力方向,个人权力则是另一种可供选择的方向。通常来说,一个人对他人能够施加的职位权力越大,就越没必要去考虑运用政治策略。例如,副总裁可以轻而易举地向一名主管施加直接的职权压力。当拥有更多权力时,使用更为直接有力的权力所带来的负面后果也就更少。在这种情形下,直接运用最有效的权力往往更能产生影响力。

10.3.2 博弈策略

领导者的强影响力有助于领导者顺利推行新的政策或文化,为日常管理事务和各种领导活动提供极大便利。在领导班子的综合影响力下,各项事务有条不紊地开展,组织上下也因此保持了和谐发展。要提高对组织的影响力,领导者除了谨慎运用自身的各种权力外,还必须学会应用沟通策略来提高新决策的影响力。重大决策的贯彻过程比一般的逻辑管理过程要协调更多重要人物及其态度。假设你自己或所属的某个群体希望组织制定某项重要的经营决策或战略决策,虽然向那些重要人物解释理由有时能成功获得支持,但更多时候可能面临被拒绝的情况。此时,有必要采用更深入、周全的方法,并将政治现实和文化现实考虑进去。有一种方法可以让组织有计划、有步骤地从现在的观念转变为接受你所建议的策略,这一过程分为五个步骤,如图 10 - 4 所示。

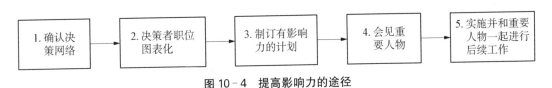

图 10 - 4 提高影响力的途径

确认决策网络

决策网络能识别出重要的人物和他们在制定决策过程中扮演的角色,这是实现影响力的第一步。例如,批准决策的人、所有者、技术购买者、影响决策的重要人物、文化的维护者、凶险的人、看门人等,对于任何一项重大决策,都会有很多人参与其中。每个人都扮演不同的角色,有不同的观点,会看见因决策引起的不同的机会和威胁。有的人会坚持预算,有的人会把持与重要人物谈话的言路,有的人会从决策中获得权力和影响力,有的人会害怕减少预算、人员或削弱声望。所以协调决策的第一步就是确认出决策网络,即所有能够鼓励、影响、支持或阻碍决策的人。

首先,我们应该拿来组织结构图,对各种人和他们在这一过程中扮演的主要角色进行分类,将重要人物分为六个主要类别,并根据具体情况考虑其中适用的几种人物或全部。如果只考虑其中几种,那就需要看得深入一点,否则很容易低估能影响重大决策的人。稍微多考虑一些人进来对你的事业没有什么损害,如果忽略了一个表面上看似处于外围但实际上大权在握的人,那就彻底把自己要做的事毁掉了。

– 批准人(A-approver):不直接参与决策的制定,但是有权表示同意或否决它的人。

– 所有人(O-owner):制定决策或者把决策介绍给管理层的人。他们所处的领域受该决策的影响最大。

– 看门人(GK-gate keeper):把持与重要人物接触的渠道或者控制获取资源途径的人。他们主动要求帮你把消息带给管理层,由此还可以确保那些消息能被管理层听到。这些人要么对你非常有帮助,要么就非常危险。

– 影响决策的重要人物(KI-key influence):所有人都要从他们那里寻求支持,或者他们对批准人有影响作用。

– 影响决策的人(I-influence):同上,但比上者的发言权要小的人。

– 技术购买者(TB-technology buyer):制定决策的人会求助于他们,看看建议中涉及技术的部分能不能经得起专家挑剔的审查。

所有这六类人都会参与到决策中。由于他们对建议细节缺乏了解,或是没有征求他们的意见而使他们的自尊受到了伤害,又或是他们认为自身权力基础受到了威胁,再或者确实怕你误入歧途,基于这些原因,他们都有可能进行对你不利的游说。所以,识别出这些人、了解他们可能扮演的角色和他们对待建议的态度都是非常重要的。

重要决策者职位图表化

第二步的目标是对重要人物的动机进行分类,并且开始思考如何影响他们或促使他们接受。人们支持或反对建议的原因多种多样,包括热情、无知、贪婪、诚实的信念、权力的攫取、道德上的正直、复仇、真正的关心、恐惧、犹豫不决、政治优势等,并且远远不知这些。要想筹划如何影响那些重要人物,必须先确定他们的位置,接着就应该逐一了解他们,了解图 10-5 中重要人物的职位、决策角色和动机,思考如何做才能影响他们。在表 10-1 中列出了可供选择的政治策略,在解释这些策略之前,先对表格中的项目进行解释。

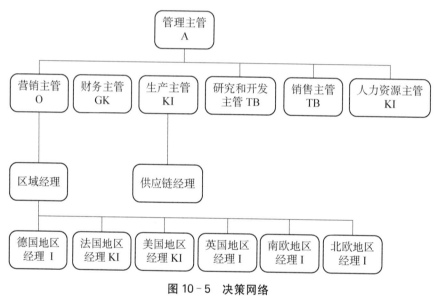

图 10-5　决策网络

- 态度:他们现在对你的建议的看法。
- 绿灯(可接受的):可以对他们说以求得他们支持建议的话。
- 红旗(不可接受的):让他们觉得不舒服或违背他们的基本立场或信念的话。
- IWIK(我希望知道的事):你认为他们想知道的关于建议的信息。
- WIIFM(我能从中得到什么好处):支持建议而从中能得到个人的利益或损失。
- 准备会议:在决策被接受之前,安排和他们进行会议的时间、地点、形式,以及在每一次会议上期望得到什么结果。

制订有影响力的计划

一旦已经列出了主要任务和他们的态度,显然就应该开始考虑要采用什么方法来影响他们中的每一个人。从表 10-1 中对四类人的简单描述,就可以很清楚地看出,要想使

表 10 - 1 制定政治策略与计划

名称	职务	态度	绿灯	红旗	IWIK	WIIFM	准备会议 I	II	III
AG	管理主管 A	中立	与我现在的战略一致	为改变而进行更多的改变	盈亏现金流效应	荣誉退休	3/6		4/10
HK	营销主管 O	积极	开发新产品	坚持现有的细分市场	推出新产品的计划和成本	建立自己的信誉	2/10	3/10	4/8
FR	销售主管 TB	出于政治原因反对	贴近顾客	营销部门认为他们什么都懂	这和上一次失败了的营销行动有什么区别	威胁到了我作为市场专家的地位	2/20	4/6	
PL	英国地区经理 KI	反对对其权力的威胁	适应英国顾客的特定需要	又是一个与真实市场需求无关的总部项目	推出新产品的计划和成本	我们必须改进我们产品的范围	3/16		

建议具有影响力，必须理解这些重要人物的动机，思考如何做才能影响他们，并对其中每一种人都采用不同的政治策略和沟通设计。关于沟通设计的基本原理，在第三章沟通分析与策略设计中有非常丰富的内容可以参考。以下主要从政治策略的方向上做一些列举和解释。

批准人（A）

他们可能不直接参与关于这项决策的讨论，但是他们仍然有权否决或者批准预算。也许你能和批准人说上话，但有时由于他们日程安排得太紧，和他们直接讨论是不可能的。

这里的批准人似乎准备退休了，他希望把一个健康的企业交到下一任手上，但是不希望采用的政策让人暗地里觉得过去采用了错误的政策。所以，显然你的建议必须作为以前政策的延续介绍给他们，而不是推翻以前的政策。还有，因为我们需要批准人积极的态度，所以必须大力宣传建议是能够最快带来利益的。无论它的长期意义多么重大，批准人都会因为自己看不到那时的成果而降低对该建议长期利益的兴趣。

所有人（O）

表中列举的似乎是一个新任命的营销主管。在这个组织中，营销部门遭到了销售部门的嫉恨，因为它篡夺了销售部门"贴近市场"这一权力来源。它还遭到了区域经理的嫉恨，因为他们代表总部夺走了当地组织的决策权，而且看上去以前出现过不少次营销困境，所以营销部门急于建立自己的信誉。你的建议能给所有人带来诸多益处，比如对于这位新任命的营销主管来说，应该是一种有助于建立其信誉的新产品，以及连接他们与销售部门、区域经理的桥梁。

技术购买者（TB）

销售经理所领导的人将不得不推销你建议的新产品创意。所以他们必然关注建议项目的可行性。如果你来自已经失去了很多信誉的营销部门，那么在说服他同意你的创意时，显然必须将这段历史考虑进去。

影响决策的重要人物（KI）

区域总经理往往能在跨国公司里形成一个相当紧密的非正式网络。如果几个有影响力的区域经理认为你的计划不可行而表示反对，那么其他人也会和他们站在一起。倘若失去了他们中的一个，就失去了他们所有人。

如果遇到了双重问题，即你来自信誉很差的营销部门，而且也来自总部。这会很快被看作是侵犯了区域经理们的独立权。不管怎样，必须应对这两个问题，让他们能接受你的建议。此外，在这个例子里，你只安排了一次与他们的会见，他们声称只能安排到4月份，即与其他人的首次会面过去很久以后他们才能见你，他们太忙了，没法再次见面商谈。这可能只是一种防守的姿态，所以你必须在第一次会面时有所突破，使他们此后能挤一点时间出来再见你一次。

会见重要人物"一对一"的重要性

在所描述的"一对一"的情境中，千万不要试图安排一次正式的演示会，向所有这些有影响力的重要人物进行演示，除非你有超强的说服力。乍看之下，这似乎是推销创意最有效率的方法。但是,考虑到所有这些政治、情感和文化暗流,在演示过程中很可能会爆发一场小规模的争执,而要弥补这种局面则非常困难。

不同的人需要经历不同的逻辑过程和情感过程才能转为支持你的建议。因此,应该试着分别与他们每个人见面,把他们从原来的立场转变到你所需要的立场上。因此,在最初的会见计划中,需要预留一定的调整空间,并根据沟通进程做出适当调整。

营销主管　与营销主管的沟通进度或许应放慢一些,因为他们需要认识到认真处理紧张局面的必要性。若他们一味鲁莽地继续热情推行你的建议,可能会遭到销售部门和区域经理们的强烈反对。

营销主管　需要通过两到三次会面,才能说服销售主管相信这个建议与以往营销主管的行动确实有很大不同。

区域总经理　需要做大量的说服工作。不一定非要在一次会面中就说服他们,哪怕只能安排一次会面。利用这次会面打开局面,如果他们感兴趣,就会再次与你见面。

实施和后续工作

当所有人达成共识并支持推出新产品后,显然应该与最重要的人物保持联系。了解他们对结果是否满意,与他们的期望相比评价如何,他们是否有改进结果的建议,以及他们是否觉得某些事情做得不妥。这样一来,下次就能更好地把控整个过程。同时要确保给自己留有余地,毕竟只有留下机会才有可能为下一次努力创造条件。

10.3.3　权谋德行

亨利·杜鲁门曾说,领导是一种让人们做那些原本不想做但又乐意去做的事情的能力。他的陈述提出了一个重要问题:领导拥有权力,有机会促使组织实现重要目标,但权力也可能被滥用。我们都知道,有些人利用权力主要是为了个人利益,而这是以他人和整个组织为代价的。以自我为中心的领导者自私、感情用事,以自身利益为中心,不顾组织利益,为了一己私利而弄权。

不道德地使用权力越来越成为组织关注的问题。组织成员相互依赖各种资源,尤其依赖领导者,这些资源包括信息、合作甚至他们的工作。当获取资源的条件演变为提供服务、忍受胁迫或接受威胁评论时,处于依赖地位的人就会受到权益侵犯,不管领导者实际上是否真正控制资源。然而,组织中还存在很多不那么清晰的情形,领导者有时很难分辨哪些是道德的、哪些是不道德的。

以下所描述的政治策略并非都符合职业道德,其不诚实程度也有所不同。大部分人会将这里所描绘的前四种策略视为违背职业道德,而把后五种策略看作是在职业道德允许的范围内,尽管不是那么光明磊落。领导者在扩展权力影响力时,需要特别关注这些策略的道德界限,防止陷入德行有亏的权力滥用之中。

缺乏道德水准的权谋

玩弄权谋

大约500年前,马基亚维利(Niccolò Machiavelli)告诫王位继承人,必须成为强势、无情且愤世嫉俗的领导者,因为人们都是以自我为中心且自私的。因此,那些在工作场所中无情操纵他人的人被称为马基亚维利主义者(玩弄权谋)。高马基亚维利主义者认为结果可以为手段辩护,他们经常采用欺骗、诈骗等操控性策略,发起针对他人的不良行动,试图直接控制人际互动。

玩弄权谋的一个现实例子是迫使管理类和专业类员工付出大量额外时间工作却不给任何补偿。这些员工被告知,如果拒绝延长工作时间,就不会被视为值得晋升的对象,或者不是好的群体行动者。即便其他公司有合适的职位,大部分有职业意识的人也会因为想要保持良好声誉而选择留下。

温和地操控他人和情境

某些领导者试图以操控性的方式影响他人,不过其程度比完全的马基亚维利主义者轻。他们通过给出不实陈述或捏造行为来让他人顺从。例如,一位领导者可能暗示某位同事,如果在群体间冲突时支持他的立场,那么这位同事将被考虑晋升。一种广泛使用的操控方式是随大流技巧,即某人做某事仅仅因为其他人都这么做。例如,某经理告诉一位副总裁,他希望为在线零售研讨会的与会者增加预算,因为"其他所有公司都这么做"。

不合规的压力

有些领导者经常使用奖励、温柔推动等激励技巧,然而当奖励变成顺从的"贿赂",惩罚的威胁变得严重时,影响对象就会遭受不合规的压力或威吓。关于管理者行贿的例子可以是:"如果你本周能为这个项目工作八小时,我会推荐你获得最高报酬水平。"在某项研究中,一些特定行为被贴上威吓标签:要求员工做这件事;冲员工大吼,直到员工做这件事;因为员工没做这件事而指责员工。

挑错

运用挑错手段时,领导者只需在员工完成的每项任务中挑出一些毛病。比如,老板可以用类似这样的陈述训诫下属:"除了你的结论,整份报告都很好。这个结论看起来与报告主体不太搭。"

互惠式让步

当试图施加影响的领导者先提出一个大概率会被拒绝的工作要求,然后紧接着提出真正企图的工作要求时,这就是利用了互惠式让步的方法,促使员工付出额外努力。因为拒绝了第一个请求,目标个体就会感到内疚,进而回应后续的要求。例如,一位安全经理需要一大笔预算来为部门购买移动电话和对讲机,而此时公司正严格控制支出。这位安全经理向上司报告,申请为部门下属增加新的办公场所,这个要求很快被拒绝。两周后,这位安全经理以补偿新办公场地的申请被拒绝为由,提出增加移动电话和对讲机的请求,该请求在一周内得到了批准。

基于道德底线的权谋

降低姿态

一种聪明的政治策略是降低姿态,即通过自我贬损和诋毁来控制他人的行为。例如,刚才提到的安全经理可能会说:"我意识到部门的办公费用太高了,但为了完成工作,我们确实需要更多的手机和对讲机。"研究发现,特定的降低姿态策略包括承认自己不行、贬低自己、评价自己做得很差,这样他人会受到这种自贬的影响,从而做出一些帮助或行动。

向上请求

在向上请求时,领导者通过让员工感受到更多正式权威来施加影响力。例如:"如果某某人不听话,我会把他告到老板那儿,自然会有人修理他。"不过,过度使用向上请求的方式会动摇领导者在群体成员和上级眼中的地位,从而降低领导影响力。

领导者们还可以通过其他方式进行向上请求。比如,试图说服其他下属成员,他的要求是由更高管理层批准的,期待影响对象主动同意并接受;或者领导者可以要求更高管理层协助获得某个个体对要求的顺从,这样影响对象会感受到压力。

沉默对待

一位领导者通过保持沉默、恼怒或其他形式的沉默,对影响对象施加压力,直到影响对象顺从。与愤怒相关的研究问卷条目有:我不回复他,直到他做;我不理他,直到他做;我保持沉默,直到他同意做;我拒绝做他想要的,直到他做。这种冷处理有时能起到施加影响力的作用。

逢迎

当希望他人喜欢自己,尤其是在不喜欢对方的情况下,逢迎被认为是一种温和的政治策略。在一项研究中,识别出的逢迎影响策略如下:让对方感受到其自身的重要地位,例如,"只有你才有执行这项任务的能力";在提出自己的要求时,向对方表现出谦恭;等到对方心情不错时再提要求;有礼貌地提出要求;表现出让对方决定是否要做我所希望的。

为了达成某个重要目的,本应被逢迎的领导者也会不厌其烦地表现出谦和亲切。比尔·盖茨就是一个恰当的例子。他经常讽刺挖苦别人。当盖茨和微软公司因可能的垄断活动遭到美国司法部控诉时,盖茨展开了一次亲善巡游。他在旧金山和硅谷之间安排了紧凑的行程。在与公众会面时,盖茨表现得非常谦虚,甚至自我贬损,还对竞争对手加以赞扬。他频繁与人握手、签名,并且展示微笑。盖茨的表现如此令人信服,以至于一位女生说:"你能肯定他不是为了钱,他是希望让软件变得更好。"

开玩笑和善意哄骗

当直接陈述容易被误解为苛刻的批评时,善意的玩笑能起到很好的效果。因此,开玩笑或哄骗可以传递信息,并且降低被影响者对影响力代言人产生愤怒的风险。开玩笑和哄骗既可以被理解为不诚实,也可以被理解为非常机智,因为批评者柔化了批评的严厉程度。一位制造业副总裁成功地用开玩笑的方式提出批评,督促员工提升产品品质。发现低质零件问题后,他对员工们说:"我欣赏你们的努力,但是我觉得你们误解了我的意思。我需要你们生产可以作为高品质样板的零件。你们不辞辛劳地生产了低品质的样板。你们确实做得很出色。"

拓展游戏：影响的颜色

★ 形式：集体参与。

★ 时间：30分钟。

★ 卡片——红、黄、蓝、绿四种不同颜色的纸质卡片，统一方形或圆形，边长或直径为50 cm，每种颜色的卡片数量与参与游戏的人数一致。

信封——牛皮纸信封，或不透颜色的其他材质信封。每人两只，一只装进四种彩色的卡片，另一只是空信封，信封正面上标有明显的"答案"字样。

★ 场地：室内。

程序

（1）安排5～10分钟的群体讨论或决策活动，形成学员之间的互动基础。

（2）发给每个学员两只信封，一只标有"答案"的空信封、一只装有四种颜色卡片的信封。

（3）将四种颜色卡片代表的含义写在黑板上，或者通过PPT放映给学员随时参考。

－红：我有非常大的影响力。

－绿：我有相当的影响力。

－蓝：我只有很小的影响力。

－黄：我没有影响力。

（4）给学员有足够的时间思考，根据自己在群体中具有的影响力程度，选出一张卡片。

（5）让学员将他们选出来的那张卡片放入标有"答案"的信封中。

（6）培训师收回标有"答案"的信封，请助手统计不同颜色的卡片数量。

（7）询问学员，在衡量自己的影响程度时，想到的是什么。将学员的回答写在黑板上。

（8）公布统计出来的不同颜色卡片数量。

规则

－设计学员的就座方式，确保他们每个人都能独立选择一种颜色，且不被他人知晓。

－如果学员人数较多，可以分成若干小组进行互动和统计卡片数量。

组织讨论

（1）这个游戏是否暗示团队或团队成员必须在某一方面有所改变？

（2）你发现组织的领导者是否选择了红色卡片？如果没有，原因是什么？

（3）据统计，哪种颜色被选择得比较多？

（4）选择红色卡片的学员平时在工作中是否具有很大的影响力？他们是什么样的性格？

11 情商沟通

>>>

财务预算信任危机的化解

背景介绍

目前 A 公司的组织架构按属地行政区划成立了 21 个地市分公司,人员结构有 50％来自原来的中国电信各企业,50％来源于社会其他 IT 运营商,不同的企业文化背景造就了 A 公司独特的"混血"企业文化。公司内部员工在公司管理、市场拓展、固定资产投资建设等方面各抒己见,更加剧了管理上的难度,公司总经理通过办企业杂志、总经理特别信箱等方式,一定程度上促进了沟通,但如何让员工进行有效的管理沟通已经被提到议事日程,总经理明确指出有效的管理沟通必须成为公司重要的管理工具,以达到凝聚各方意见、提高公司核心竞争力的目的。

冲突产生

2020 财年按照集团公司的全面预算管理工作部署,公司财务部及其他职能部门像以往其他财年一样对集团下达的预算指标进行了分解,并下达到所管辖的各地市分公司。与以往不同的是,公司的上级集团与各省公司签订了业绩合同。若总经理未能完成财年业绩考评任务,将会面临降职、降薪或转岗的处理。集团总经理已多次在全集团大会上明确表示,国资委对国企的两项考核指标,即净利润和净资产回报率,同样将用于对各省公司的业绩考核。同理,A 公司的总经理也会将这一压力传导至各地市分公司的总经理身上。

在编制预算期间,各地市分公司经理依旧心存侥幸,觉得可以把收入数据往大了报,先在上一级管理层面前表明自己完成任务的决心,等到年末要是完不成任务,再去说情,认为并不会有实打实的考核。而省公司的财务部在跟各地市分公司沟通后,没有收到任何异议,便下达了 2020 财年预算。与此同时,省公司总经理也将集团的业绩考核评价办法进行了下发。

这时,冲突爆发了。各地市分公司迅速将情况告知省公司考核评价部门以及省公司总经理,称指标预算口径解释不够清晰,分公司的某个领导班子成员对预算编制过程并不知情,而且指标数的下达与分公司实际情况不相符等等。省公司考核评价部门和省公司总经理,面对众多地市分公司如"跑步"冠军般频繁地在耳边游说,有些招架不住。于是,他们向省公司财务部咨询预算相关事宜,并让审计部门介入收集各方意见。至此,预算信任危机出现了。尤其是审计部门的介入,不禁让人产生疑问:这是否意味着省公司总经理对财务部门的专业能力信心不足,还是在怀疑下达指标时,因分公司背景差异而未遵循统一原则?

如何化解这场危机,是摆在省公司财务部总经理面前亟待解决的问题。倘若选择妥协,集团公司下达的业绩任务将难以完成,财务部门的预算管理能力也会遭到质疑。若强硬要求执行,分公司在日后的经营活动中,必然无法很好地执行预算。因此,必须进行有效的管理沟通。

自我沟通

省公司财务部总经理暂时停下手中工作,开始反思日常工作中的得失。究竟是什么原因导致了预算信任危机?是考核太过严格,还是自己平时行事过于强势?在与上级管理层、平行部门的沟通方面又做得如何?自己是否患上了"强势老板管理沟通综合征",每次开会都采取强硬手段,强迫全体人员接受自己的观点和看法?经过自我反思,总经理发现,在推行一些财务管理办法时,尽管这些办法有利于公司管理,但在与部门及分公司的沟通过程中,自己表现得过于强势,对一些部门提出的意见置之不理。有鉴于此,公司财务部总经理决定转变管理沟通理念。主动与分公司就预算的收入、成本、费用等问题展开讨论,改变过度以自我为中心的态度,尊重他人意见,认可分公司的价值与权利,以平等的姿态对待对方。同时,放弃以往的强势沟通方式,改用"和风细雨"般温和、平等的交流方式进行沟通,让对方能够充分表达真实想法。

积极倾听

省公司财务部总经理积极采取行动,主动倾听下属分公司管理层的意见。他通过邮件、电话以及组织现场交流会等多种方式,搭建起沟通的桥梁,广泛收集分公司的意见。同时,与省公司考核部门进行面对面的深入座谈,认真记录他们的想法。之后,他前往省公司总经理处,听取领导对此事的态度。省公司总经理依然对预算表示支持,要求财务部对分公司做好预算指标的解释工作,并针对个别意见较大的方面,对相关政策进行调整。

非正式沟通

鉴于公司审计部门已经介入,省公司财务部必须与这个专业相近的部门达成一致意见,否则财务部的专业威信将会受到影响。为此,省公司财务部总经理决定与审计部总监进行一次非正式沟通。他特意选在下班时间,邀请审计部总监一起共进晚餐。在晚餐过程中,财务部总经理借机详细解释了预算总体目标、预算口径以及预算分解下达的原则。凭借出色的交谈技巧,他成功地将各方面情况解释清楚,最终取得了审计部这一专业相近部门的认同,维护了公司财务部的专业威信。

借势与妥协

在获得省公司总经理以及相关部门的认同与支持后,省公司财务部总经理通过正式渠道与各分公司展开沟通。他针对每个分公司分别召开视频会议,在会议上,他重申了预算分解的原则,并向各分公司说明,这是集团公司分解给 A 省的预算指标。若 A 省不按照此预算指标进行分解,将难以达成集团的业绩考核目标。同时,他还强调,省公司对 A、B、C 类城市下达的预算目标是有依据的,其制定过程体现了"三上二下"的工作方法,是经过双方共同参与、合理规划落实、层层细致分解,并能根据实际情况进行动态调整的激励性绩效考核策略。

对于在预算编制过程中考虑不够周全的分公司,省公司财务部总经理与它们展开协商。在协商过程中,秉持着有原则的妥协策略:总体预算安排不会改变分公司的既定框架,但允许在各项预算指标之间进行调整。例如,管理费用、销售费用和建设管理费等项目,可依据分公司的实际情况在这些项目间灵活调配。不过,分公司的 EBITDA 百分比必须维持不变。最终,各分公司对这种预算调整安排均表示接受,并开始着手执行。

11.1 ▶ 情商影响力

11.1.1 情感力量

依靠什么领导

领导力的获得一方面依靠有效的沟通技能和良好的沟通氛围,另一方面,组织赋予领导者的职权和可供依赖的资源能加强领导力的作用效果。此外,领导力也可以通过合乎道德的政治策略来加以强化。然而,获得领导力只是领导力建设的第一步,要想保持和提高领导力的作用,还需要领导者们更加不懈地努力。

詹姆斯·奎恩(James Quinn)、乔丹·巴洛奇(Jordan Baruch)、卡伦·兹恩(Karen Zien)在《创新爆炸》(*Innovation Explosion*)中指出:智力是创造知识的能力,是合理且高级地运用智慧的能力,按照重要程度由低到高如下排列:

第一层为专业性知识:领导者在经济管理学方面的知识。

第二层为高级技能:高级技能即诀窍(know how),可助力有效竞争并完成一项任务的能力,是企业家把专业知识自如运用到经济实践中去的领导艺术。

第三层为系统理解(know why):理解各个关键变量之间的相互关系和相互作用的程度;领导者要突破以往的传统观念,把经济、政治、文化作为完整系统来掌握,学会在实践中对经济、环境、社会发展进行协调处理。

第四层为有目标地创新、发现或创新:这一层次,领导者已开始战略性思考;具备有目标地创造、发现或创新,联系两个或更多学科来创造全新功效的能力;达到这一层次已接近领导者和企业家的本质。

第五层是直觉与综合:这是一种更伟大的创造,是理解或预见不可直接衡量的各种关系的能力。这时的思维,已超越了常规推理,能直接感知到事实的本质,预见到经济的未来,这时的知识运作常以灵感形式出现。这一层次超乎寻常但并不是神秘,它是多年累积后的瞬时爆发,经过长久思索后的瞬间呈现。盛田昭夫凭直觉察觉到晶体管将有更大的市场,比尔·盖茨预见到个人电脑的价值,这都是真实的例证。

领导力的非理性因素

情感修炼

情感修炼涉及隐含的知识,即那些通过生活体验而获得的知识;信仰,包含未经理性检验而接受为真理的理念;忠诚,涉及对人和组织的忠顺与自觉承担义务;意志,即努力达到目的的决心;还有歉意、憎恨、爱情、欢乐、恐惧等涵盖从感情而产生的意识状态。这些方面综合形成了领导者行为处事的精神引领,并且随着领导者自我修养的修炼而逐步提升到更高境界。

智慧的结晶

领导者的智慧往往自发地支持他们进行逻辑判断、施展创造力、促发灵感以应对各种情况。判断,是那些从经验中获得的智慧,又被称作直觉。这些决策直觉是不依靠逻辑推理在头脑中领悟到的知识;创造力,即大脑产生形式、构造和关系的能力;灵感,是领导者们通过非理性的方式而得到的偶然发现。领导者的这些判断、创造力和灵感并不是通过智力直接获得的,而是在积累经验经历的基础上经过大脑无意识的加工而凝结出来的超智力的结果。

情感与智慧的融合

领导者的非理性影响力来自他们情感与理性的结合,包括敏锐的洞察力、扎实的政治素养、超凡的领袖魅力。洞察力,是对外界事务特殊而细致的理解能力;政治,是结合经验和智力综合而成的对资源决定与分配的理性;领袖魅力,即由领导者自内而外散发出来的激发员工忠诚与称颂的能力。这种由情感与智慧融合而成的影响力是所有优秀的领导者实现其领导力的重要依托。

情感的力量

情感倾向是决定领导者工作效率的关键。在高层管理者中,真正能区分领导者的是情商,而非智商。智商是理性、逻辑化的线性智能。我们利用智商来解决问题并操控环境。情商是情感化的智能,我们利用情商来审时度势,并采取合理的行动。情商是一种适应性智能。关于工作绩效的研究表明,2/3 的生产力差别来源于情商,而非技能或认知能力。

智商与情商在相同的思维、范围和条件下发挥作用,我们利用智商参与有限博弈,而情商则代表了对深层含义、目的和价值的需求,是一种改革型智能。情商让我们提出根本性的问题,它打破了常规与界限,它让我们更深入地了解形势,创造出新的理解范围,并变得更有创造力。我们利用情商解决无限博弈。

比尔·特雷德韦尔(Bill Tredwell)的研究表明,领导者的情商直接影响管理者的领导风格,进而影响组织氛围,最终影响企业绩效,也就是组织利润。其中组织氛围 70% 取决于管理风格,组织绩效 30% 取决于组织氛围。也就是说,领导者管理风格对最终利润将产生 21% 的影响。

理性与感性的匹配,即智商与情商匹配。我们的感情是与生俱来的,大脑的构造使感觉优先于思维。在现实中,感情与思维是不可完全分开的。只有当这两个系统——我们的感情大脑与思维大脑同时工作时,我们才可能变得十分高效。情商的本质就在于最大限度地反映我们生活和工作的关系。

因此,我们将对领导者自身进行剖析,通过领导者自身素质和素养的提高,从更深的层次上研究领导力的常青之术。本章将讨论杰出领导者的素质研究、领导者的情商智能的培养,以及如何通过自我沟通改善领导方式、提高领导力与影响力。

领导力的自我暗示

情感智能与有效的领导力之间有什么联系? 一方面,领导者的情感行为和对情感的理解在魅力型领导的表现中至关重要,有魅力的领导者通常在自己的价值观和信仰方面有着强烈的情感信念,在与追随者打交道时极富情感表现力。另一方面,这些领导者在逆境面前表现出来的是自信、果断和执着。

高度的自我意识辅以控制自己情绪的能力,使一名领导者能够表现出自信心,博得追随者的尊敬和信任。此外,控制或暂时压制自己感情的能力,能够使领导者超越自己的直觉感受,客观地考虑他人的需求。例如,沉浸在愤怒或消沉等强烈的情绪中,可能增强一个人的自我中心意识,使其只关心自己的需求,削弱理解他人需要或更换观察角度的能力。

领导者的情感状态影响着整个小组、部门和公司。那些能够平衡心态、斗志昂扬、积极主动的领导者能够鼓舞和激励他们身边的人。当领导者乐观向上、充满希望的时候,整个公司的活力就会有所提高。与别人发生共鸣、控制人际关系的能力同样有助于对员工的激励和鼓舞,因为它能够帮助领导者建立一种和谐感和团队精神。

或许最重要的一点是,情感智能使领导者把追随者当作有感觉、有想法、有自己见解的完整个体来理解和尊重。善解人意使领导者把追随者当作有特殊需求、能力和梦想的个人来对待。善解人意的领导者能够运用他们的社会技巧帮助追随者发展和进步,发现并增强他们的个人形象和对自身价值的看法,帮助他们满足自身的需求、实现自己的目标。

具有情感智能的领导者通过帮助员工成长、学习和发展,通过建立一种目标意识,通过灌输集体和团队的精神,通过建立信任和尊重的关系,使得每个员工都能够担当风险、全身心地投入到工作中,从而对公司产生正面的影响。用心灵来领导的领导者常常可以使公司的动力和绩效提升到一个更高的水平。在本章的最后一节中,我们将集中讨论两个关键的情感范畴,检验领导者把重点放在爱或者恐惧上分别给追随者和公司带来什么样的影响。

11.1.2 情绪智能

近年来,我们对人类智力的认识又有了进一步发展。这就是所谓的情绪智能(EI),即我们理解、把握和运用自己及他人情绪的能力。

EI 理论的支持者解释说,为了充分发挥自我潜能,我们的情绪化智能水平(EQ)即使不是最重要的,也是与智商(IQ)水平同等重要的。EI 可以被划分为 3 个层次(见图 11-1):

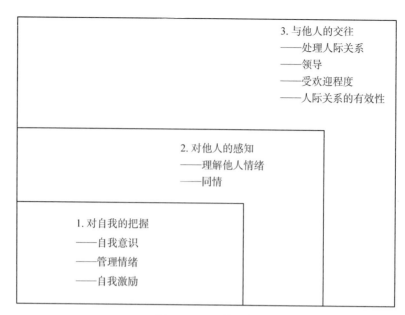

图 11 - 1　EI 的层次

EI 的全称是 Emotional Intelligence,是一个心理学概念,中文译作"情绪智能"。EQ 的全称是 Emotional Quotient,是一个精神生理学概念,中文译作"情绪化商数"。情绪智能越高越好,因为情绪智能越高,在工作及人际关系的表现上便会越好。一般情况下,情绪智能包括三个方面:

- 对自我的把握:理解、控制自身情绪以及自我激励的能力。
- 对他人的感知:理解他人的情绪以及同情他人的能力。
- 与他人的交往:社交技能,即如何成功地引起他人的兴趣,激励和领导他人。

情绪本质

理解 EI 的一个出发点是要认识到,人脑发展的速度与最近这个世纪里社会的发展速度之间存在潜在的不匹配。人类的大脑已经经过了数百万年和数万代的进化。在这个过程中,它提高到新的更高层级,但是在人类大脑的内部,仍然保留着最基础、最原始的部分,这个部分与其他动物相同,它决定了我们对于外界刺激本能的"打或逃"的反应。

人类的大脑能够在两个主要层次上对外界的信号做出反应——本能和理智。本能的反应能够使我们在面临威胁时得以生存。但是,在我们所生活的这个复杂的现代社会中,即时表现出恐惧、发怒、敌意、懦弱、嫉妒或者其他情绪显然是不合适的。那些低 EQ 的人往往易于迅速和过分地做出反应,而不对情景进行足够的理性分析,对自身情绪的控制明显不足。在日常工作和生活众多的敌对行为中,如无法与他人一起工作、发怒、犯罪、暴力等,我们可以看到居然有这么多人无法掌控自己的情绪。感受到自身的情绪,如希望、高兴、生气、狂怒、失望或者其他,这是完全正常的,而如何对这些情绪做出反应才是关键所在。自我控制、自我激励、对他人的情绪的同情以及与他人交往的能力共同构成了所谓的 EI。

情绪智能对我们的作用

我们可以看看 EI 在下述两种情景中如何应用：即时反应、长期反应。

即时反应

当遭受外部刺激，尤其是会引发强烈情绪的外部刺激时，人们会体验到本能的、情绪化的反应与更加理性化的反应之间的冲突（见图 11-2）。

作为进化的一部分，人的生存能力，即"打或逃"的本能，比更高层次、更理性的理智反应更为迅速。理智控制情绪，还是让情绪控制理智，这取决于 EI 水平。当面对一些琐事，比如司机驾车插队导致我们紧急刹车、同事对我们的提议提出异议、朋友言行让我们丢脸、孩子惹恼我们时，我们往往会让情绪主导自己，肾上腺激素流经身体，以犀利的语言或甚至暴力行为发泄出来，事后又会感到后悔。

长期反应

长期反应方面，当人们面对周围环境中常见状况时，如成功、爱情、糟糕后果、人际关系中的问题等等（见图 11-3）的反应中，也能看到类似情景。与即时反应相比，这是一种较长时间存在的情绪。人们可能控制局势并做出适当反应，也可能失去对自己情绪的控制从而反应过度，变得沮丧、消沉、恐惧、过于乐观或者其他。当然，EI 水平越高，就越有可能做出正确的反应。

理性化	情绪化	理性化	情绪化
—复杂的	—原始的	—缓慢反应	—过度反应
—缓慢的	—直觉的	—分析数据	—即时得到满足
—准确的	—迅速的	—适当的反应	
	—大致的		

控制情绪（高EQ）被情绪控制（低EQ）（"发泄"）　　控制情绪（高EQ）被情绪控制（低EQ）（"发泄"）

图 11-2　即时反应　　　　　图 11-3　长期反应的两种方式

从某种意义上讲，广告就是在利用人们情绪上的不成熟。广告常常承诺，购买某产品就能立刻收获欢迎、美丽、成功、欢乐等。它们用各种虚幻景象冲击人们的情绪，尽管理智告诉人们这种承诺并不真实。然而，众多宣称全新的香水、健康食品、汽车、饮料、香波等产品取得成功，这表明仍有许多人被广告的甜言蜜语迷惑。

运用情绪智能

运用情绪智能方面，EI 理论真正的贡献在于，它能借助现代脑成像技术以及对身体活动（心跳、脉搏、体温等）的测量，更加准确地追踪情绪在大脑和身体中产生作用的过程。这使我们能更好地理解原始情绪与进化程度更高的理智是如何相互作用的，让领导者找到帮助人们理解并提高 EQ 水平的方法，从而实现更美好的生活。

显然，和我们 IQ 水平一样，理解和掌握自己以及他人的情绪对个人的效能和人际关系至关重要。一般而言，家庭教育和学校教育对 IQ 影响不大。然而，我们可以通过学习来显著提高 EQ 水平。

个人的有效性

在职业和个人生活中，人们总会遇到充满挑战的局面。每当此时，大脑会激发身体，让其表现得更加出色（图 11-4 的区域 A），人们会感到情绪高涨。然而，若不能很好地控制这种情绪，使其保持在适当水平，就会出现过度兴奋、疲倦、消沉、注意力分散等情况，进而表现出颓势（图 11-4 的区域 B）。我们常常看到，人们因感觉无法应对某种情景而丧失了合理的行为能力，比如考试失败或遭受损失。

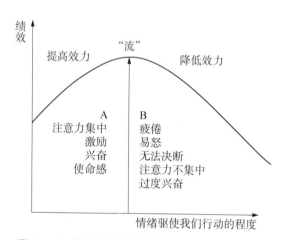

图 11-4　情绪既可以提高也可以降低我们的绩效

绩效峰坡的顶部区域被称为"流"。在这个区域，由于对工作、运动或其他活动产生兴趣、感到兴奋并体验到参与感，我们能够最有效地行动。越是能够控制自己的情绪，就越能利用情绪高潮的能量，而不是被情绪所困。

人际关系

人际关系方面，我们可能都见过一些人际关系陷入破坏性的轨道。合作伙伴不断重复那些在稍微理智的时刻都认为是非建设性的行为模式，然而他们却无法摆脱，直到关系完全破裂。同样地，也见过一些前景光明的团队令人惋惜地失败了，而另一些团队却取得了意想不到的成功。对于任何工作或私人关系而言，至少存在智力和情绪这两个明显的方面。

显然，任何人际关系或群体取得成功的可能性都取决于参与者的 IQ 与 EQ 之和。或许能够召集到最天才的精英，但是如果他们缺乏相互交往的能力，那么他们的努力注定会以失败而告终。

11.1.3　情感影响力

情绪智能的五种基本成分对领导者施加影响力十分重要。

自我意识

自我意识是其他基本成分的基础，它指的是意识到自己的感觉，对内心深处的情感有清醒的认识。深知自己情感的人能够更好地指导自己的生活。深知自己情感的领导者则能够成功地与人交往，体会别人的情感。具有高度自我意识的领导者相信自己的"发自肺腑的感觉"，认为这些感觉可以为解决困难提供一些有用的信息。对领导者来说，不论是做一笔大买卖、解雇一名员工、重组一个公司，还是改变工作责任，答案都不一定明确。当其他人不能给出答案时，领导者就需要依靠自己的感觉了。

情绪控制

它是指领导者能够使自己的感情保持平衡，扫除忧虑、焦虑、恐惧和愤怒所构成的障碍。能够控制自己情感的领导者表现得比其他人更出色，因为他们能够冷静地进行思考。控制情绪并不意味着抑制或是否定它们，而是给予充分的理解，并用这种理解来有效地处理问题。领导者首先要做的是调整自己的情感或感受，思考它们的含义以及对自身的影响，然后再选择如何行动。

自我激励

自我激励是指在阻碍、挫折甚至彻底失败面前依然充满希望、保持乐观的能力，这种能力对于个人在生活或经营中追求长远目标至关重要。马丁·塞利格曼（Martin Seligman）是宾夕法尼亚大学的一名心理学教授，他曾建议 MetLife 保险公司雇佣一组特殊的员工，他们的共同点是在应聘的时候表现得十分乐观，却没有通过常规的销售才能考试。与那些通过了常规才能考试，却非常悲观的员工相比，这支"乐观队伍"第一年的销售额高出 21 个百分点，第二年更是高出 57%。这是乐观积极的态度带给每一个乐观的人的好处。

善解人意

第四个基本成分是设身处地、将心比心，不用别人告知就能体会到他们的感受。大多数人从来不用言辞表达感受，他们更倾向于通过说话的语调、身体语言和面部表情来流露心情。善解人意是建立在自我意识的基础上的，符合个人自身的情感，使得察觉和理解别人的感受变得更容易。

社会技巧

这种技巧是与人交往、建立稳定的人际关系、对别人的情感有所反应以及影响别人的能力，它是情绪智能的最后一个基本成分。在前面一章的权力体系概述中，我们强调领导力是处理人与人之间关系的能力。领导者用社会技巧来理解人际关系、解决争端、化解矛盾，用一个共同的目标使人们团结在一起。建立人际关系的能力在新兴的、以团队为基础的公司里是基本的要素，但对于有效的领导者来说，它在任何公司中都是十分重要的。Earl 工业有限公司是一家拥有 3 500 万美元市值的船只修理企业，总裁杰罗德·米勒（Jerrold Miller）声称那些不会处理人际关系的项目主管"真的耗费了我们很多钱"。米勒说："当主管们习惯性地说出一些令船厂工人沮丧的话时，干活的小伙子们对于帮这个家伙出头露脸就不会积极……他们并不在乎他在工作上落后。"

11.2 ▶ 自我沟通

高度的自我意识可以帮助领导者构筑领导魅力。自我意识的形成源于领导者的自我认知过程，而领导力的发展过程是自我提高过程。工程师利用计算机开展工作，画家运用画布和色彩进行创作，而领导者只能依赖自己。自我完善和提高并不意味着用大量的信息填充自己，或者不断尝试新的技术和手段，而是意味着领导者需要释放自己内心深处的东西，意味着释放心底受到约束的领导潜能。

领导力的关键是探寻自己的合理定位，通过自我完善和提高来获得作为领导者的自信。自信实际上是一种意识和存在于自身意志中的信念。只有努力去鉴别并开发它们的时候，这些力量才会变得清晰和强大。

提高领导艺术就是去发现自己关注什么、珍视什么。领导就是探索激发自身热情的源泉，是对自己心灵的鼓舞，也是动力和能力的源泉。当发现这些情况能够在自己身上实现时，人们就会更加了解应该依靠什么去领导。

11.2.1 自我洞察

自我动机

在心理学中，动机被定义为由需要而引发的个体行为倾向。内部动机是从个体自身的需要出发而产生相应行为；外部动机是根据社会环境的需要而产生行为。内部动机和外部动机是相互作用的关系，如果内部动机与外部动机发生冲突，就会缺乏内在的激励力量而导致行为强度减弱。所以，领导者要想提高自己的影响力，首先就要审视自己的动机，促成内外动机的结合，激发对工作的兴趣，并提升自身的形象。

领导者提高自身的沟通技能，从外部动机看，就是要审视自身在社会中所处的地位，以及自身行为的道德水准。从内部动机来看，要从社会自我认知和精神自我认知两个方面解剖自己。领导者如果不能摆正自身在组织和社会中的位置，必然会导致沟通的失败。

自我动机认知包括三个组成要素：物质自我认知、社会自我认知、精神自我认知。

- 物质自我认知是主体对自己的身体、仪表、家庭等方面的认知；
- 社会自我认知是主体对自己在社会中的地位、名誉以及与他人的相互关系的认知；
- 精神自我认知是主体对自己的智慧能力、道德水准等内在素质的认知。

领导者认识自我动机，关键在于从内部动机和外部动机两个方面去审视自身的物质自我、社会自我和精神自我。然而，审视自我往往是一个痛苦的过程。要清醒、客观地审视自己的动机，必须以静心地解剖自我、反省自我为前提，这就要求管理者学会静心思考的艺术。

创造静思空间

为了能够静心思考自我，首先要善于创造安静的空间，把自己从烦琐的事务中解脱出来，从他人的干扰中解脱出来。这样的空间，可能存在于你的办公室里，可能在自己的家里，可能在自然界里，也可能在其他地方，关键在于你是否有意识地去发现这样的空间或利用这样的空间。属于自己的空间要靠自己去创造，靠自己的心灵去创造。浙江衢州某集团的总裁这样说道："每当我出差时，我会把车厢看作自己的空间，回家后我把书房作为独享的空间，当参加会议时，别人到风景区游玩，这时我就把宾馆作为自己的空间……"可见，并不是我们没有这样的空间，而在于我们要主动去发现这样的空间。

创造静思时间

人们除了在空间上营造与自然、人类和自我共鸣的环境外，还要努力在时间上延伸自我的价值。时间可以延伸到美好的过去，也可以延伸到美好的未来。既然时间可以延伸出自我价值，我们就应该充分去把握时间，给自己时间去反省，包括自我需求、自我动机和自我行为。领导者要学会静心思考，必须把握自己的时间，做自己时间的主人。管理时间，具体是要遵循以下四个方面的原则：一是学会把时间花在重要的事情上，而非紧急的事情上；二是学会分清相对重要的事和相对紧急的事；三是在时间管理策略上注重结果而非过程；四是在必须说"不"的时候，不要感到内疚。

无论是创造自己的空间，还是创造自己的时间，根本目的就在于为自己提供一个自由思考的环境。庄子认为，离自然原始本性越远的物性，就越不自由。因而，要获得自由，就必须恢复自然原始本性，回归自然，与自然融为一体，达到"无我"的精神境界，从而克服时空的局限而进入永恒。

自我意识

不同的价值判断、不同的认知风格，会产生对周围事物的不同的关系定位。自我意识修炼就是通过自我意识的修正和提升，达成与外部对象良好的沟通绩效。

自我意识的核心包括自我价值的定位、人际需要的判断、面临变革的态度以及认知风格的确立四个方面。其中，自我价值的定位在于确定自身的个体价值标准和道德评判的差异性和一致性；面临变革的态度在于分析自身的适应能力和反应能力；人际需要的判断在于分析不同沟通对象的价值偏好和相互影响方式；认知风格的确立在于明确信息的获取方式和对信息的评价态度。这四个方面的相互关系如图11-5所示。

自我价值的定位

领导者在管理沟通中，要从社会认同和社会道德的高度来修炼自我价值，要把自我

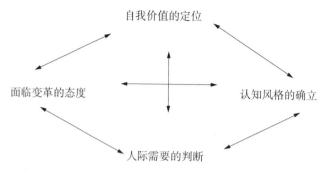

图 11-5　自我意识的四个方面

价值的实现建立在他人和社会利益满足的基础上。在自我修炼和自我提升的过程中，要把自我认知、社会认知和精神认知三个方面结合起来，在问题思考和自我认知过程中，使自我价值判别和社会价值衡量得到统一。

人际需要的判断

自我价值观的定位直接影响着对沟通对象需要的判断。例如，自我至上主义者会把与下属的沟通当作一个发表自己见解和发布命令的手段，沟通的目的在于"输出信息"，而与上司的沟通是一个向上司推销自己的手段。在这种价值定位下，人际关系不但得不到改善和强化，反而会变得更糟糕。成功的管理沟通者，会从对方的价值观出发，考虑对方的需要，分析自己能给对方怎样的帮助，同时明确对自己的益处。

在与他人沟通时，很多人往往从狭隘的自我价值观出发，尤其是大多数领导者有着极强的自我主导意识，期望能在沟通过程中占据支配地位，这就致使领导者对自身沟通技能的判断出现错位。具体问题表现为：大部分人，其中也包括管理者，通常都认为自己是非常有效的沟通者。他们觉得产生沟通问题的原因在于他人，而非自己。如此一来，尽管多数人认可人际沟通的有效性是管理成功的关键所在，却从不觉得自己需要提升沟通技巧。

认知风格的确立

从沟通者自身角度而言，领导者在处理人际关系时，常常缺乏必要的技能，使得沟通难以深入推进。他们过于执着于强调并"推销"自身观点，却忽略了对方的心理诉求，最终使得领导沟通沦为无效沟通。这种无效沟通会引发一系列负面后果，像是双方互相厌恶、彼此冒犯、逐渐失去信任，甚至到了拒绝再听对方讲话、无法达成共识的地步，还会滋生出其他各类人际关系问题。而这些问题反过来又进一步削弱了领导者的影响力，在后续沟通过程中，双方带着不信任与猜疑彼此打量，致使沟通信息出现偏差、不准确，引发对含义的误解。

如今，人们已然意识到建设性沟通对于提升组织绩效、助力个体成长意义非凡。然而在实际工作场景里，实现有效沟通却依旧是摆在大多数领导者面前的一道难题。尽管领导者们嘴上常说要关注他人的每一个观点，可实际上却往往"只听自己想听的"，将那些与自己想法相悖的内容统统忽略。不仅如此，他们还借助制度以及评价手段（比如打分），诱导他人说出自己想听的话语。

这种局面的形成,一方面源于外部客观存在的环境因素,以及组织内部沟通管理与策略方面的漏洞;另一方面,也与领导者个体自身的素质、心理状况息息相关。每一位领导者若想达成有效沟通,就必须冲破这些来自内外部的重重阻碍。而确立正确的认知风格,对化解上述问题大有裨益。

转换视角

在具体探讨这个问题前,先来看看下面一段源于苏格拉底反诘法的对话。苏格拉底与学生探讨对"杀人"问题的看法时,如此问道:"杀人好不好?"学生回答:"杀人不好。"苏格拉底紧接着追问:"那么,杀敌人好不好?"还没等学生回应,又继续发问:"你为何要杀敌人?"学生答道:"因为敌人是坏的,不杀敌人,敌人就要杀我。"苏格拉底再问:"那么,敌人又为何要杀你呢?"

转换视角、开放心灵,意味着要学会从他人的角度思考问题,挣脱封闭的自我束缚,转变思维方式,突破习惯思维的禁锢,以一种豁达开阔的视角剖析问题。要有向每个人学习的胸怀,抱着这样的勇气去与他人沟通,尊重他人的不同见解。正如"三人行,则必有我师""海纳百川,有容乃大"所表达的,当我们敞开心扉,沟通就会变得自在无拘,沟通双方处于平等地位,新的知识与思想便能随之涌入。

转换视角、开放心灵,还要求我们解放自我、打破心智模式,主动觉察自身的成见。具体来讲:其一,要明白与自己的信念、态度、想法和价值观相悖的信息,并非全都意味着威胁、侮辱或是抵触;其二,尽量别把注意力放在讲话者的外表与举止上,不能因为不喜欢对方的外表,就否定其想法,倘若意识到自身存在成见,就要留意并加以控制;其三,不要过早对讲话者的人格、主要观点以及自身的反应妄下论断,要是仓促做决定,就可能错失聆听真理的每一次契机。

11.2.2 自我确认

若要确定自己的信念,就必须先明确自己的价值所在,并且寻找到一种独特的方式来表达自己的观点。

找到自己的声音,是成为一名可靠、令人信服的领导者需要迈出的第一步。要时常问自己,能够给追随者带来怎样的理念?唯有如此,才能担当起领导的角色。下面我们罗列出了几个步骤,遵循这些步骤,便能找到自己的声音,并将其很好地表达出来。

从众人反馈中了解自己

明确个人价值首先要有强烈的自我意识。了解自己可以通过内心的反思,但他人的意见和看法可以更实际地帮助你认识自己,它们就如同镜子一般,映照出真实的你。如今,360度反馈措施的应用愈发普遍,你可以向同事、经理、顶头上司、配偶、朋友、顾客以及下属征求反馈意见,也可以向人力资源经理寻求一些建议。要充分利用这些机会,而且最好在职业生涯的早期就着手去做。

应当把别人的反馈视作一份礼物,并为此向大家表示感谢。表达感谢的一种方式是邀请他们一同分享反馈内容。领导者需要通过各种各样的机会去获取人们的反馈意见,这些意见既能反映领导者的行为表现，也能体现领导者行为对他人产生的影响。总而言之，群众的眼睛是雪亮的，倘若我们知晓别人对自己的看法，便能在相应方面有所提升。值得注意的是，了解自己需要秉持坦诚的态度，我们必须诚实地面对反馈，否则就无法客观地衡量自己。

静下心来思考自我

无论有多忙碌，我们都要抽出充足的时间进行自省与沉思。要是连静下心来思考自己的时间都不花，又怎么可能真正了解自己呢？自省的方式要契合自己的生活方式。对有些人而言，他们会选择跑 10 公里来进行思考；而对另一些人来说，只需在树林中静静地散会儿步就行。关键是要选择适合自己的方式，找到某种能让自己静下心来的途径，如此才能聆听内心的声音，清楚自己真正在乎的是什么。

给自己写一些赞扬的话

明确自身理念还有另外一种方法，那就是设想一下理想中的自己是什么模样，希望别人如何看待自己，最想听到别人称赞自己什么，又对什么感到最为自豪。如果这些赞扬的话由自己来构思，你希望它们是什么内容。自己写下的这些话语或许会显得崇高且理想化，但自省的道理恰恰在此，所明确、所信奉的个人标准越高，可能取得的成就也就越大。

要是让你写下对自己的称赞之词有些难度，也可以先回答以下这些问题：
- 你支持什么？为什么？
- 你相信什么？为什么？
- 你对什么感到不满？为什么？
- 你对什么感到痛苦？为什么？
- 什么让你感到悲伤？为什么？
- 什么让你快乐？为什么？
- 什么让你生气？为什么？
- 什么让你晚上醒来？为什么？
- 你抓住不放的是什么？不在意失去的又是什么？为什么？
- 你一生想要的是什么？为什么？
- 你真正关心的是什么？为什么？

要写出赞扬自己的话，要实现对他人的有效领导，我们首先得回答自己这些问题。

关注崇拜者的吸引力

回顾我们的生活，把那些曾被自己模仿过的人罗列出来。人会不自觉地模仿自己敬重的对象，这是大家都知道的道理。若想找到自己独特的表达和行事风格，其中一个办法就是认真倾听导师以及自己模仿对象的想法与理念。至少列出 6 位历史上的知名领导者，或者是你平日里模仿的人物，针对每一位，深入思考这些问题：当初为什么会选中他们？他们的言行具备哪些值得关注的价值？我们能从他们身上收获哪些启发？又该如何在自己的日常行为里,将这些所学价值展现出来? 在思考梳理的过程中,你不仅能更透彻地理解自己坚守的信念,还能领悟到许多有意义的思想。

写下你自己的信条

假设你所在的组织给你提供长达 6 个月的带薪假期。在这期间,唯一的要求是你不能工作,并且禁止与办公室或工厂的任何人联系,写信、打电话、发微信、发电子邮件等任何通信方式都不被允许。陪伴你的只有几本好书、音乐,以及你的家人或一位朋友。

在你离开之前,你需要让同事们清楚你所信奉的原则,因为这些原则将在你离开公司期间,为他们的工作提供行动指引。同事们必须了解你的理念和信念,这样他们才能以此为依据进行决策和开展工作。总之,你肯定希望休假回来时,公司一切运转良好。不过,留给你的留言篇幅有限,你只能用一页纸写下内容。

撰写这样一条包含个人信条的留言,通常需要 5～10 分钟。虽然我们不能说这就能完全替代你内心的自我探索,但这确实是一个很好的开端。通过撰写留言,你可以梳理总结自己的指导原则。为了让内容更清晰,你需要明确留言中每条信条所蕴含的价值,并按重要程度排出先后顺序,最后将这些信条融入你的留言当中。下面是联合利华一位部门经理写的留言条,可供参考。

> 接收人:销售团队
> 主题:我们迈向胜利的路程
> 　　在我离开的这段时间,请大家朝着我们共同的目标坚持到底。工作中要积极分享想法、创意与信念,优先处理必须完成的任务。请记住,我们是一个整体,休戚与共,无论输赢,都在一起。当同事取得成功,要真诚地祝贺他;遭遇失败,也别忘了给予鼓励。对待他人和自己,都要秉持诚实的态度,全身心投入工作,坚定信念。此外,始终保持向前看的姿态,我坚信,我们必将踏上一段辉煌的征程。

人们不仅可以通过内心的对话来反映自己的理念,还需要与他人展开对话,探讨基本的理念问题。所以,完成信条留言后,要将其大声朗读给你信任的同事听。让他们假设并不了解你的理念,单纯专注于你所说的内容。请他们认真聆听,随后请他们回答以下问题:

- 你听清楚了吗?
- 你是否理解我作为领导者的理念?
- 如果这是唯一能指导你们决策和行动的依据,你会怎么做?
- 倘若不询问我希望你怎么做,你能自行处理工作吗?
- 我还有哪些内容需要进一步明确?

领导者每年至少要进行一次信条留言,以确保这些信条能够切实代表自己的指导原则。虽然理念是一种不变的信念,但我们对自身的了解却在持续更新。一旦明确了哪些事物对自己更为重要,不要迟疑,要及时与他人分享。

收集能说明理念的故事

不妨问问自己这些问题：哪些书籍或故事在你的童年时期留下了极为深刻的印象？这些书传达了怎样的理念？目前你正在阅读哪些书籍或故事？它们又讲述了什么样的理念？有些领导者习惯收集与组织重要问题相关的剪报，在阐述某个观点时，会将这些文章分享给同事。这是一种值得学习的方法。除此之外，你还可以收集一些故事来阐释自己的理念，以此指导自己和他人的行动。把收集到的故事整理到文件夹里，贴上标签，定期更新内容。你自己要时常拿出来读一读，并且与同事分享，这样他们就能更深入地理解你的想法。

审视自己的能力

作为领导者，个人影响力的发挥，不仅取决于自身的指导思想，更取决于将这一思想转化为实际行动的能力。你是否能切实践行自己所倡导的原则？实际行动与理念之间是否存在差距？在当前环境下，若想取得成功，需要具备哪些知识与技能？你的期望是什么？需要积累怎样的经验，才能拥有这样的能力？在这个领域中，谁堪称世界顶尖？与他相比，你又处于何种水平？若要成为最优秀的自己，还需做出哪些努力？诸如此类问题，你必须持续对自身现有能力进行评估，并不断学习新技能，唯有如此，才能提升自己的声誉。这一过程必然需要投入大量的时间与精力。然而，能力并非影响领导行为的唯一决定性因素。你还必须坚信自己能够在领导岗位上充分施展才能，依照自己的信念行事。此外，他人对领导行为的批评，也是帮助你了解自身的重要途径。要始终相信，自己有能力应对组织所面临的各种挑战。

11.2.3 自我超越

人与人之间的信息传递和情感交流，是通过形形色色的沟通行为达成的，涵盖谈话、写信、动作以及身体语言等各类形式。由于每个人的气质和风格千差万别，个人的沟通行为也会大相径庭。一个人的气质与风格，不仅会左右他表达的内容、表达方式，以及对自己所说内容的看法，同时也会影响他人对其行为和观点的评价。同样一句话，由不同的人说出，给人的感觉会截然不同，进而致使听者产生不一样的反应。这种差异背后的影响力源于"原我"（即原来的目标和愿景）的构成要素。不同的"原我"状态与经历，塑造出各异的信息交流和影响能力，这对领导者的领导能力有着深远的影响。

自我状态

著名的社会学家埃里克·伯恩（Eric Berne）首创并发展了交互分析理论，这是关于在沟通行为中把握交互作用与自我状态的经典理论。伯恩在他的交互分析理论中指出，每个人在沟通行为中都具有三种不同的自我状态，并且在不同的情景下会自觉或不自觉地运用不同的自我状态来进行沟通。这些自我状态并非行为角色或主观思维的产物，而是由行为反应方式所展现出来的思想和感觉的连贯系统。从某种程度上说，这些自我状态是由过去有关真实的人、真实的时间、真实的决定和感觉的记录事件重现的产物。这意味着自我状态并非一般的状态,而是每个人所特有的、反映个人记忆或对过往事件的记录。人在沟通中的这三种自我状态分别是父母自我状态、成人自我状态和儿童自我状态。

父母自我状态

这一自我状态源于个人在四五岁时,对其父母或长辈行为方式的记忆。正是这部分性格特质,关联并影响着个人在沟通中展现出的关心、控制或领导他人的风格,以及确定规则和程序等沟通模式。在实施这些行为时,个人会从记忆里调取规则、劝告,或是"该怎么办"的相关参照资料。而所有这些内容,都是个人在早期受父母影响而获得的。并且,这种类型的自我状态,会对个人的管理行为产生强有力的直接影响,使其行为呈现出类似父母的直接风格。

例如,今天财会部的小王感到十分气愤。由于他人的失误,报表数字出现了偏差,导致公司肖总在集团会议上丢了面子。肖总回来后对小王一顿训斥,摆出教训和命令的姿态,根本不听小王解释。肖总的这种行为,就处于一种典型的父母自我状态。实际上,处于这种人际状态的上级并不少见。一般而言,父母自我状态是在儿童时期无意识形成和养成的。不过,在特定条件下,这种状态是能够被培养、控制和改变的。

儿童自我状态

父母自我状态关乎的是对外部事件的记忆,而儿童自我状态涉及的则是情感、感觉以及反应等个人心理内部事件的记忆。处于儿童自我状态时,人们的表现就如同一个容易冲动的孩子,有时会呈现出服从、毕恭毕敬的模样,有时却又表现为不服从、情绪化,情绪起伏不定,喜怒无常。儿童自我状态的显著特点就是行为极为不成熟。它具有两种表现形式,一种是可适应性的,也就是会跟随着类似父母给予的"指示"去行动;另一种则是自然的,即展现出独立、自主的状态。随着年龄的不断增长,每个人童年时代的自我状态特征会逐渐淡化,尽管这些特征可能依旧留存于记忆之中。实际上,儿童自我状态并非随着成长就彻底丧失了,而是在生活经验的累积过程中,慢慢地被改变了模样。

成人自我状态

当个人在沟通中处于成人自我状态时,往往具有主动性,目标清晰明确,还会运用以往的经验和知识,去预判即将实施行为的可行性。成人自我状态的作用在于,对问题的解决进行评估并制定策略,同时充分考虑自身行为可能引发的外界反应。在发挥这些功能的过程中,成人自我状态兼具有意识和无意识的状态特征,既可能凭借感性和直觉行事,也可能展现出理性、逻辑严密的一面。并且,在整个过程中,会不断地进行检验、证实以及再次证实。

个人在沟通中若处于成人自我状态,则往往具有主动性,目标明确,而且会运用过去的经验和知识来预测要实施的行为的可能性。成人自我状态的功能在于对问题解决进行估计并制定策略,而且充分考虑自身行为所引起的外界反应。它在实施这些功能时是一个有意识与无意识并存的状态,既可能是感性的、直觉的,也可以是理性和逻辑严密的,并且在整个过程中不断地检验、证实、再证实。

每个人都具有这三种自我状态,但对每个人来说,这些自我状态又各具独特的个性。

首先,这三种自我状态都是个人经历的一种反映,对于每个人而言,每种自我状态所对应的经历是不同的。其次,我们每个人都具有不同的父母、成人和儿童状态对应的工作表现和相互关系。而正是我们每个人与自身自我状态之间的这种关系和性质,影响着我们的沟通行为和社会交互作用方式。

当两个人进行沟通时,所发生的交互作用便可能涉及这两个人具有和可以应用的六种自我状态(每个人都有父母、成人和儿童三种可能的状态)。两人之间可能产生九种处理状态,如表11-1所示。三种自我状态,在与他人的沟通中会产生多种不同的沟通方式。人的三种自我状态与人的年龄和成长阶段并没有必然的联系,因此人们可以有效地利用这三种状态,在认清自己的角色定位后,使沟通过程尽量处在成人型或互补型的状态下,展现良好的领导形象和理智的处世作风。

表 11-1 两人交谈的处理状态

个体 A		个体 B
P	⇌	C
P	⇌	A
P	⇌	P
A	⇌	C
A	⇌	P
A	⇌	A
C	⇌	C
C	⇌	A
C	⇌	P

注:P 代表父母自我状态;
　　A 代表成人自我状态;
　　C 代表儿童自我状态。

不同自我状态存在相互变换的情况。我们仍然用上面提到的案例来解释,小王在不满之后会采取怎样的做法? 如果处于父母自我状态,可能会和老总针锋相对地争执起来;如果处于儿童自我状态,或许不敢出声,但是表情把她的气愤表露无遗,或许大声理辩后未果,哭着冲出房门;如果处于成人自我状态,会把不平压在心里,等老总把在集团受的气发泄完后,再调动老总的成人自我状态,就事论事地解决问题。很明显,处于不同的人际状态,决定了事情发展的不同结果。通过分析客体状态,调节自己的心理和行为,采用适宜的人际状态与客体沟通,才能产生我们想要达到的目的。不妨更进一步设想,如果小王在受到训斥时,还能很认真地拿出纸、笔,带着很认真的表情记录老总的训斥(可能并不一定真的在记),结果又会怎样? 或许老总只能一笑了之,气氛再度融洽,小王也免受批驳之苦。

自我披露

自我披露是指人在沟通过程中将自己的情况、思想乃至个性特征,有意无意地告知别人的过程,也称为自我暴露或自我展示。自我披露不仅会给对方提供一些有用的信息,而且可以从对方的评判与反馈中获得有利于促进沟通的信息,从而增进双方的了解,便于有效地沟通。许多人在与陌生人初次见面前或谈判之前,总会通过各种途径了解对方的兴趣爱好,从而为有效沟通做好铺垫。由此可见,自我披露程度的高低直接影响沟通的行为。披露程度可以用一个二维坐标表示,即风险维和表露维(如图 11 - 6 所示)。

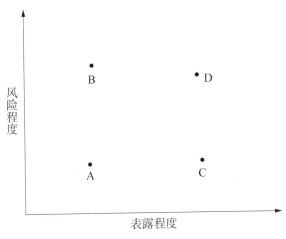

图 11 - 6 披露程度

风险维是指一个沟通者限制他人对自己所披露信息做出反应的程度。低度风险披露者总是在提问时,已限定了对方的答案,比如:"这朵花很漂亮,是不是?"而高度风险披露者则正好相反,他允许被提问者天马行空般地回答问题,比如:"你对这件事有什么看法?"被提问者由于没有被指定给出一个提问者预设的回答,因此,可以充分发表自己的见解,从而大大增加了披露者的个人风险。

表露维指的是一个人在披露过程中所包含信息的内容和暴露的程度。低度表露是一个沟通者将有关自己独特的自我信息控制在最低限度上透露出去。低度表露的陈述有这样的例子:"我是一个大学生。"尽管这句话传达了有关沟通者的一个自我状态信息,但其他信息却一点也没有透露。高度表露陈述出现的时候,是一个人向另外一个人传递透露自身情况的信息之际,因为这种私密信息其他人一般不能获知。高度表露维可以用这句话来说明:"我一直痛恨对部下粗暴的家伙。"这种信息反映出一个人独特且深刻的思想和观念。

在自我披露过程中,受众对所接收信息的反映、评价过程就是他人对自我的评判。这种评判可以用语言来沟通,也可以借助动作、表情、目光等非言语方式来评判。一个倾听者用各种言语或非言语信号向自我披露者暗示传递得越频繁,沟通者就越会感知被对方了解,在推测倾听者反应时所收悉的暗示越多,沟通者就越会认为自己发出的信息已被对方了解。一个人进行沟通不单单是为了被他人了解,还期望被了解的内容得到他人的积极评判并最终得到实现。

在沟通过程中,自我披露具有三个基本作用,即深入了解自己;进一步了解别人;促进沟通效果的增强和人际关系的发展。自我披露所产生的正负两方面的反馈,对自身的提高是十分有益的，而且由此产生的沟通对象间的相互了解，对沟通效果的提高有重大意义。另外在披露过程中，还可以使自己的某种想法逐步清晰、完善或趋于合理。很多人都有这种体会：一种模模糊糊的想法，在别人的激发下讲出来，往往比自己想象的要好得多。其原因便在于自我披露过程中的精力更集中，大脑在短时间内高速运转，会勾勒出更明晰的思想轮廓。在沟通过程中，需要将复杂的思想变成简明语言，这又会促使人们更清楚地考虑自己的论点、论据和推导过程，而且在沟通过程中，别人对你的思想加以补充，常因立场、观点、方法、角度不同，容易看到其中新的东西。

心理学家研究发现，积极地评判会激发沟通者的潜能，会诱导沟通者披露更多、更深层次的自我信息，从而使沟通得以持续。自我披露和他人评判提高了沟通的质量，也建立了良好的人际关系。在这一过程中，我们应适当地展示自己，让别人了解自己，进而理解他人，并且要注意对他人给予积极的评判。

自我超越

自我超越是个人成长中学习修炼的高级境界，也是提升领导力的重要基石。认识自我和修炼自我是自我超越的必要条件，它是对"原我"的突破。具有高度自我超越意识的人，能不断拓展他们创造生命真正价值的能力。自我超越的意义在于以创造而不是被动反应的视角来面对自己的生活与生命。"学习的意义并不在于获取更多的信息，而是为了培养如何实现生命中真正想要达成的结果的能力。"

自我超越的过程是一个自我修炼的过程，自我修炼的目标在于"人定"。作为一个优秀的领导者，修炼的结果，就是要超越自我对眼前诱惑的局限。正如我们饥肠辘辘地面对一片面包时，能够为满足他人而放弃自己眼前的一块面包。如果两人分食，虽然只吃到了一半，但也获得了维持生命的食物，同时还有朋友共享的欢乐；反过来，如果一个人独吞一整个面包，个人享用的面包数量增加了一倍，却会因为这种自私行为而心生不安。

超越自我目标和愿景

自我超越是指突破极限的自我实现，或是技巧的精湛娴熟。具有自我超越理念的人，无论是在处世还是在为人方面，总有一个追求的目标和目标引导下的愿景。在自我沟通过程中，所设定的目标是认识自我、反省自我和修炼自我的方向指引和精神支柱。为了达到这个目标，人们会乐于接受他人的建议和忠告；会敞开自己的心扉，接纳他人的思想，以修正自己的观念和行为；会不断审视自己的动机，调整内在动机以达到与外在动机的统一；会追求物质自我、社会自我和精神自我的和谐统一。

一个具有高度自我超越的人，在学习和发展技能的过程中，首先会确立追求的目标和愿景。目标的确定过程，是一个自我定位的过程。为达到这个目标，人们会设定具体的、阶段性的愿景。正如短跑运动员，在其追求"挑战极限"的过程中，其愿景可能是今年达到10秒，明年达到9.8秒，后年达到9.7秒，这就是他的愿景。所以，不断设定愿景的过程，是自我不断积累知识和能力的过程。在不同阶段，自我超越的人把愿景看作一种召唤及驱使人向前的使命，而不仅仅是一个美好的构想。在这样的使命引领下，人们会把目前的境遇，不管是多糟，都看作对自我意志和毅力的考验；学会如何认清以及运用那些影响变革的力量，而不是抗拒这些力量；拥有追根究底的精神，将事情的真相一层层地廓清;倾向于与他人,同时也与自我生命本身连成一体,却又不失自身的独特性。

　　一个具有高度自我超越意识的人,在学习和发展技能的过程中还具有不断否定"原我"的气魄和胆略。超越自我的过程,是不断超越原先设定的目标和愿景的过程。自我超越不是你所拥有的某些能力,它是一个过程,一种终身的修炼,因为自我超越没有终极境界。为了实现新的目标和愿景,具有自我超越意识的人会永不停止地学习,向他人学习,向生活和工作学习,向社会学习,向自然界学习。当他们在学习过程中不断"扬弃"自我,也就会发现自身人格的力量得到了不断升华,与他人的关系得到正向强化,人际团结合作更加成为可能。

如何完成自我超越

　　在设定目标和愿景的过程中,我们前面已经讲到,上层目标应是"超越极限",目标和愿景的设定是一个自我定位的过程。那么,这个目标应如何设定呢?在建设性的自我沟通中,应树立"以自我为目标"的理念,也就是要从纵向的、历史的角度去设定目标和愿景,去评判自我、超越自我,而不是一味地做横向比较。

　　强调以"原我"和"新我"的比较来确定目标,是因为若以超越他人为目标,在实现超越的过程中可能会产生副作用。首先,超越他人可能会形成人人争当第一的局面,结果造成关系的紧张;第二,超越他人可能会由于他人在某些客观方面有特长,很难实现真正的超越,从而使自己丧失信心;第三,以超越他人为目标,一旦目标实现,就会迷失进一步努力的方向。《孙子兵法》写道:"不可胜在己,可胜在敌。故善战者,能为不可胜,不能使敌之必可胜。"老子曰:"胜人者有力,自胜者强。"与超越他人不同,超越自我可以通过不断的自我激励来实现。一方面,由于自我在不断发展,超越自我的目标也会随之动态变化;另一方面,由于目标是与自己的过去比,不太会引起他人的不满,从而避免与人产生矛盾。

　　"以自我为目标"强调的是自我精神追求的不断提高,是一种不断设定内心目标、持续自我激励的过程,而超越他人,由于过分关心外在目标,有可能产生副作用,特别是在外界目标消失,如自己就是最成功者时,或者外界目标似乎是可望而不可即时,可能会使超越他人失去现实激励意义。比如,长跑运动员在比赛时,若不是以自我的极限为目标,而是以其他运动员为目标,那么,当这位运动员遥遥领先时,他就会失去目标,心想"反正第一是我的,歇口气也不要紧",于是,这位运动员可能就会削弱自己的斗志,放弃更高的追求目标。如果这样的状态不加以改变,在平时的训练中,就会丧失动力,到下一次比赛时,就可能被他人超越。从这个意义上讲,"以自我为目标"更多地要求自律,这也是自我超越的内在要求。

11.3 ▶ 情感领导力

　　人们愿意相信领导者真正关心他们。从追随者的角度来看,恐惧和爱这两种激励方式是不同的。

　　以恐惧为基础的激励:我需要一份工作来满足我的基本生存需要。你给我一份工作,我就会付出对得起这份工作的努力。这是一种物质层面较低层次需要的满足。

以爱为基础的激励:如果这份工作和领导者能够让我感受到个人的价值,感到自己的工作有意义,感到自己对公司做出了很大的贡献,我就会付出我的全部力量。这是一种精神层面较高层次需要的满足。

11.3.1 恐惧领导

在工作中存在着许多种恐惧,包括对失败的恐惧、对变革的恐惧、对个人损失的恐惧和对上司的恐惧。所有这些恐惧都会妨碍员工发挥最大潜力,使其不敢担当风险,也难以挑战和改变现状。恐惧阻碍人们对工作、自己和公司产生良好的感觉。它营造出一种让人们觉得无助的氛围,从而削弱人们的自信心、责任心、热情、想象力和动力。

恐惧的几个方面

在公司里,恐惧的一个特殊弊端是减少信任和沟通。员工们即便想要大胆地说一些与工作有关的事情,也会因为害怕产生不良影响而踌躇不前。一项对 22 家公司员工的调查发现,他们中的 70% 在工作中因为害怕不良影响而"三缄其口"。27% 的人担心因为直言不讳而失去信誉和名声。调查结果中的其他恐惧包括害怕失去事业上的晋升机会、害怕破坏与上司的关系,害怕被贬职或解雇,害怕在别人面前感到尴尬和羞愧。当人们不敢大胆说话的时候,那些重要的事或者有问题的事就会被掩盖起来。有很多事情是员工们不敢讨论的。这些"不可讨论的事"包括从一个合作者的糟糕表现到对利益的忧虑,再到一些关于公司发展的建议。然而,不可讨论的事所涵盖的最大范畴是管理者的行为,尤其是他们在私人之间和人际关系方面的技巧。当恐惧上升到某个高度时,管理者就毁掉了反馈的机会,这使他们无法看到事实的真相,失去了改正一些具有破坏性的决定和行为的时机。

恐惧程度与领导者的关系

当领导者基于自身恐惧行事时,他们带给别人的同样是恐惧。公司一般都有奖励员工优秀品质的传统,如对理智思考、雄心壮志和恪尽职守的员工进行表彰。这些品质的确很重要,但是对它们的过分强调使得许多公司的领导者失去了柔和、关心和创造力,无法与别人在情感层面展开沟通交流,害怕表现出任何"软弱"的迹象。领导者的恐惧明显地反映在他们的傲慢、自私、欺诈、不公和不尊重他人的表现中。

领导者在公司中控制着恐惧程度。从个人经验可知,向某些人汇报坏消息总是比向别人汇报容易些。一个善解人意、关怀备至的老板或教师总是比那些常常发火和冲着我们大吼的人更容易接近。员工和上司之间的关系是决定工作中恐惧程度的基本因素。在传统的特权制度下,老板下达命令,员工立即服从;作为它的后遗症,恐惧和不信任仍旧深深影响着公司。领导者有责任创建一个崭新的环境,使人们在说出自己想法的时候有安全感。领导者应该从爱而不是恐惧的角度出发进行管理,这样才能把员工和公司从恐惧的枷锁中解放出来。

缺乏活力的领导往往建立在恐惧的基础上

在许多高层领导者中,存在着一个不言自明的观念,那就是对于公司来说,恐惧是件好事,可以给公司带来收益。恐惧的确能够给人以激励。当公司中的大多数成员不加思索地执行命令的时候,依靠恐惧来进行领导是能够满足公司需要的。然而,特别是在今天,一个公司的成功靠的是所有成员的知识、智慧、责任心和热情。在一个劳动力缺乏的市场,以恐惧为基调的公司会失去最好的员工,以及他们所拥有的知识。另外,即使员工留在公司,他们通常也不会尽全力去工作。

恐惧的弊端在于它往往会带来逃避性的行为,因为没有人敢出一丝一毫的差错,这便阻碍了发展与革新。领导者可以学会借助一些比较积极的力量、用一个共同的目标把人们紧密地团结在一起,如关心、同情、倾听和以个人身份与他人进行交流。那种吸引人们去冒险、去学习、去发展,推动公司前进的情感来源于爱,而不是恐惧。表现出尊重和信任,不仅能让人们干得更好,还能够让人们在感情上与工作密切相连,从而丰富和平衡他们的生活。管理者自然可以利用恐惧之类的负面情感来刺激人们工作,但这样做将会渐渐地磨灭人们的热情和勇气,最终必然损害员工和公司的利益。

11.3.2　仁爱领导

任爱

爱分为不同的种类,包括母亲对孩子的爱、罗曼蒂克的爱、兄弟手足的爱,以及对国家的爱等等。在日常生活中,大多数人至少感受过其中一种爱,因此深知它的巨大力量。虽然拥有这样的力量,这个以"L"为首字母的词在商界中还是遭受质疑。不论从何种角度审视,爱的许多方面直接关系到工作中的人际关系和公司的行为。

作为激励的爱是一种内在的力量,它使得人们在工作和生活中朝气蓬勃、紧密团结、精力充沛,仿佛"活在爱里"。西方文化往往把重点放在头脑和理智的方法上,然而,心灵往往比头脑更能够鞭策人们前进。回想一下,当愿意全身心地去做某件事的时候,洋溢着怎样的激情和活力。再回想一下,当头脑告诉你要去做某件事,但你却心不在焉的时候,激情就会大大减少,往往会导致拖沓延迟。不仅如此,情感的纽带还能将人们紧紧联系在一起,共同追逐一个充满热情和创意的目标。当领导者能够与自身的情感联结起来的时候,他们就能够建立与他人的联系,并通过创建人际关系网来释放情感的能量。

作为感觉的爱包括吸引力、亲和力以及对他人、工作或其他事情的关心。这是人们提到爱的时候通常的想法,尤其是指两个人之间罗曼蒂克的爱情。然而,作为感觉的爱在工作中也是很重要的。同情和关心别人的感觉是爱的一种表示,类似的还有宽恕、诚恳、尊重和忠实,所有这些对于健康的工作关系都非常重要。找到极大的幸福意味着去做那些使你内心燃起热情的事,那些能让你从中得到纯粹的快乐而不仅仅是物质酬劳的事。我们许多人在专心致志地从事喜爱的工作时,常常感觉不到时光的飞逝,此时此刻,我们体会到的就是这种极大的幸福。这样一种对工作的感受和关切是魅力的最主要来源。在从事一项自己真正热爱的工作时,每个人都会在别人的眼里显得更有魅力。

作为行动的爱意味着比感觉更进一步的东西，它被转化成了行动。爱是付诸实践的事，是甘愿做出的某种牺牲，是愿意为他人付出一切。例如，同情、尊敬和忠实的感觉可以转化为团结友爱、协同合作、互惠互利、热心倾听和服务他人的行为。在公司里，领导者和员工感觉到的团结一致和协同合作将会转化为互助、协作、分享和理解等行为。这就是感情向行动的转化。

领导者如何表达爱

汤姆是北美器材模具公司的首席卫生员，实际上他是这家公司的老板。他经常开展被他自己称为"深入基层表达关爱"的活动。在日常的会议上，他总会颁发"本月最佳个人表现奖"。该奖项授予能够模范践行公司理念的人士。汤姆并不仅仅是发出奖项、说声谢谢，他总是将发奖仪式搞得引人注目并充满乐趣，有时还特意增添一些休闲的道具，而且由于他掌握了第一手材料，所以能够讲出获奖者值得此奖的行为背后所隐含的故事。

托马斯懂得深入基层表达关爱的真正含义所在。当他领导一家欧洲电子商务的元件制造集团时，他曾感慨："人与人之间的会面十分重要，即使是在电子通信的时代，也不能用打个电话或者发封电子邮件来代替它。"人们通常认为，进行全球性的公务旅行，花上一两天在一个工厂检查视察，其代价将相当昂贵。

强化人际互动行为，能够增强人们的乐观情绪和彼此之间的信任感。你不妨从与同事闲聊几句开启自己一天的工作。在同伴的办公室或工作间停顿一下，问一下他们正在干些什么。询问一下他们昨天晚上都去干什么了，了解他们有没有什么好消息能与你分享，确定一下他们面临什么问题而你又能否帮他们一把。通过与每个人打交道，让自己了解以前所不知道的事情。通过敞开心扉，让其他人了解是什么令你的生活充满欢乐。

假定每周需要会见50位同事，一个工作日需要与其中的10位见面。如果每见一位需要5分钟，一天内需要的时间则不超过一个小时。同样是花费一个小时，再没有比"一对一"面谈更为有效的方式了。运用深入基层表达关爱的模式来约束你的日常行动，走出去，不管是步行、挤公共汽车、乘飞机还是坐火车，要走出去并向所有同你有联系的人发出问候。这对于更好地洞察、理解那些办公室或办公楼高墙之外的世界所发生的事情和提升你的影响力大有裨益。

为什么员工会响应爱

用爱进行领导的领导者具有超凡的影响力，因为他们满足了员工五种难以言传的需要。大多数人之所以工作，都不仅仅是为了那一份薪水，他们渴望更多的东西。这五种难以言传的需要是：

- 倾听并理解我。
- 即便你不同意我的意见，请不要断定我是错的。
- 承认我身上的卓越之处。
- 记得激发我更多的热情。

－仁慈地告诉我真相。

当领导者直截了当地满足这些微妙的需要时,人们的反应往往是热爱他们的工作、充满热情地致力于解决问题和服务顾客,对工作和公司的感情也不断增加。

领导者能够提升他们在热爱和关心等正面情感上的能力。美国前总统罗纳德·里根就是一位用爱来领导的专家,而整个国家对他的行为也有所回应。他坦率地表现出他对妻子的深深爱恋,在为"挑战者"号宇宙飞船的遇难者举行的葬礼上公开地展示自己脆弱的情感。某位管理顾问给领导者提出建议,即寻找到有创意的爱的表达途径,能够解决所有想象得到的领导问题。理智的思考是非常重要的,但用爱来进行领导能够在公司中建立信任感、激发创造力和责任心,以及创造无穷的力量。

拓展游戏：情绪感染

★ 形式：集体参与。
★ 时间：每轮 3 分钟。
★ 材料：无。
★ 场地：室内。

程序

第一轮

（1）游戏开始前，所有人围成一圈闭上眼睛，老师在由学员组成的圈外走几圈，然后拍一下某个学员的后背，确定"情绪源"，注意尽量不要让第三者知道这个"情绪源"是谁。

（2）让学员们睁开眼睛，散开，并告诉他们现在是在茶话会上，可以任意交谈。

（3）"情绪源"的任务就是通过眨眼睛的动作，将不安的情绪传给屋内的其他三个人，而任何一个获得眨眼睛信息的人都要将自己当作已经收到不安情绪的"感染人"，一旦被感染，他的任务就是向另外三个不同的人眨眼睛，将不安的情绪再次传染给他们。

（4）3 分钟以后，让学员们都坐下来，让"情绪源"站起来，接着是那三个被他传染的，再然后是被那三个人传染的，直到所有被传染的人都站了起来，所有的人会惊奇于情绪传染的可怕性。

第二轮

（1）告诉学员们，你已经找到了治理不安情绪传染的有效措施，那就是制造"快乐源"，即用真挚柔和的微笑来冲淡大家因为不安而带来的阴影。

（2）让大家重新围成一圈闭上眼睛，告诉大家你将会从他们当中选择一个同学作为"快乐源"，并通过微笑将快乐传递给大家，任何一个得到微笑的人也要将微笑传递给其他三个人。

（3）在学员的身后转圈，假装指定了"快乐源"，实际上你没有指任何人的后背，然后让他们松开眼睛，并称游戏开始。

（4）让学员们自由活动 3 分钟，3 分钟以后让收到"快乐"的同学举起手来，然后让大家指出他们认为的"快乐源"，你会发现大家的手指会指向很多不同的人。

（5）老师告诉大家实际上根本就没有指定的"快乐源"，是他们的快乐感染了自己。

组织讨论

- 不安和快乐哪一个更容易被传染？在第一轮中，当你被传染了不安的情绪，你是否会真的感觉到不安，你的举止动作会不会反映出这一点？第二轮中呢？

- 在日常工作中，怎样才能在组织中创造快乐？为了防止被别人的负面情绪影响，你需要做什么？

12 信念沟通

沟通之道,成功之道

场景一:

慈禧太后修颐和园掏空了清朝的国库,无力给李鸿章的北洋水师支付军费,而中日战争迫在眉睫。为了解决北洋水师的军费问题,李鸿章准备和美国人办银行。办合资银行,对顽固守旧的官僚们来说,等于卖国。李鸿章要想成功地办银行,必须取得最高当权者——慈禧太后的支持。可以想象,让一个守旧的老太太支持他做这种"出格"的事并不容易。朝中的大臣们已经知道了李鸿章的计划,正准备大举弹劾李鸿章,认为他这是卖国。这些事情,慈禧太后都知道,但是她还没有表态。那么,李鸿章如何与慈禧太后沟通以取得支持呢?

李鸿章进宫向慈禧请安,他向慈禧行了跪拜礼之后,慈禧让他坐下了。李鸿章并不跟慈禧说正事,而是和慈禧拉家常,问候慈禧的饮食起居。他们的对话,就像寻常百姓家的聊天,根本不涉及国家大事。

聊着聊着,李鸿章说:中国人喝茶,洋人喝咖啡。我最近尝了尝洋人的咖啡,发现里面也是大有讲究啊。慈禧来了兴趣:有什么讲究? 李鸿章说:空口讲,讲不清楚,我今天就请老佛爷尝尝这洋人的咖啡。

于是,李鸿章把带来放在殿外的煮咖啡的用具拿进屋中,亲自给慈禧煮咖啡。一边操作,一边给慈禧讲解。慈禧显然被各种各样煮咖啡的器具吸引了。

一会儿,李鸿章就煮好了一杯法兰西的咖啡。慈禧接过咖啡,尝了尝,皱皱眉头说:有点苦,像中药。李鸿章听了,没说什么。

李鸿章继续煮。一会儿,又煮好一杯俄罗斯的咖啡。慈禧尝过后,李鸿章问:有没有什么不同? 慈禧说:和刚才的是有点不一样。

李鸿章又煮了几种咖啡,给慈禧品尝。

李鸿章说:这洋人的东西,初看都不怎么样,可用着用着,才知道它的好处。像这个咖啡,入口时苦,过一会就觉得香、觉得甜。再如这个合资银行,乍一看,好像我们吃了亏,其实只要我们稍加经营,就可以赚大钱,而且赚洋人的钱。这可比向洋人借债强多了。

慈禧听了,沉默了一会,说:那好吧,你就先办个银行试试。

场景二:

康有为的强学会在北京的名气越来越大,终于惊动了光绪皇帝。光绪下诏召见康有为。

紫禁城乾清宫，皇族亲王、军机大臣、各部尚书等高级官员分列两旁。康有为进入大殿，向光绪皇帝磕头。光绪皇帝说："今天朝会，就是讨论变法，请大家畅所欲言。康有为先给大家讲讲变法吧。"

康有为在讲了一番新政的必要性、紧迫性之后，说："变法要从变革服饰、变革礼节开始。"康有为的讲话立即招来了权贵们的反对。军机大臣徐桐言辞激烈地指责康有为变革服饰的做法，礼部尚书强烈反对变革礼节。康有为当庭与他们激辩，丝毫不给权贵们留面子。光绪皇帝很欣赏康有为，但他表扬康有为的话，满朝文武没有人附和。反对康有为的人越来越多，渐渐地，康有为有些招架不住了。

这时康有为突然向光绪皇帝跪下，大声说："各国变法莫不以流血开始。请皇上杀一两个一品大员推行变法。"

一时间，大殿里死一般沉寂，光绪皇帝也愣住了。过了一会，一直沉默的军机大臣荣禄说："这大殿之内的都是一、二品大员，请问康大人，杀谁好呢？你杀人的刀在哪里呢？"

康有为答："凡是坚决反对变法的领头人物，都该杀。凡是赞成变法的，都可做杀人的刀。"

就这样，朝会不欢而散。当天晚上，荣禄面见慈禧，请求慈禧将自己从军机大臣降职为直隶总督、北洋大臣，理由是要为朝廷看管好军队。当时，袁世凯已经在天津小站练兵，并且公开表示支持康有为的变法。

12.1 ▶ 氛围沟通

12.1.1 激发性沟通

如何让领导沟通变得更有效和更有说服力？前文所提及的一些创造有影响力沟通的建议都有助于建立有效的领导力。正式和非正式领导者都必须是有说服力和精力充沛的沟通者。有效沟通经常帮助非正式领导者晋升为正式领导者。下文中的语言和非语言沟通建议将有助于理解如何成为具备鼓舞性和能激发情绪的领导沟通者。

激发性的语言沟通

通过沟通技能的学习我们都应该很熟悉口头和书面沟通要素了，但是这些要素，比如清晰地书写和讲话，保持目光接触，以及避免含糊不清等技巧只是一些起点。大多数具备高影响力的领导者，其沟通风格中都会包含一些额外的技巧。比如，精力充沛和刺激性也都反映在口头和书面上。在传达组织愿景（领导者最重要的职能之一）时，语言丰富生动的重要性有如下两点：一方面，在表达组织的愿景时，语言是最有力的工具之一，成功的领导者会运用比喻和形象的语言，他们列举事例、讲故事，还会引用趣闻轶事，他们用语言描绘蓝图,他们会引用名言并且背诵出有吸引力的口号。另一方面,群体成员和其他员工接触更多的是领导者说的话。随着电子邮件、备忘录以及各种录音转文字等技术的广泛应用,书面文字也发挥出了不可忽视的作用。因此,要培养更具影响力的口头和书面沟通能力,还应尽量从以下几个方面努力。

激发性语言基础

值得信赖 说服的尝试,无论是鼓舞人心的讲话还是书写,都始于信息发送者的可信度。很久以前,人们就认识到信息发送者的可信度在说服过程中是一个极为关键的因素。如果讲话者被认为高度可信,那么说服性沟通就更有可能成功。对可信度的感知受到诸多因素的影响,而一个人能否做到值得信赖,在很大程度上取决于他是否被视为可信之人。例如,当领导者提出缩减组织规模这一新举措时,若他被认为是说谎者,就很难说服别人相信这一举措的优点。被视为聪明且有学识,也是影响可信度的主要因素。

受众动机 说服性沟通的规则之一,是发言者必须根据受众的兴趣和动机来调整自己的信息。比如,正在参观制造工厂的公司董事长表示工作岗位不会外包到其他国家,同时强调成本削减将如何提高每股收入并扩大红利,那么他就会受到特别关注,也会得到股东们的支持。通过对这些情况的回顾,我们可以得出结论:群体的平均智力水平是设计说服性信息时需要考虑的关键因素。高智商的人往往更容易被逻辑性较强的论据所影响,同时也更倾向于拒绝那些逻辑错误的信息。

策略组合 说服策略组合(persuade package)是一种通过指导信息编码、储存和提取来影响他人的思维框架。美国学者赫尔曼·阿吉斯(Herman Aguinis)开展了一项研究,要求学生评定在三种情境下,沟通发起者使用四种说服策略的程度。这三种情境分别是一家景观美化公司、一个公共关系部门和一家制造工厂,公司中上司试图说服下属完成一项任务。可供选择的四种策略分别是讨好(感激与赞扬)、交换(利益或机会)、坚决(重视+重要)、理性(数据+证据)。数据分析结果显示,在这三种情境下,综合使用说服策略的偏好顺序完全相同:讨好→理性→坚决→交换。换句话说,就是先奉承,再给出富有逻辑的内容,接着适度强制,最后达成彼此承诺的协议。运用多种策略组合,能够帮助领导者更有效地实现沟通影响力。

激发性语言内容

利益推销 领导者在实施建议和举措时,往往会受到群体成员观念的限制。为了打破这种限制,领导者必须向群体成员阐释他们能从所提建议中获得哪些益处。从期望激励理论的角度来看,此时领导者是在尝试为信息接收者优化信息接收方式。例如,某公司董事长想说服首席执行官同意将公司重组为三个部门,便承诺重组将带来利润提升,以及潜在的高工资和奖金。这些好处对下级部门主管极具吸引力,而且在新的组织结构下,部门主管还将拥有更多自主权。当然,如果领导者平时注重建立良好关系,那么在向群体成员以利益诱导并推销建议时,就更容易成功。不过,领导者赢得众人响应并非一蹴而就,而是一个长期积累的过程。在紧急情况或无法建立关系的条件下,利益激励仍是最便捷且最具吸引力的方式。

数据支持 在口头和书面报告中使用实实在在的数据作为支撑,会使内容更具说服力。获取数据的途径之一是自行收集,比如针对客户或团队成员开展网上调查。已发表的研究论文或报告也能为论证提供令人信服的数据。在各类纸质或线上的商业报告、杂志、新闻报道、期刊年鉴以及互联网上，都能找到大量支持性数据。然而，过度依赖数据可能表明对自己的直觉缺乏信心。例如，当被问及意见时，若回答"在收集到确切数据之前我无法回答这个问题"，就会传递出一种落伍且缺乏自信的形象，因为人们通常认为领导者应具备果断决策的能力。所以，在运用数据支持激发性沟通时，领导者需要在依赖数据和凭借直觉之间找到恰当的平衡。

趣闻轶事　趣闻轶事是领导者说服和影响策略中的有力手段。精心挑选的趣闻，在向群体成员强调组织价值观的重要性时非常有效。只要不过于频繁提及，就能传达重要信息。例如，一位儿科诊所所长为了树立诊所的工作价值观，从员工那里收集了80多个故事，并印制成小册子发给员工。她最喜欢的一个故事是，一名儿科医生用少量蛋糕糖霜引诱爬进儿童耳朵里的蚂蚁，蚂蚁爬出来后，医生温柔地将其带到门外放生。这个故事精准地体现了诊所细心、专业护理小生命的理念。

激发性语言风格

具有影响力的关键一点，是选择合适的语言风格，即形成自己独特的讲话模式。语言风格涵盖直接程度、语速和停顿、词语选择等语言策略的运用。鉴于语言风格的复杂性，我们难以精确阐述如何运用激发性的语言风格。但在很多场合，以下几个语言风格要点能为领导者带来积极影响。

高冲击力的词语　在合适的情境下，运用某些词语能增强语言的力量，大声说出这些词语，能展现出一个自信且具有领导力的形象。例如，一位银行职员在工作进展报告中说道："银行的战略计划要进军新生代的金融市场，并且初见成效。我深度参与了战略计划中的客户关系建设项目，已与一些潜在大客户建立了长期伙伴关系。目前，我取得的短期成果一般，但长期结果肯定会令人十分满意。我们很快就会成为商业地产领域关键投资者中，最具优势的金融业务服务商。"这位职员用能引起高层领导兴趣的词语，概括了自己的成绩和工作进展。像"支持公司战略""长期客户关系""出色的长期结果"以及"公司将成为优势供应商"等富有力量且积极乐观的表述，增强了她的影响力。同时，她的表达言简意赅，没有过多修饰，也没有言过其实。

与高冲击力语言紧密相关的，是运用能激发情绪的词语，其冲击力在于让字里行间充满鼓舞人心的力量。在上例中，"在竞争中高人一等""心系客户""超出以往的利润"等词语，明显激发了银行高层领导的关注。在评价工作问题时，直接给出负面反馈，如"短期成果一般"，而不是先褒后贬，也能产生冲击效果。如果高层领导能公开接受反对自己的观点或意见，并将其作为组织建言的典范，会让员工由衷钦佩。使用"我"和"我们"作为人称代词，强调自信和群体的团结一致，同样能增强语言的冲击力。类似这些语言方式，在日常交流中都能为领导者的发言增添力量。

避免软弱语气　使用生动有力的词语，会让人们更强烈地感受到你所具备的自信与领导特质。同时，要尽量避免使用那些会削弱语言影响力的词汇和短语，比如"你们知道我的意思""那不应该是问题""你说的IPO是什么意思""对不起""抱歉"，还有"啊……""嗯……"这类冗余词语和停顿。它们传递出的是不自信的信号，会损害领导者果断机敏的形象。想要减少使用这些软弱词汇，一个有效方法就是将自己线上会谈的过程录音录像并回放。很多人都是在听到自己的讲话录音后，才惊觉自己使用了那么多无关紧要或削弱表达效果的词语。优秀的领导者总是会确保自己在书面和口头表达中语法正确，如此一来，便能给人留下发音清晰、见多识广的印象，进而提升自己的领导威望。

积极明确的言辞　根据迈克尔·默瑟(Michael Mercer)的研究，在撰写报告以发挥影响力方面，高成就者比低成就者更为出色。高成就者的独特之处在于，他们会使用更多积极性词语，设置更多标题，并且将自然段划分得更短。在谈话、撰写邮件构思段落时，他们会在开头就清晰明确地提出主题。这样一来，无论是书写还是讲话，都更具说服力。例如，"成本削减必须成为我们紧迫的首要任务"这一表述，既点明主题又富有力量，它清晰地强调了成本削减的重要性，相较于"我们所有人必须立刻削减成本"这样的表达，要深刻得多。

尽管这些建议有助于培养权力取向的语言风格，但沟通并没有哪一种风格是最好的。传达力量和权威往往有赖于参与者、组织文化、讲话者的相对层次，以及其他环境因素。激励性取向的语言风格应当被看作是一种一般性的指导，在适当时候用于提高自己的沟通影响力。

激发性的非语言沟通

高效领导者既是优秀的语言沟通者，也是专业的非语言沟通者。非语言沟通之所以重要是因为领导力包含情绪，这是无法完全通过语言来精确表达的。情绪的一个主要成分就是非语言沟通，比例可能达到90%。因此，领导者施加情感领导时，借助丰富的非语言表达是必然选择。

肢体语言

自信的领导者不仅会有把握地进行口头和书面沟通，同样也会通过身体语言、手势和讲话方式来表现出信心。并非所有的人都会以相同的方式来解释同一种身体语言和其他非语言符号，但是非语言行为的某些方面会在很多情况下反映出自信和领导形象。

- 行走、站立或就座时保持笔直的姿势。懒散和瘫软一般被认为是低自信的反映。
- 在面对别人时保持身形稳重，晃动被解释为低自信和缺乏领导力的标志。
- 站立时脚尖向外。脚尖向外通常被视为自信的象征，脚尖向内被视为自卑的象征。
- 用中等速率讲话，大声而且自信。缺乏自信的人往往说话过快或很慢。
- 经常以放松、自然流露的方式微笑。
- 与周围的人保持目光接触。
- 手势放松、不僵硬，以欢迎而不是指责的方式使用手势。

外部形象

使用非语言行为来表现自信的一般方法就是以表现出自信和力量为目标。这种自我暗示让很多行为看起来像是自发的。例如，如果你对自己说，"我将在这次会议上展现出领导气质"，你就已经朝着自信的表现迈出了重要一步。外部形象在向他人传达信息时同样扮演着重要角色。人们对于那些衣着得体和整洁的人表现出更多尊重并赋予更多特权。即使在穿便装的日子，大多数高效领导者也会选择那些令他们有别于其他人的服装。外表并不仅仅包括对衣着的选择，自信还需要通过下面这些细节来表达：

- 整洁、干净、有活力的服装。
- 刚刚擦亮的皮鞋。
- 完美清洁的指甲。
- 完好干净的珠宝。
- 保持良好的发型。
- 洁白整齐的牙齿。

当然，一个人展现出的强有力和自信的外部形象，通常会受到组织文化的影响。例如，在软件开发公司中，有权力的人可能比投资银行公司的人更为随意。前面讨论过，语言行为和非语言行为对于领导形象的影响要比得体服装更大。

时间的暗示

非语言沟通的一个细节就是时间的使用。将时间作为一项宝贵资源将有助于你建立自信和领导者的形象。一句"我能在这个周四下午 4 点抽出 15 分钟来讨论你的问题"，意味着自信和具有控制力。不过，这样的陈述过多会让一个人显得难以接近和不顾及他人感受。通过利用时间来表现力量的其他方法包括准时开会，以及按时开始和终止会议。为未来一年甚至更久制定一个目标也同样可以显示你的影响力，比如"到 2025 年我们应该占有 25% 的市场份额"。

12.1.2 鼓励性沟通

尽管管理者能够控制组织的正式信息沟通网络，但他们无法控制他人对这种网络运行的结果做出评价，更重要的是，管理者无法控制非正式的人际信息网络。然而，影响力却是可以的，管理者可以通过促进开放式沟通来推动有效沟通的产生，借此发挥其对组织的正式与非正式沟通的影响力。

营造鼓励性的沟通氛围，是实现有效沟通的最佳方式，这也是领导沟通应遵循的根本原则。开放式沟通属于鼓励式沟通，它能让员工切实感受到沟通是有意义、有成效的。如此一来，积极有效的沟通便能在组织的各个层面充分展开，从而营造出和谐的沟通环境，而非仅仅局限于少数人之间流于形式的交流。众多成功企业，无论规模大小，都采用了"不受任何限制"的沟通策略，鼓励全体员工开展非正式且开放的交流。这种模式明显提升了沟通的有效性，进而增强了管理效能。组织内部的氛围是一切沟通的基石，参与者会有意或无意地感知到组织内占主导地位的沟通氛围，并在沟通时顺应这一氛围。

组织沟通的氛围

组织内的氛围并非仅局限于鼓励性氛围和防御性氛围这两种差异显著的类型。实际上，它处于这两种极端氛围所构成的连续区间之中。组织氛围很大程度上取决于组织内部成员的主观意识，而这种意识涵盖了成员所认知的诸多事物，这就使得组织成员有时很难用言语清晰表达出自己对组织氛围的感受。杰克·吉布(Jack Gibb)对鼓励性与防御性氛围模式进行了深入研究，将其基本论述拓展为六组对立维度：鼓励性氛围体现为描述性、问题导向、理解性、自发性、平等性、临时性；与之相对，防御性氛围模式则表现为评价性、控制性、中立性、战略性、优越感、确定性。表12-1归纳了在这两种不同沟通氛围下的交流方式,这些不同的沟通方式会相应产生鼓励性沟通或防御性沟通。

表 12-1 鼓励性与防御性模式

防御性	鼓励性
评价性	**描述性**
"这项工程已经比计划时间延迟了,你准备什么时候赶上。"	"这项工程现在进行得怎么样了?"
"你把整个顺序都搞乱了,我不知道该怎样重新组合。"	"我们需要整理整个顺序,你认为有什么最快的方式从这里开始处理?"
控制性	**问题导向**
"按这种方式做!"	"我们的目的是什么?"
"我说的就是这样,我是这里的老板!"	"我们怎样可以做得最好?"
中立性	**理解性**
"如果你原来计划做得好点,你现在就已经准备好了。"	"我明白你的工作负担已经很重了,看我们怎样一起来解决这一问题。"
"快点,我得走了。"	
战略性	**自发性**
"我已经和你上司谈论过你的这个请求了,明天早上你就会知道答案。"	"你的上司正在考虑你的建议,看它是否有利于达到我们的目标。"
"你觉得明天早上9点开始是不是太晚了?"	"我希望每个人都能参加明天早上8点开始的关于具体的预算方案的会议,希望大家能尽量参加。"
优越感	**平等性**
"明天是交报告的最后期限,请保证不要拖延。"	"我们正在等那份报告,你有没有什么问题?"
"你还是没有发现问题。"	"看起来我们这里有问题,我们可以采取什么措施?"
确定性	**临时性**
"我经历过最难克服的障碍,我知道它会是什么情况。"	"我虽然经历过许多事,但我仍然不可能知道每件事。"
"这是我们一直采用的方法。"	"你也许有许多我从来没有想到过的方法,让我知道你是怎么想的。"

防御性氛围

防御性的弊端

在防御性氛围里,人们往往会变得小心翼翼、畏缩不前,这是因为发言者的言行让听者感受到了威胁。在这种环境下,受众会采取防御姿态,一门心思地想要证明自己是正确的。所以,处于防御状态的受众很少能准确理解信息,还常常曲解信息发送者的价值观和动机。当面临威胁时,个体为了保护自己,会选择退缩。防御性氛围会不断消耗人们的精力,因为他们时刻都在留意环境中可能存在的各种危险,包括那些不为人知的危机,比如语言、手势、声调、细微差别、不经意的评论,甚至是物理距离。由于长期处于这样的环境，人们觉得自己无法避开已经察觉到的危险。在防御性氛围中，威胁被视为无处不在且不可避免，哪怕是从最意想不到的方面，也可能突然冒出来。

防御性的源头

在组织内部，官僚主义作风有可能催生防御性的沟通模式，进而阻碍员工倾听顾客、委托人或合作伙伴的声音。具有官僚主义思想倾向的组织管理者，通常会表现出"不倾听"的态度。和这类组织打交道的人往往会抱怨："他们根本不会听""他们对谁都漠不关心""不管我怎么解释，他们都听不进去。"营造出防御性氛围的管理者，或许能够听到真实的需求或解释，但官僚主义的束缚，却让他们无法对真实信息，以及信息背后隐藏的问题做出有效回应。

防御性的范式

在防御性氛围中，假如一位员工前往订购部门，提出订购新设备的需求，订购部门的办事员可能会做出如下反应（见表 12-2）。这些例子虽然较为夸张地展现了防御性态度，但确实反映了实际中可能出现的情况。这种态度是任何谈话者在与他人交谈时可能表现出来的，而当它体现的是管理者真实的工作原则时，其影响力就更为显著。因为这样的态度会在整个组织中蔓延开来，无论是办公室、工作区域、部门，甚至是整个公司，都会充斥着防御性氛围。这种态度在沟通时会营造出一种组织对人漠不关心、不愿倾听的不良印象。

表 12-2　防御性沟通的态度范式

防御性模式	态度反应
评价性	显然你不知道你想要的是什么，你并没有提出合适的意向，还把表格填错了。
控制性	如果你对我客气一点，我就决定帮你。我可以给你合适的表格，我还可以花点时间告诉你怎样快速地填好表格。
中立性	我只是按照规定办事，这就是我所能做的，除非我得到批准，可以例外一次。
战略性	这是要用到的表格，请仔细看一遍。
优越感	你好像什么都不会做，要不是我指导，你永远都做不好。
确定性	当然我们的记录是正确的，你不会认为我们会犯什么错误吧？任何错误肯定都出在你的记录里

鼓励性氛围

鼓励性的益处

鼓励性氛围为人们提供了广阔的沟通空间。在这种氛围里，人们在表达自己观点时，会感到十分安全，同时还会受到激励，坚信自己是有价值的，并且会被视为重要的信息来源。身处鼓励性氛围中，人们敢于尝试新事物，勇于提出问题，也乐于讨论一些不确定的事情。即便犯了错误，他们也会将其视为学习和提升的机会。鼓励性氛围有助于在组织内部激发活力。因为与防御性氛围不同，人们无需耗费大量精力去防范来自内部的威胁，可以全身心地投入到工作和交流之中。

鼓励性的来源

首先，鼓励性氛围的营造并非仅靠某一人，任何一位参与者都能为之贡献力量，尽管有些人的影响力相对更大。在工作场所,鼓励性氛围很大程度上取决于为工作氛围奠定基调的管理者,具体内容如表 12-3 所示。其次,鼓励性氛围的形成,还依赖于小组成员对自身语言模式会给他人造成何种影响的清晰认知。最后,高层管理者对整个组织氛围的塑造具有重要影响力。

表 12-3　鼓励性沟通的倾听方式

鼓励性模式	倾听方式
描述性	减少直接记录的冲动,这样你就能倾听其他人讲话。
问题导向	就你倾听到的事情做一些事:记录下反应,发封邮件。
理解性	倾听时要说:你有重要的事要说,我花时间听你说是值得的,请直接说出你的好主意。
自发性	闲聊式、漫步式倾听,别做笔记。如果有人提出什么建议,再用笔记录下来。
平等性	给每个人平等的说话机会,别只听一部分人说话。
临时性	不要代入自己的思想,以学习者的角度去听。

鼓励性的范式

有效的沟通不仅在于发送信息,接收信息同样关键。领导者需学会运用鼓励性的说话方式与倾听技巧,确保在沟通的各个环节,无论是信息发送还是接收,都能向员工传递出欢迎与开放的氛围,这将极大提升管理沟通的效果,助力领导工作更加顺畅地开展。

建立鼓励性氛围

在工作中,领导者可从以下几个方面着手营造鼓励性氛围:

自主性任务　运用专业知识,进行宏观层面的工作规划。深入了解产品和服务,认真倾听那些在相关工作中提出想法、计划的人员的意见。

个性化激励　在充分了解员工的基础上实施激励措施。领导者要意识到自身个性对员工的影响,真诚地关心组织内的每一位成员。深入了解员工的工作经验、能力水平、所接受的培训情况,知悉他们的个人目标与需求。

参与式协调　以参与式、灵活的方式进行组织协调。清晰阐明不同职位的具体要求,依据员工的技能与兴趣进行优化组合。同时,要秉持这样的理念:管理者并非全知全能,应给予员工一定的自主权,让他们能够自主把控自己的工作。

队友式合作　以同事的身份自然地给予指导。在团队中发挥引领作用,提前做好清晰的议程安排,时刻牢记"大家在同一条船上",尊重员工的观点,避免急于做出决策。

开放性交流　保持沟通渠道的畅通无阻。确保自己的行动能被员工知晓,可以通过发送记录或电子邮件的方式,让员工了解行动的进展。在倾听方面,要为员工提供平等的表达机会,不要只是机械地记录,也不要随意打断。

集约型发言　借鉴印第安人部落委员会的沟通模式。做到坦诚表达,讲话简洁明了,同时用心倾听他人的发言。

12.1.3 支持性沟通

强有力且鼓舞人心的沟通，能够增强对他人的影响力与激励效果。然而，在领导者的角色中，除了人本取向的沟通方式，还需要一种更为成熟的沟通类型作为补充。运用支持性沟通的领导者，会致力于培养群体成员，助力他们发挥出最佳水平。这类领导者不会通过展示权力来震慑他人，而是选择低调行事，对他人的计划展现出浓厚兴趣。支持性沟通是一种旨在准确传递信息，同时支持或巩固双方关系的沟通风格。大量研究结果表明，在实施支持性沟通的过程中，可以遵循七条原则。

问题取向，而非个人取向

有效的领导者和管理者在与群体成员沟通时，更侧重于关注问题本身，而非针对个人。多数人更愿意参与关于如何改进工作方法的讨论，而不太乐意进行关于自身改造的探讨。很多人会欣然认同某个问题需要更多的备选解决方案，但极少有人愿意接受像"你需要更富有创造力"这类直指自身的建议。

在进行问题取向的沟通时，有一个实用的小技巧，即领导者或管理者鼓励其他人参与到问题的解决过程当中。比如，领导者可以说："也许你能找到一种想出更多解决方案的办法。"

基于一致性

沟通的高级形式之一是一致性，即语言沟通和非语言沟通都要与信息发送者的内心想法和感受相契合。当一位领导者的非语言信号与他的发言一致时，他会显得更加可信。例如，一位首席执行官对职员们说："我不再担心公司会宣布破产这件事了。销售情况已经有了显著改善，而且我们的成本也在下降。"然而，如果在说这番话的同时，这位CEO表现得烦躁不安，面色苍白且神情沮丧，那么他所传达的信息就很难让大家信服。在这个例子中，领导者传递的语言信息和非语言信息相互矛盾，缺乏一致性。但要是这位CEO在传达同样信息时，面带微笑，神态轻松，那么他的可信度就会大大提高。

关注价值的证实

证实性沟通意味着接纳他人的存在、独特之处及其重要性。无论是否完全认同他人的想法，都要承认其价值。在一次会议上，内部审计经理对一名新入职的审计员说道："你提出的给离家在外超过两周的审计员发放奖金的建议，有一定价值。虽然我们当下无法立即实施，但希望你能在后续会议中再次提出。"这位年轻的审计员因此备受鼓舞，决心在未来提出更多建议。

具体的，而非笼统的

大多数人能从具体的反馈中获益，而笼统或一般性的反馈往往作用不大。比如说，"我们的客户服务很糟糕"这样的表述就太过宽泛，没什么实际价值。相比之下，"我们的客户满意度分数相较于去年下降了25个百分点"这种陈述更为具体，不仅明确指出问题,还为改进工作提供了清晰的目标。

关联性的,而非离散性的

关联性沟通,是通过有逻辑地连接以往信息,以此强化沟通效果。与之相反,离散性沟通不与先前信息产生联系,往往会对沟通造成破坏。关联性沟通能够让群体成员及其他人更轻松地跟上领导者的思路。然而,许多领导者和群体成员都未能将自己的评论与他人提出的话题进行有效的关联。戴维·维滕(David Whetton)和基姆·卡梅隆(Kim Cameron)曾解释道,沟通可能以三种方式分离彼此:

- 由于打断和同时发言,人们发言的机会不均;
- 过长时间的停顿会使受众失去信息和思路的连贯性;
- 当一个人控制话题时,沟通会被视作离散性的。

自认性的,而非他认性的

有效的沟通者要对自己的言论负责,并且不会将其思想背后的权威性归结到另一个人身上。有效的领导者会说:"我希望在这段危机时期每个人一周都额外工作 8 个小时。"低效的领导者会说:"公司希望每个人都加班。"非自认性沟通的其他方式包括使用诸如"他们说",或者"每个人都认为"这类表述。使用"我"能表明你非常相信你所说的话。

一边发出信息,一边倾听

真正的支持性沟通要求主动倾听。只有相互倾听,沟通双方之间的关系才能得以加强。此外,领导者只有通过认真倾听群体成员的意见,才能找出问题所在。倾听是一项基本的管理和领导技能。它还提供了对话的机会,这样人们便可以通过反复领会对方的观点来更好地理解对方。

12.2 ▶ 愿景沟通

12.2.1　愿景传递

尽管领导沟通也包括发送、接收和反馈等部分,但它还是和一般的管理沟通有所不同。领导者经常沟通、传递组织总的规划和愿景,而不是事实和一些琐碎的信息。领导者的沟通活动还包括引导其他人将注意力集中到整个机构的愿景和价值标准上来。

管理者主要作为信息的处理者来尽可能正确地传递信息,而领导者则可以看作沟通的优胜者。沟通的优胜者表述了这样一种哲学概念:沟通对于组织愿景的实现是至关重要的。学习、解决问题、做出决定以及战略规划都围绕并从属于这一愿景。此外,沟通的优胜者主要从事的是基于沟通的活动。无论他们是在提出问题还是在回答问题,或是在认真地倾听追随者的问题,优胜者的活动都彰显出他们承担的一个义务,即沟通。

例如，在大型公司集团中，高层领导者通过参与每一期的团队培训而成为沟通的优胜者，这对于一家拥有8 000名雇员的机构来说，是一项非常重要的责任。在每一期培训即将结束的时候，首席执行官和其他一些高层领导以及培训协会的会长一起听取团队成员对于培训的反馈，对于管理和协会的看法以及他们关于如何改善整个公司状况的一些想法。高层领导者参与其中，不仅提供了一个很好的信息交流的机会，更传递了一个有力的信号，即非常重视团队合作。

实际上，沟通并非仅仅局限于偶尔的聚会、正式的演讲或展示活动。领导者需要在日常的言语和行动中，持续地沟通和传递愿景。频繁且有效的沟通，才是与追随者建立良好人际关系的基石。

12. 2. 2　信念传承

任何一群人在长时间的相互交往过程中，都会孕育出文化。当人们的事业取得成功后，那些促使成功的理念与价值观，就会作为公司文化的一部分被制度化。虽说融入公司文化的理念和价值观可能源自公司的各个角落，但公司的创始人或早期领导者，往往对公司早期文化有着至关重要的影响。创始人能够提出并推行某些理念和信仰，将其作为一种远见卓识、人生观或企业战略。一旦这些理念和信仰助力事业走向成功，一种能够体现创始人或早期领导者远见的公司文化，便开始逐步发展起来。

历史上那些备受尊敬的领导者，都具备哪些共同特质呢？他们坚守特定的信念，毫不动摇地献身于某种清晰明确的信念，并且对自己所从事的事业满怀热忱。我们所敬重的，是那些信念坚定、敢于挺身而出捍卫信念的人。一个人若想成为众人愿意追随的对象，其前提条件是必须成为一个有原则、有信念的人。

因此，要成为一名值得信赖的领导者，第一，要深刻领悟那些推动自己前行的价值、信念和设想。在传递信息之前，务必明确信息的核心理念。第二，必须真诚地表达自己的想法。仅仅说些话远远不够，还需用独特的方式，满怀热情地与他人沟通理念。要以自己的风格组织语言，让他人一听便能分辨出是你在发言。并且要做到言行一致，说的和做的保持一致，这将产生巨大的影响力。

信念是行动指南

信念影响着我们生活的方方面面，左右着我们的道德判断，决定我们对他人行为的反应，以及我们对个人目标和组织目标的投入程度等。它为我们日常所面临的各种决策提供了坐标指引。与信念相悖的意见，很少会被付诸实践，即便付诸实践，人们也不会全身心投入其中。

信念决定了我们该做什么、不该做什么，何时该拒绝，何时该应允，它反映出我们内心的真实意图。例如，若你坚信多样性是革新和服务创新的基础，一旦有持不同意见的人提出新思想，你便知道该如何应对。倘若你的信念是倡导团结，而你手下最优秀的销售员却不参加团队会议，还拒绝与同事分享信息，你也明白该采取什么措施。要是你的信念着重强调独立和主动精神，不看重一致性和服从，当你认为经理所言有误时，很可能会站出来反驳。

信念是授权

当我们对自身理念有清晰认知时,便能更好地掌控自己的生活。信念明晰,意味着我们无需依赖当权者来指明方向。一旦清楚哪些手段和目标最为关键,人们不仅能够独立行动,还能准确区分个人信念与组织和社会信念的差异,进而据此做出恰当决策。比如,思考自己需要采取哪些行动来提升领导能力,审视与追随者之间关系的稳固程度,以及判断当下自己是否是合适的领导人选等。在某些时候,信念就如同领导给予下级的指导与支持,让员工如同获得明确授权一般,能够有目标、有方向且满怀激情地投入工作。

信念是动力

信念能够阐释我们行动的缘由,激励我们持之以恒地做某些事,推动我们朝着特定目标不懈追求。当我们需要汲取力量时,信念便是我们的依靠。唯有信念能够解答这些问题:这样做是否值得?我是否真心认同这种愿景和理念?是什么赋予我勇气去直面不确定性与逆境?我该如何应对失望、失误和挫折?我的优势和劣势分别是什么?是什么激励我永不言弃?针对组织当前面临的复杂问题,我做了哪些准备?在未来十年,我打算把组织带向何方?对这类问题的思考,有助于我们认清自我,明确自身信念,从而提升领导工作的动力。

12.2.3 愿景渠道

领导者可以运用多种沟通方式来施展影响力,促使组织愿景深入人心,激发众人的智慧与力量。不过,要实现高效领导,仅依靠常规沟通路径是不够的,还需另辟蹊径,以获取更为显著的沟通效果。纵观历史与当下,诸多领导人都展现出卓越的沟通能力,能够将自己的想法清晰地传达给追随者及其他人。例如,政界的马丁·路德·金、拿破仑、邓小平,商界的比尔·盖茨、马云、董明珠、卡莉·费奥莉娜等。由于领导者沟通的特殊性,这就要求他们掌握更为高超的技巧。这些独特的沟通渠道包括讲故事、打比方、进行非正式会谈以及开诚布公地交流。

讲故事

在实际工作场景中,领导者可借助讲故事的方式来传达公司的愿景与目标。通过讲述一则与工作相关的故事,领导者能够传递团队的目标和价值观,引发员工的共鸣,增强他们的认同感。同时,以讲故事的形式,能将观点表达得更为生动、具体,使员工更易于理解和接受。比如,讲述公司曾经如何克服重重困难,最终取得成功的案例,以此来激励员工。

打比方

打比方是一种行之有效的沟通技巧,能助力领导者更精准地传达信息核心,巧妙表达那些难以直白表述的情感。比如,美国原总统里根谈及联邦政府预算时,曾形象地描述道,一万亿美元堆放起来的高度,相当于一座帝国大厦。这般表述,瞬间让原本抽象的一万亿美元变得鲜活、直观，让人真切地感受到这个数字的庞大体量。

非正式会谈

非正式会谈能够营造出轻松、开放的沟通氛围，这对增进领导与员工之间的关系极为有利。在这样的环境里，员工更乐于分享自己的想法，提供反馈意见，而领导也能借此更好地了解员工的真实需求与内心感受。在非正式会谈中，领导者可以询问员工的个人发展规划，了解他们的职业目标，以便更有针对性地支持其职业发展。这种非正式会谈可以是休息时间的轻松闲聊，也可以是非工作场合的聚会，关键在于营造出毫无压力的沟通环境。

开诚布公地谈话

开诚布公地谈话，意味着领导者需要坦诚地表达自己的想法与感受，同时积极鼓励员工也如实表达他们的意见。这种沟通方式能够有效消除误解与隔阂，增强团队成员之间的信任。其积极作用，在日常绩效反馈中尤为明显。领导者可以及时、具体地指出员工的优点与不足，并给出建设性的改进建议。领导者在表达意见时，应避免使用模糊不清或模棱两可的语言，传达信息务必做到具体、明确。

12.3 ▶ 文化沟通

12.3.1 文化奠基

核心文化构成

企业愿景由愿望与前景两部分构成。组织愿望即组织价值观，前景则是组织的宗旨。企业愿景是企业全体员工在较长时期内的共同追求，是凝聚全体员工的核心力量，是企业共同价值观的集中体现，也是企业考核员工、实施奖惩的主要依据。反映创新精神的企业愿景，应当围绕企业产品和服务的长远要求来构建，将更好地满足客户需求与期望作为企业未来的发展目标。

企业核心价值观，是企业全体员工共同尊崇的价值标准与基本信念，也被视作企业的基本信仰。它处于企业文化理念体系的核心位置，是企业文化中最为稳定的部分。即便企业内外部环境发生变化，企业的竞争策略、经营理念和管理模式能够进行调整，但其核心价值观却不会轻易改变，而是长期坚守。例如，IBM公司的核心价值观为："第一，尊重员工；第二，用户至上；第三，追求卓越。"麦当劳快餐公司的核心价值观是"QSCV，即质量、服务、清洁、实惠"。索尼公司的核心价值观是"做开拓者，不模仿他人，努力挑战看似不可能之事"。3M公司的核心价值观为："创新""不许扼杀任何新产品设想""尊重个人发展，允许员工犯错"。

企业宗旨是企业对自身存在价值的定位，以及作为经济实体向社会提供产品和服务的承诺。从企业内部来看,企业要确保自身的生存与发展,为员工提供基本生活保障,并持续改善他们的生活福利待遇,助力员工实现人生价值。从外部而言,企业要生产出合格产品,提供优质服务,以满足消费者的需求。比如,3M 公司的宗旨是"创造性地解决疑难问题",索尼公司的宗旨是"为公众利益而发展应用技术",惠普公司的宗旨是"为人类的幸福与进步提供技术"。

高层领导的价值观是建设核心文化的原动力

组织内占主导地位群体的价值观至关重要。若这些群体的价值观倾向于创新,那么组织发生创新的可能性就更大。美国商业信息和分析教授斯蒂芬·哈格(Stephen Haag)认为,组织内精英的价值观比组织的结构特点更为重要。比如,存在一个高度专业化的组织,若其内部占主导地位的群体赞成变革,那么它发生变革的可能性,会远远大于一个由价值观倾向于稳定的群体领导的非专业化组织。如果把变革和创新过程视为组织内部的一种政治过程,我们或许能更清晰地认识到精神领袖的价值观所起的作用。

精神领袖能够通过界定和运用符号、标志等,对公司文化的形成产生影响。与之相应,管理者可通过以下两种方式,对公司文化变革施加影响:

其一,向员工阐释具有激励性和可信度的组织文化。这就要求精神领袖必须界定并向员工传播公司的核心文化,使其获得员工的信任,并成为员工行动的准则。

其二,通过关注日常活动,逐步明确公司文化的远景。精神领袖必须留意,所选用的标记、仪式和口号应当与新的文化相匹配。更关键的是,行动胜于空谈,精神领袖的身教作用要远远大于言教。

精神领袖之所以能够发挥作用,是因为管理人员的行为往往处于员工的视野范围之内。员工通过观察管理人员重视什么、鼓励什么,在组织面临危机时他们如何应对,以及他们的行为与所宣扬的理念是否一致等一系列问题,就能够清楚地了解一个公司最看重的是什么,即明确公司的核心文化。

杰克·韦尔奇成功地对通用电气公司进行了改造,他所采用的方法并不复杂,就是重新界定高层经理的使命。他需要的是一种具有示范效应的高层管理人员,对此他描述道:"他们能够为下属描绘公司的远景和所要追求的事业;他们能够通过与下属讨论、倾听下属建议来达成这一目标;他们能够坚定不移地追求自己的使命,并最终将其变为现实。"

斯科特·科诺(Scott Kohno)是 Chaix & Johnson 公司的运营经理。有一次,他做出了一个惊人之举,把自己的办公桌从经理办公室拖到了作业现场。这一举动不仅震惊了他手下的 30 名员工,更激励了他们。科诺如此形容自己的这一举措:"这就像是走进棒球场,亲自上场参与战斗,而不是仅仅坐在观众席上旁观。"这一亲力亲为的行为,带来了员工士气的高涨,大家工作也更加努力。

在许多公司,都能听到类似的故事。这些故事都在表明,高层领导的价值观以及具体行为,对于塑造良好公司文化有着重要作用。总的来说,当外部环境发生变化,或者公司内部进行调整而需要变革企业文化时,精神领袖往往会运用上述策略来达成目标。在此过程中,公司高层领导绝对不能忽视自身示范作用在企业文化形成和变革过程中的重要意义。因为通过在语言、行为和准则等方面做出示范,组织成员能够清楚地认识到,公司里最珍贵、最重要的东西究竟是什么。

全员参与核心文化建设

领导力的有效施展,不仅在于为公司构思出恰当的愿景,激励员工去实现这一愿景同样至关重要。有时候,领导者会独自规划公司的愿景,但在明确和修正公司既定愿景方面,领导者实则扮演着更为关键的角色。他们还必须弄清楚,员工所期望的行为与公司组织架构所确立的奖励导向是否一致。

管理高层并非都具备独自开发重要愿景所需的相关知识。在很多情况下,愿景是由基层员工,甚至是组织外部人员(比如顾问)在实践中逐步形成的。规划愿景这一实践活动,通常源自多人的经验。基本上,公司在制定战略任务内容时,会尽可能让员工参与其中。而有效领导的一个重要关注点,就是构建组织架构,以此激励那些具备相关知识的员工,使其能够提出有价值的建议,并参与到愿景的设定中来。正是这种理念,催生了最新的流行文化,让经理人承担起授权员工"释放未被开发的创造力"的角色。

以全员沟通推动的文化变革,更能充分发挥领导力的作用。当企业处于文化变革阶段,沟通是最为关键的。新的文化内涵与形式必须通过沟通达成共识。惠普的一位高级经理曾表示:"我们确实不太清楚创新过程具体是怎样开展的,但有一点我们非常确定:员工之间的有效沟通必不可少。员工之间能够自由畅快地交流,这应当成为企业重点考量的问题。无论我们在做什么,无论采用何种组织形式,尝试何种制度,这都是企业生存和发展的根基。我们做任何事都不能损害这个根基。"

在文化建设进程中,促进企业员工之间沟通的方式具有五个显著特征。

沟通方式很随意

在3M公司,大大小小的会议接连不断,却很少是预先安排好的。多数时候,是几个来自不同部门的员工,偶然凑到一起,共同商讨问题。公司氛围宛如校园,员工们聚在一起讨论,气氛融洽平实,又不乏学术气息。再加上公司独特的结构特点,员工们相处一段时间后,彼此都很熟悉。那些志同道合、趣味相投的人,自然而然地经常聚在一起。

沟通频繁且深入

花旗银行以"无障碍沟通"在同行业中声名远扬。其高级经理人员的沟通交流方式,与竞争对手相比,差异大得令人震惊。一旦进入提案研讨环节,每个人说话的声音都会提高八度,紧接着便是激烈的争论,大家声嘶力竭地各抒己见。员工们能自由地提出问题、展开讨论,现场气氛融洽又轻松。只要有不同意见,任何人都可以随时打断董事长、总经理以及会上其他任何人的发言。

黑板文化

一家公司的首席执行官分享了他的一项创新举措:"我把公司餐厅里原本供四人使

用的小圆桌,全部换成了长方形的大长桌。这一改变意义重大。以前用小圆桌的时候,总是那四个彼此熟识的人坐在一起吃饭。换用大长桌就不一样了,其他陌生人有机会坐下来与他们聊天。如此一来,研究人员就有可能碰到其他部门的销售人员,或是从事产品制造的工程师。这就如同玩概率游戏,每增加一次接触机会,就能增加员工之间的意见交流。"

麻省理工学院教授托马斯·艾伦(Thomas Allen)针对这个问题,开展了多年的研究,其研究结果十分引人注目。他发现,如果人们之间的距离超过 10 米,那么他们至少每周交流一次的概率仅在 8%～9% 左右;而若相距只有 5 米,这个概率则提升至 25%。

设立推动机构

那些成功实现变革的公司,甚至会将创新活动纳入制度化轨道。IBM 的"革新人员计划"就是一个典型范例。在 IBM 公司,大约有 45 位这样的革新人员,他们被赋予了"梦想家""讨厌鬼""天才"等各种各样的称呼。一位革新人员表示:"在 IBM,我们备受重视。没有哪家企业能像 IBM 这样,为我们提供如此多企业副总的职位。"每位革新人员的任期为 5 年,在这期间,他们唯一的任务便是随心所欲地开展革新工作。

联合技术公司对在部门间技术交流方面表现出色的个人和小组给予丰厚奖励;英特尔公司强烈要求每一位项目经理,将 20% 的时间和精力投入到新技术的试验开发中;通用汽车设立"玩具店",以加快员工迈向"未来工厂"的步伐。出于同样的考量,通用数据公司建立了众多"技术中心",不同部门的员工汇聚于此,共同开展创新工作。这些都是推动企业创新活动的一些简单且行之有效的方法。

深入的、非正式的交流系统

这种交流系统能够激发创新活动,而非抑制创新。以 3M 公司为例,"当然,我们处于严格的管控之下。当每个小组投入数百万美元进行任何一项产品研究时,周围肯定会有一大群对研究感兴趣的人,密切关注着进展情况。不过,在我们公司,即便你花费 500 万美元却没有研制出任何成果,只要你及时、准确地填写好所需表格,也不会有人追究。在其他任何一家我们所了解的公司,只要你开展某项工作,身边同样会有许多人在密切关注。但不同之处在于,这些公司的控制机制极为严格且缺乏灵活性,在投入高额费用后却毫无成果,是绝对无法被容忍的"。

上述这些方法,能够在组织核心文化建设过程中,提升员工的参与度与热情。这既有助于领导者清晰地认识到现有文化与变革目标文化之间的差距,了解员工对新文化的期望和认知程度,同时也是长期有效推行并巩固新文化的重要途径。

12.3.2　风俗渲染

组织创新文化并非直观可见,那么经理们该如何学习、培育并强化组织创新文化,进而打造出高绩效的学习型组织呢? 要评估一个公司的文化,需依据所观察到的现象进行推断。其中,具有代表性且重要的现象包括仪式典礼、传说故事、象征物以及专门的语言。对这些方面展开研究,能够在一定程度上了解该公司的文化。实际上,这些现象是多种机制的体现,公司借助它们培育、强化创新文化价值观,并将其传递给新成员。尤为重要的是,经理们要通过自身日常行为来传播文化。

仪式典礼

仪式典礼是经过精心组织与策划的活动,构成一个特殊事件,且通常面向众多观众举行。经理们可以定期举办仪式典礼,以戏剧性的方式展示公司所推崇的理念与价值。这是一个特殊场合,既能对取得的成果予以表扬,又能通过大家齐聚一堂的方式赞扬公司中的杰出人物,从而增强员工之间的凝聚力。

以玫琳凯(Mary Kay)化妆品公司为例,其精心设计的发奖仪式堪称典范。在这个仪式上,公司会向销售业绩最为突出的员工颁发奖品,奖品包括黄金钻石胸针、皮草服装、紫色凯迪拉克轿车等。对于最为成功的员工,公司还会播放他们的个人视频短片进行介绍,就如同娱乐业介绍大奖提名者那样。这些仪式不仅是对绩效优异的员工给予认可和庆祝,还着重强调了对绩效的奖励。仪式的具体形式丰富多样。

周期性的庆祝活动 涵盖以时令性主题、关键重大事件为契机的活动,如公司周年庆典、个人生日、老友重逢以及其他近期发生的值得纪念的事情。

奖励性的仪式 在公开场合通过鼓掌喝彩等方式对员工予以认可的情况,主要包括员工出色地完成一项工作、取得卓越的工作成绩、达成特定目标、获得特别提名、获得职务升迁以及其他值得广泛关注的成就。

庆祝胜利与凯旋 这类活动强调集体贡献,如赢得冠军、取得超出预期的优异成绩、战胜竞争对手、成功开发新产品或新战略、新公司成立、新办公室落成、新生产线投产或新商场正式开业等特别事件。

安慰致哀性仪式 并非所有组织的工作领域都总是充满胜利的喜讯,有时也会遭遇灾难和损失,比如合同项目亏损、员工被解雇、同事离世、实验失败、营业网点关闭等。举办相关仪式或典礼来纪念这些事件,主要目的是帮助人们度过艰难时期,然后继续前行。

欢迎与欢送仪式 组织内员工有调入也有调出。此时就需要举办相应的庆祝活动来迎来送往,不管是因友情相聚,还是平静分手,抑或是其他与工作、生活相关的消息,都值得纪念一番。

重大事件 公司的周年庆典、开张日、节假日,以及所有与公司奋斗目标紧密相关的事情,都属于重大事件。

若要举办众多庆祝活动,首先可成立一个有关庆祝活动的非正式特别工作小组。这个小组的工作就是让大家活跃起来,借鉴他人的创新想法,在工作过程中寻找乐趣。这些活动重点关注的是如何增强激励效果和提升员工的认同感。

传说故事

故事是基于真实事件的叙述,在组织员工中长久流传。人们会向新员工讲述这些故事,以此传承组织的基本价值观。许多故事围绕公司的英雄人物展开,他们是体现公司准则和价值观的榜样。有些故事被视为传说,因为事件发生在过去,可能在细节上存在虚构。讲故事已成为公司传播价值观的重要方式之一。这是因为故事能够激发人们的视觉想象,引发情感共鸣,从而帮助员工记住其中传达的信息以及关键价值观。IBM、可口可乐等公司,都曾为经理们举办培训班,让他们了解讲故事在传播文化价值观、推动变革方面的优势。

美国联合包裹运送服务公司(UPS)常讲述这样一个故事:有一名雇员在没有权限的情况下,擅自预订了一架波音737飞机作为加班机,目的是及时运送一批在节假日业务繁忙时被遗漏的圣诞节邮件。后来,公司非但没有惩罚他,反而对他的行为予以奖励。UPS公司的员工通过讲述这个故事,传达出一个信息:公司坚守自身承诺,大力支持员工行使自主权,致力于做好客户服务。

象征物

解读和传播文化的另一重要工具是象征物。象征物是代表其他事物的东西,它可以是物体、行为或事件,能向其他人传达特殊意义。从某种程度上来说,仪式、典礼、故事也属于象征物,它们象征着组织更为深刻的价值观。除此之外,还有一些象征物是组织的具体物品。具体的象征物极具影响力,因为它能让人们关注到某一具体事物及其背后的意义。例如,某机械承包商公司的首席执行官,想要通过象征物来体现一个重要价值观:允许员工犯错和鼓励冒险。于是,他找来一个价值450美元、因遗忘车螺母而报废的机械加工零件,将其固定在牌子上,并命名为"元螺母"奖。该奖项每年颁发一次,象征着员工有犯错的自由,但不能重复犯同样的错误。

专用语言

专用语言同样能够用于塑造和影响组织的价值观与信念。组织常常会借助特别的口号或格言,来表达至关重要的价值观。在加拿大SM公司,其格言为"你在公司就是重要人物",这句话既适用于客户,也适用于公司员工。在TTP轮胎公司,员工使用的口号是"改变世界,唯我轮胎",以此强化公司的价值观。此外,还可以通过书面的公开声明、公司宗旨阐述及其他能够表达组织核心价值观的形式,来表达并巩固公司的文化价值观。

经理们可以运用象征性领导手段,对现有文化进行变革,使其符合高绩效或学习型组织所需的准则和价值观。他们可以利用象征物、故事、口号或仪式,来加强或改变组织文化。由于文化在面对变革时可能存在较强的惰性,所以经理们必须积极沟通,以便让员工理解新的文化价值观。最为关键的是,他们要通过自身的言行,为新价值观树立榜样。

采用象征手法的领导者(symbolic leader)能够确定并运用信号和象征物,来影响组织文化。这类领导者影响文化的方式,是为组织文化描绘出一幅激动人心且能赢得员工信任的远景。他们明确核心价值观,并加以传播,让员工围绕这些价值观紧密凝聚在一起。此外,他们关注那些能够强化文化远景的日常活动,确保仪式、象征物以及口号与新的价值观相符。更重要的是,行动胜于言辞,采用象征手法的领导者会"以身作则"。象征性领导之所以行之有效,是因为员工时刻关注着领导的言行。员工通过观察领导重视和奖励何种态度与行为、高层如何应对危机、经理的行为与所秉持的价值观是否一致,就能知晓公司最为推崇的是什么。即便那些历史悠久、拥有强大文化的组织,也可能需要借助象征性领导手段,来进行必要的变革。

12.3.3 变革激励

变革沟通策略

对变革实施过程进行管理,有一种方法是运用特定战术来克服员工的抵制。比如,可以通过对员工开展相关教育,或者邀请他们参与变革进程来实现。研究人员针对解决抵制变革的方法展开了研究。经实践证明,表 12 - 4 中总结的这五项战术行之有效。

表 12 - 4　克服变革阻力的战术

战术	应用时机
沟通和教育	变革是技术性的 使用者需要准确的信息和分析来理解变革
参与	使用者要主动参与 设计需要其他方面的信息 使用者要有抵制的权力
谈判	团队有实施的权力 团队可能在变革中受到损失
强迫	存在危机 提出者确实具有权力 其他实施技术都失败了
高层经理支持	变革涉及多个部门或者资源的再分配 使用者怀疑变革的合理性

沟通和教育

当参与变革的人员对变革相关信息掌握不足,或者预计会有人抵制变革时,可采用沟通与教育的方法来解决抵制问题。尤其是当变革涉及新技术知识,或者使用者对新想法不熟悉时,教育就显得格外关键。加拿大国际航空公司曾推出一项新的服务质量战略。在对作为该战略一部分的运营和财务系统进行全面改革前,他们花费了一年半的时间做准备工作,对员工展开训练,加强培训力度并注重沟通。正因如此,该战略才得以顺利实施。此次变革实施,涉及全球范围内的 5 万项任务、12 000 名员工,仅用于培训的教室就多达 26 间。

参与

让涉及变革的当事人和潜在抵制者参与进来。这一战术虽然耗时较长,但能从当事人对变革的理解和主动参与中获得回报。参与过程还有助于经理发现潜在问题,了解不同员工对变革的不同感受。比如,通用汽车曾试图在美国密歇根州阿德里安的工厂推行一项新的管理者评估系统,一开始由于缺乏合作,遭遇了强烈抵制。后来,高层经理放慢了变革实施的节奏,邀请工厂主管们参与新评估系统的设计。通过参与设计,主管们理解了新系统的意义,对变革的抵制情绪也随之减少。

谈判

谈判是一种更为正式的争取合作的战术。它通过签订正式协议,促使对方接受预期的变革。例如,若市场部担心新的管理结构实施后会削弱自身权力,高层经理就可以与市场部通过谈判找到解决办法。像通用汽车和通用电气这类工会势力强大的公司,经常需要就变革事宜与工会展开谈判。变革内容可能会成为工会合同中体现双方协定的一部分。

强迫

强迫指的是经理运用正式权力,强制员工接受变革。抵制者会被告知,要么接受变革,要么面临报酬损失甚至丢掉工作。多数情况下,不建议采用这一战术,因为员工会觉得自己成了受害者,进而迁怒于执行变革的经理,甚至可能蓄意破坏变革。不过,在需要快速做出反应的紧急时刻,强迫或许是必要之举。比如,当克利夫兰的TRW有限责任公司阀门事业部的中层经理拒绝执行新的员工参与计划时,高层经理重新任命了几名一线主管和经理,新工作不再涵盖原本主管的职责。公司还向其他经理通告,未来报酬的增长取决于他们对新流程的接受程度。强迫可谓是经理推动变革时的最后手段。

高层经理支持

高层经理给予明确支持,也有助于克服对变革的抵制。高层经理的支持向全体员工表明,变革对公司至关重要。当变革涉及多个部门,或者需要在部门间重新分配资源时,高层经理的支持尤为关键。倘若没有高层经理的支持,这些变革很可能因部门间的矛盾而无法推行。而且,高层经理若没有明确支持某个项目,还有可能无意间发布与变革相悖的指令,致使变革半途而废。飞虎速递公司(Flying Tiger Lines)被联邦快递兼并前,就发生过类似情况。当时,航空货物托运部门提出一项削减过多文书工作的计划,通过调整办公室布局,原本需要4个代理完成的工作,只需2个代理就能完成。但这项变革实施不久,高层经理又提出另一个计划,办公室布局不得不再次改变。新布局效果并不理想,却得到了高层经理的支持。要是中层经理能早点告知高层经理并获得其支持,那次变革就不至于被新计划取代。

变革提案设计的要素

弹性

如果新提案的风险降低,员工就更愿意支持。降低提案风险的一个方法是,在设计提案时,让提案在实施过程中能够方便地适时调整。经理人可以建议先进行小规模试行,只涉及一个区域或单一产品。如果试行计划成功,就可以扩大实施范围;若不成功,终止计划的成本也相对较低。小规模试行并非要求公司全面推行该计划,只是为公司提供一种选择。这种试验所需资源有限,却能准确评估提案实施的优缺点。这些信息既能为必须支持扩大计划的高级主管提供参考,也能让最终执行计划的其他公司员工有所了解。

承诺

倘若员工觉得管理高层对某个提案并未秉持坚定的承诺,那他们可能就不太愿意接受该提案。而且,那些反对变革的员工也更有可能说服管理高层,让其相信变革确实不是个好主意。所以,经理人需要通过多种方式来展现自己对提案的承诺,比如发表演说、召开会议，以及投入资源去支持这个新点子等。

在大多数变革提案实施过程中，往往会出现有人获益、有人受损的情况。例如，取消中级主管层级这一计划，会使部分中级主管的利益受损，却能让一些基层员工从中受益。经理人可以提前做好准备，尽力消除这类影响，以此提高重要决策人员对提案的支持度。举例来说，通过重新安排中级主管，让他们向其他重要经理人负责，就能提升这个提案获得支持的可能性。

推销提案

员工对于正在研究和讨论的变革持何种态度，取决于他们如何评估新提案之下预期能获得的报酬以及需承担的风险。提案的倡议者应当积极推销提案，进而影响员工的评估结果。由于人们通常都倾向于规避风险，当他们不确定一个提案会给现状带来何种后果时，很可能会反对这个新想法。因此，充分阐释提案背后的分析内容，说服重要员工认可这些分析是正确合理的，就成了极为重要的工作。高阶主管可以约见这些员工，与他们讨论提案并答疑解惑。主管们还可以围绕这个主题发表讲话，或者在公司内部刊物上发表文章等，通过这些审慎的沟通方式，阐明支持这项计划的理由，这将有助于降低不确定性，进而提高提案的支持度。除非已经奠定了稳固的基础，否则一个提案很可能会被搁置，等待进一步研究，甚至有可能被完全放弃。

诉诸信誉

如果一个人已经树立起良好的信誉，人们往往会更容易接受他所提出的建议。过往的成就能够作为分析组织能力的指标，据此也可以预测变革能否取得成功。决策者通常会依赖那些已经建立起信誉之人的建议。成功人士有着强烈的动机去进行审慎分析，毕竟只有这样才能避免毁掉自己已然建立起来的名声。倘若其他员工对经理人充满信心，相信其能够做出正确决策，那么他们就会认定这位经理人的提案不会存在太大风险，进而更愿意支持该提案。有信誉的经理人在争取提案获得支持时，只需强调这是一项值得采取的行动即可。而提案发起人也可以通过争取其他有信誉的经理人来为其背书，以此提高提案的支持度。要是在经过充分讨论后，经理人认可了他的分析内容，那么分析的合理性就能稳稳确立了。此外，背书还能提升全公司范围内对提案的支持力度，提前化解可能出现的反对阻力。

强调危机

一种克服员工安于现状心理的策略，就是营造出一种"现状比大家所了解的更为糟糕"的认知氛围。当企业面临危机时，员工往往更容易接受改变，因为若不做出改变，企业将会陷入危险境地。经理人可以设法说服员工相信公司的形势不容乐观，从而促使员工接受变革。有这样一个故事，它预示了不迅速变革可能产生的后果："把青蛙放进一桶开水里，它们会立刻跳出来以免被烫死；但要是把青蛙放进一桶凉水中，然后将水桶放在火炉上慢慢加热，过一段时间后，青蛙就会被烫死。"

不过，员工心里都清楚，提案人自然有宣称危机来临的动机，所以除非对方说得有理有据、令人信服，否则他们是不会接受的。以施乐公司为例，其市场占有率下滑就是明显可见的证据，这一情况让员工无法再对现状保持乐观，进而能够对变革持开放态度。但需要注意的是，这是一个必须谨慎运用的策略。如果每次推行变革都通过强调危机来获取合理性,经理人很可能会因此失去作为强有力领导者的威信。

构建信任,支持变革

坦诚

在人际交往与组织管理中,人们对未知的猜疑与基于了解所产生的信任,往往是等量存在的。唯有坦诚相待,才能催生信任与信心。所以,应当让人们清楚事件的来龙去脉,明确决策制定的标准,并合理地向他人展示,坦然面对各类问题,充分披露相关信息。

公平

在进行决策以及采取行动之前,要思考别人是否会认为这些决策和行动是客观且公正的。该秉持公正的地方,一定要做到公正,客观公正地评价他人的业绩,做到奖惩分明,不偏不倚。

感同身受

管理者若只是一味地传达严峻事实,会让人感觉冷漠且疏远。说出自己的感受,与他人分享情绪,才能让别人觉得你是真实可感的人,他们也才会更了解你、尊重你。若真诚是赢得信任的关键,那你就必须成为一个被别人认可的诚实之人。人们往往更能容忍并理解那些他们"不想听到的事情",却难以接受管理者的欺骗。

展示一致性

人们总是希望能够预测他人的行为。对未来的迷茫常常引发猜疑。花些时间思考自己的价值观和信仰,然后让这些理念引导你做出决策。只有明确自己的核心目标,并据此付诸行动,才能让自己的行为具有可信的连贯性。

履行诺言

信任意味着人们相信你是可靠的。因此,务必确保遵守自己所说的话和做出的承诺,做到言出必行。我们通常信任并依赖言行谨慎的人。当别人向你倾诉秘密时,他们就将自己置于可能受到伤害的境地。他们希望得到你的保证,即不会与他人谈论或泄露这些秘密。如果人们认为你会泄密或不可靠,那你就不会被看作是值得信赖的人。

展现能力

若想赢得他人的尊敬与钦佩,就要展示出自己的技能和专长。尤其要注重培养和展示沟通、谈判以及其他一些人际交往能力。

当彼此之间建立起信任的基础,人们就更愿意相信变革能带来美好的结果,从而努力追随变革的脚步,积极奉献自己的力量。

拓展游戏：移动地毯

★ 形式：集体参与，以 6 人一组的形式完成。
★ 时间：15 分钟。
★ 材料：每组 1 块小地毯。
★ 场地：有光泽地板的开放空间。

程序

（1）将学员分为 6 人一组，每个小组分配 1 块地毯。
（2）在地板上画好明显的起点与终点，学员们必须站在地毯上，并移动地毯以到达终点。
（3）他们可以采用任何方式前进，但他们身体的任何部位都不能离开地毯碰到地面。
（4）最先到达的小组获胜，给予适当的奖励。

目的

－让学员体会到团队协作的重要性。
－促进小组间的相互沟通。
－培养学员的创新精神。

规则

（1）前进过程中，学员身体的任何部位都不能触地面，否则必须回到起点重新开始游戏。
（2）学员在完成游戏的过程中不可以借助任何外力。

小提示

－可以改变地毯的大小以增加游戏的难度。
－学员们可能会想出各种各样的办法来移动地毯，可能会有队员摔倒，要注意安全。

组织讨论

（1）你们的团队成员之间关系如何？你认为这会影响你们之间的相互配合吗？
（2）在游戏前，你们是运用什么样的决策方法来确定如何移动地毯的？是不是每个人都各抒己见然后小组共同协商？是否有一些人只是倾听，没有意见呢？
（3）领导在游戏中是很关键的，你们的领导是否正确地指挥了这次游戏，会有什么阻碍因素吗？你们团队的执行力强吗？
（4）团队成员在游戏中有没有充分地沟通？是用什么样的方式进行的沟通？沟通是否有效？思考一下哪些因素阻碍了你们的有效沟通？

参考书目

［1］海因斯.管理沟通:策略与应用(第六版)［M］.北京:中国人民大学出版社,2020.

［2］奥罗克.管理沟通:以案例分析为视角［M］.康青,译.北京:中国人民大学出版社,2018.

［3］魏江.管理沟通:成功管理的基石［M］.北京:机械工业出版社,2019.

［4］魏江.管理沟通:理念与技能［M］.北京:科学出版社,2023.

［5］胡巍.管理沟通:理论与实践［M］.济南:山东人民出版社,2006.

［6］康青.管理沟通(第6版)［M］.北京:中国人民大学出版社,2022.

［7］陈春花.管理沟通［M］.广州:华南理工大学出版社,2020.

［8］赵洱崇.管理沟通:原理、策略及应用(第二版)［M］.北京:高等教育出版社,2021.

［9］谢玉华,李亚伯.管理沟通:理念·技能·案例(第四版)［M］.北京:高等教育出版社,2022.

［10］杨英.管理沟通［M］.北京:北京大学出版社,2020.

［11］杜慕群,朱仁宏.管理沟通(第4版)［M］.北京:清华大学出版社,2023.

［12］赵振宇.管理沟通:理论与实践［M］.杭州:浙江大学出版社,2020.

［13］苏勇,罗殿军.管理沟通［M］.上海:复旦大学出版社,2021.

［14］哈特斯利,麦克詹妮特.管理沟通原理与实践［M］.葛志宏,陆娇萍,刘彧彧,译.北京:机械工业出版社,2008.

［15］李映霞.管理沟通:理论、案例与实训［M］.北京:人民邮电出版社,2021.

［16］余玲艳.管理沟通艺术［M］.北京:清华大学出版社,2018.

［17］余世维.有效沟通［M］.北京:北京联合出版有限公司,2022.

［18］胡巍.管理沟通:案例101［M］.济南:山东人民出版社,2005.

［19］胡巍.管理沟通:游戏66［M］.济南:山东人民出版社,2005.

［20］王青,胡巍.沟通技巧与领导力开发［M］.上海:上海交通大学出版社,2007.

［21］胡巍,王青.管理沟通与领导力开发［M］.北京:清华大学出版社,2009.

［22］瑟勒,贝尔,梅泽.沟通力:高效人际关系的构建和维护［M］.张豫,译.北京:人民邮电出版社,2021.

［23］张志学.管理沟通:领导力与组织行为的视角［M］.北京:高等教育出版社,2022.

［24］兹韦费尔.管理就是沟通［M］.杜晓伟,译.北京:中信出版社,2004.

［25］罗宾斯,库尔特.管理学(第15版)［M］.刘刚,梁晗,程熙鎔,等译.北京:中国人民大

学出版社,2022.

[26] 明茨伯格. 明茨伯格论管理[M],闫佳,译. 北京:机械工业出版社,2020.

[27] 德鲁克,哈默,明茨博格,等. 管理史上的奠基之作[M]. 孙国强,译. 北京:中国纺织出版社,2004.

[28] 罗宾斯,贾奇. 组织行为学[M]. 孙健敏,朱曦济,李原,译. 北京:中国人民大学出版社,2021.

[29] 顾琴轩. 组织行为学[M]. 上海:格致出版社,2015.

[30] 达夫特. 组织理论与设计[M]. 王凤彬,石云鸣,张秀萍,等译. 北京:机械工业出版社,2017.

[31] 克拉克,克罗斯兰. 领导就是沟通[M]. 胡书东,译. 北京:中信出版社,2004.

[32] 库泽斯,波斯纳. 领导力:如何在组织中成就卓越(第6版)[M]. 徐中,沈小滨,译. 北京:电子工业出版社,2018.

[33] 达夫特. 领导学原理与实践[M]. 杨斌,译. 北京:机械工业出版社,2005.

[34] 哈格斯,吉纳特,柯菲. 领导学:在实践中提升领导力[M]. 朱舟,译. 北京:机械工业出版社,2023.

[35] 杜柏林. 领导力研究实践技巧[M]. 王垒,译. 北京:中国市场出版社,2006.

[36] 曾仕强. 领导的气场[M]. 成都:四川人民出版社,2019.

[37] 丹鸿. 追随力:领导者的吸引力法则[M]. 北京:中国华侨出版社,2021.

[38] 伯恩. 人间游戏:人际沟通心理学[M]. 汪畅,译. 天津:天津人民出版社,2023.

[39] 卡耐基. 人性的弱点[M]. 亦言,译. 北京:中国友谊出版公司,2019.

[40] 阿伦森,威尔逊,萨默斯. 社会心理学[M]. 侯玉波,曹毅,等译. 北京:人民邮电出版社,2023.

[41] 叶枫. 情商[M]. 北京:中国华侨出版社,2020.

[42] 格林. 非情绪沟通[M]. 漆琼娟,译. 天津:天津科学技术出版社,2020.

[43] 乔拉米卡利,柯茜. 共情的力量:情商高的人,如何抚慰受伤的灵魂[M]. 王春光,译. 北京:中国致公出版社,2019.

[44] 阮琦. 魔鬼沟通学[M]. 武汉:长江文艺出版社,2023.

[45] 查维特. 语言影响力[M]. 李阳,译. 北京:新世界出版社,2023.

[46] 陈立之. 非语言沟通[M]. 南昌:江西人民出版社,2017.

[47] 埃格特. 了不起的身体语言[M]. 丁敏,译. 北京:人民邮电出版社,2020.

[48] 郭士顿. 倾听的力量:影响他人最简单有最困难的关键技能[M]. 柴森麟,陈湘镱,译. 北京:民主与建设出版社,2022.

[49] 西奥迪尼. 影响力[M]. 闫佳,译. 北京:北京联合出版有限公司,2021.

[50] 瑞安. 从领导力到影响力:快速提升领导力的16种方法[M]. 王宇,译. 北京:中国科学技术出版社,2022.